Yvonne Heil

Catherine Taylor (Hrsg.)

Das Teddybären-Buch

Bärenstarke Geschichten für jung und alt

Scherz

Zweite Auflage 1993
Gesamtdeutsche Verbreitungsrechte der
lizenzierten deutschsprachigen Hardcover-
Ausgabe beim Scherz Verlag, Bern, München, Wien.

Schutzumschlag von Graupner & Partner.

Inhalt

Wenn du schläfst

MAX BOLLIGER

Wenn du schläfst,
zupft dich einer am Ohr
und brummt dir was vor,
er stupft dich am Bauch
und kitzelt dich auch.

Er lacht –
und wenn du erwachst,
schaut er dich an,
als ob gar nichts wär –
dein alter brauner Bär.

Ein Freund in der Not

ANNE GORING

Letztes Jahr war es Singapur, diesmal ist es eins von den Luxushotels in den Florida Keys.

«Wenn du Ruhe und guten Service willst, mußt du in den besten Hotels absteigen», sagt Lucy immer. Energisch. Dieser Tage ist sie sehr energisch. Entschlossen. Klug. Deshalb blüht ihr Geschäft. Man wird nicht Eigentümerin einer florierenden PR-Agentur, wenn man nur herumsitzt und davon träumt, erfolgreich zu sein. Man setzt sich Ziele und verfolgt sie. Das sind Lucys Worte, nicht meine. Ich habe eine gelassenere Einstellung zum Leben.

Unser Ziel ist heute nur, ins Flugzeug nach Miami zu steigen. Der Flug hat Verspätung, und wir sitzen mit Tom, der uns freundlicherweise zum Flughafen gefahren hat, bei einem Kaffee, bevor wir zum Niemandsland hinter der Zollabfertigung schreiten. Wir fliegen natürlich Business Class. Die Zeiten beengter Charterflüge, Rucksackferien in Griechenland und billiger Pauschalreisen ans Mittelmeer sind lange vorbei. Versteht mich aber nicht falsch. Es waren herrliche Zeiten. Wir hatten riesigen Spaß. Und so sollte es auch sein, wenn man jung und sorgenfrei ist. Wenn man älter wird, beschneiden einem ja die Schläge, die das Leben austeilt, etwas die Freude. Man wird zynisch und überlegt sich, daß das Glück doch immer irgendwie mit Kummer zu bezahlen ist. Daran glaubt leider auch Lucy, obwohl es nicht immer so war. Nicht bevor Paul auftauchte.

Was Paul Lucy antat, werde ich ihm nie verzeihen. Sie veränderte sich über Nacht. Das Lachen verschwand aus ihren Augen, die Freude aus ihrem Leben. Er brach ihr das Herz, das weiß ich. Mehr als einmal weinte sie bittere Tränen an meiner Schulter. Und selbst wenn ich nichts anderes für sie tun konnte, als sie weinen zu lassen, war sie dankbar. «Ich weiß nicht, was ich ohne dich täte, Jo. Bei dir fühlt man sich so getröstet.»

Es ist schön, gebraucht zu werden. Wenn es allerdings nach Paul gegangen wäre, hätte Lucy alle ihre Freunde aufgegeben. Paul war eifersüchtig und besitzergreifend, und ich wußte gleich, als ich ihn zum ersten Mal zu Gesicht bekam, daß er ein Ekel war. Er tat sein Bestes, mich herabzusetzen und lächerlich zu machen. Wahrscheinlich sah er in mir eine Art Überbleibsel aus Lucys Vergangenheit. Das, was er nie mit ihr teilen konnte.

Lucy erzählte mir später die ganze Geschichte, obwohl ich das meiste damals schon ahnte. Es ist ihr auf ewige Zeiten hoch anzurechnen, daß sie ihre Freundschaften trotz seiner Eifersucht hartnäckig weiterpflegte.

Ich? Ich bin Lucys ältester Freund. Der stille. Man sagt, daß hübsche Mädchen immer auf langweilige unscheinbare Typen fliegen, aber das ist es nicht. Wir sind nur gern zusammen. Das war schon immer so. Als wir beide jung waren, war jedenfalls ich der Helle, Gutaussehende, und sie war das Mädchen, das die Jungen neckten, weil sie schlaksig und schüchtern war und eine Zahnspange trug.

Aber die Zeit und wachsendes Selbstvertrauen, vom Erfolg ganz zu schweigen, haben bei Lucy Wunder gewirkt. Jene idiotischen Jungs sind inzwischen vielleicht glatzköpfig und übergewichtig. Ich sehe ja auch schon etwas mitgenommen aus – aber Lucy? Wau! Wie ich hat sie die dreißig längst hinter sich, aber sie sieht hinreißend aus. Ich bin stolz auf sie. Sie ist groß, anmutig, feingliedrig und strahlt kühles lächelndes Selbstvertrauen aus, was auf Männer unwiderstehlich und gleichzeitig provozierend wirkt.

Wenn sie irgendwann dahinterkommen, daß ihre Zurückhaltung eigentlich nur ein unsichtbarer Panzer ist, geben sie auf. Deshalb hat sie neuerdings auch diesen unverdienten Ruf, ausgekocht und hartherzig zu sein.

Seit Paul hat keiner mehr den warmherzigen, verletzlichen und zärtlichen Menschen entdeckt, der immer noch hinter diesem undurchdringlichen Schutzwall lebt. Aber wie mir scheint, ist Tom ihm schon ziemlich nahe gekommen.

Lucy ist müde, müssen Sie wissen. Sie hat diesen Urlaub wirklich nötig. Das vergangene Jahr ist besonders hektisch gewesen – die Erweiterung der Agentur, die Sekretärin auf Mutterschaftsurlaub, neue Kunden . . .

Ich vermute, es war reine Erschöpfung, die sie dazu brachte, Toms Beharrlichkeit nachzugeben. Er lud sie ein- oder zweimal zum Essen ein, schleppte sie an einem Sonntag sogar mit ans Meer, wobei Lucy die ganze Fahrt über wütend protestierte, sie habe absolut keine Zeit, sich in der Gegend herumzutreiben . . . Aber ich sah den versonnenen Ausdruck in ihrem Gesicht, als sie mir sagte, was für ein Blödsinn es gewesen sei, bei einem Picknick die Zeit totzuschlagen, anstatt die Akten in Ordnung zu bringen. Ich sah auch, wie aufmerksam sie sich mit den Blumen beschäftigte, die er ihr unterwegs an einem Stand gekauft hatte, und wie widerwillig sie sie wegwarf, als sie verwelkten.

Im Augenblick ist es sehr laut. Ich mag keine Menschenmengen. Ich mag friedliche Bücherecken. Ich möchte, daß unser Flug ausgerufen wird, damit es endlich losgeht. Trotzdem fasziniert mich die Unterhaltung zwischen Tom und Lucy.

Es ist nicht so sehr, was sie sagen. Es klingt sogar ein bißchen gestelzt, dieses verzweifelt banale Zeug, das Leute reden, kurz bevor sie sich trennen; und keiner möchte der erste sein, der aufbricht. Nein, es sind die kleinen angespannten Pausen, die Hand- und Körperbewegungen, während sie an ihrem Kaffee nippen, als ob ein Zwiegespräch auf ganz anderer Ebene stattfände. Aber nur ich nehme es wahr, weil ich Zuhörer und Beobachter und kein Redner bin.

Tom ist Tierarzt. Lucy lernte ihn im Frühling bei der Hochzeit einer Kusine kennen. Ich habe ihn erst einmal gesehen – nicht wirklich kennengelernt. Es war nur ein flüchtiger Blick aus dem Fenster vor zwei Wochen, als er Lucy nach Hause brachte.

Tom ist rothaarig und untersetzt, und seine Garderobe

ist eher von der Stange als von Gianni Versace. Ganz anders als bei Paul, der auf eine dunkle, grüblerische Art umwerfend gut aussah und sich damit brüstete, stets elegant gekleidet zu sein.

Tom sieht aus, als ob er es ehrlich meint, wenn er lächelt. Und er hat zärtliche Hände.

Hände fallen mir sofort auf. Als er vorhin die Koffer aus dem Wagen heranschleppte, sah ich, wie solide, sauber und kräftig sie waren. Ich würde Tom glauben, wenn er ihr sagte, daß er sie mag.

Pauls Hände waren zu gierig und besitzergreifend. Ich habe ihm nie geglaubt, wenn er Lucy erzählte, sie sei die Liebe seines Lebens, aber sie glaubte es natürlich. Es dauerte zwei Jahre, bis sie merkte, daß der einzige Mensch, den Paul wirklich liebte, er selbst war. Bis er eine andere fand – jünger, anregender, *neuer.* Er ließ Lucy einfach sitzen, ohne den Mut aufzubringen, es ihr ins Gesicht zu sagen. Legte ihr bloß einen lumpigen Zettel hin, als sie nicht zu Hause war. Ich denke nur ungern daran, wie verzweifelt sie war, als sie seine schleimigen Entschuldigungen las.

Heute sieht Lucy phantastisch aus. Das ist Absicht. Maske, verstehen Sie. Sie trägt ein neues Kleid. Für die acht Stunden im Jumbo, ich bitte Sie! Wer zieht sich heutzutage für solche Langstreckenflüge noch speziell an?

Sie macht mir nichts vor. Sie benutzt diese elegante Fassade als Schutzschild. Die echte Lucy versteckt sich vor Tom. Sie hat neuerdings, was Tom betrifft, gespürt, daß sie ein bißchen verletzlich ist, und sie hat nicht die Absicht, sich in der emotionsgeladenen Atmosphäre eines Flughafens von albernen Gefühlen überrumpeln zu lassen.

Es ist schrecklich traurig. Ich kann die Traurigkeit spüren

– seine, ihre. Meine. Was für eine Verschwendung – zwei nette Menschen, die offensichtlich gern zusammen sind und die mit ein wenig Aufmunterung vielleicht – nur vielleicht – mehr als bloße Freunde werden könnten.

Aber was kann ich tun? Sie sind erwachsen, intelligent, tüchtig. Und doch habe ich das Gefühl, wenn ich nichts unternehme, geht Lucy, ohne sich noch einmal umzublikken. Zwei Wochen lang wird man sie verwöhnen. Sie wird ihre Kräfte und ihre Entschlossenheit zurückgewinnen und ihren Panzer aufbauen. Während sie am Pool liegt, am Meer entlangspaziert und die feurigen Sonnenuntergänge über dem Golf von Mexiko betrachtet, wird sie realistisch – oh, so realistisch – über Tom nachdenken. Sie wird zu dem vernünftigen Schluß kommen, daß sie das Risiko, verletzt zu werden, nicht eingehen will.

Armer Tom. Ich merke jetzt, daß er ein bißchen schüchtern ist. Er lächelt nicht. Er sieht ziemlich ernst aus, und seine freundlichen Augen blicken besorgt. Er wäre gut zu Lucy. Und beschützend und sanft, so wie er vermutlich mit allen ängstlichen Tieren umgeht, mit denen er zu tun hat. Er ist eben kein geübter Charmeur. Das wäre nur halb so schlimm, aber er kann nicht die richtigen Worte finden. Und wenn er sich nicht beeilt, wird es zu spät sein.

O nein! Unser Flug wird aufgerufen!

Lucy springt auf, greift nach ihrer Reisetasche. «Es ist soweit!» sagt sie strahlend mit einem falsch klingenden Lachen. Sie streckt die Hand aus. «Danke fürs Herbringen, Tom.»

«Hab ich gern getan», sagt er genauso strahlend. «Aber ich gehe noch mit, so weit ich kann.»

Er langt nach ihrer Tasche. Sie versucht, sie zurückzureißen. Es endet damit, daß beide einen Henkel packen. Das ist meine Chance!

Ich habe sie durch den Spalt, wo der Reißverschluß

nicht ganz zuging, beobachtet. Jetzt, wo Lucy und Tom sich um die Henkel balgen, platzt der Reißverschluß weit auf, und heraus springe ich unter dem Druck von allem, was Lucy in die Tasche gestopft hat.

Sekundenlang schwebe ich in der Luft. Ich, Joe Sope, oder, wie Lucy, als sie fünf war, auf einen Anhänger schrieb, als wir zum ersten Mal zusammen verreisten: JO SOPE, LUSIE'S TEDY. Sie reist niemals ohne mich. Damals nicht. Heute nicht. Erst recht nicht, wenn sie fliegt, was ihr insgeheim angst macht.

Ich falle schmachvoll auf den Boden.

Eine große kräftige Hand hebt mich behutsam auf. Es ist mir ein bißchen peinlich, und ich bin ganz schön nervös. Ich meine, ich bin nicht gerade ein hübscher Anblick. Paul fand es dumm und kindisch, daß Lucy immer noch ihren schäbigen, kahlen, einäugigen Teddybär bei sich hatte. Einmal stritten sie sich, und dabei schmiß er mich in den Abfalleimer. Lucy rettete mich, als er gegangen war, und weinte, weil mein Arm ganz verbogen war und nie wieder richtig wurde. Danach versteckte sie mich in einer Schublade, wenn er im Haus war.

Nach einer Minute entspanne ich mich. Tom lächelt, aber es ist ein überraschtes, glückliches Grinsen. Er schaut von mir zu Lucy. Ihr Gesicht hat sich rot überzogen. Trotz ihres schicken neuen Kostüms sieht sie aus wie fünfzehn.

Sein Lachen schwindet, seine Augen blicken zärtlich. Er sieht Lucy, wie er sie noch nie gesehen hat. Die wahre Lucy. Meine Lucy.

Er sagt gar nichts, aber wie konnte ich ihn nur für schüchtern halten? Er nimmt sie fest in die Arme und küßt sie. Und sie läßt ihn. Hurra – sie läßt ihn!

Aus meiner ziemlich uneleganten Position, an einer Pfote über Lucys linker Schulter baumelnd, spüre ich, wie sie ruhig wird. Ich werde selbst ruhig und lausche schamlos. Das habe ich mein Leben lang getan, ich sehe also keinen Grund, warum ich es in diesem interessanten Augenblick lassen sollte.

Ich werde nicht in die Details gehen. Das gehört sich nicht. Ich sage nur, daß eine Menge Pläne umorganisiert werden. Im Augenblick steht es auf der Kippe, ob wir den Flug noch nehmen, aber wenn Tom erst mal loslegt, dann klappt die Sache. Er sagt, er habe Urlaub so nötig wie sie, er wollte schon immer die Florida Keys sehen, und für die zweite Woche ihres Urlaubs käme er nach. Äußerst zufriedenstellend.

Ich bin darauf vorbereitet, wieder in der Reisetasche verstaut zu werden, aber – Überraschung, Überraschung! – Lucy klemmt mich vor aller Augen unter den Arm. Den ganzen schmalzigen Abschied kriege ich gut mit, bevor wir die Formalitäten hinter uns bringen.

In der Abflugshalle flüstert Lucy: «Na, Joe Sope, was sagst du nun? Und es ist alles deine Schuld, du gerissener alter Bär.»

Ich blicke so bescheiden, wie ich nur kann.

«Ich hoffe, ich tue das Richtige», sagt sie seufzend. Dann hellt sich ihr Gesicht auf. «Aber du hast ihn ja gehört, alter Freund. Er hat immer noch seinen blauen Plüschhasen, den er von seiner Oma bekam, als er drei war. So ein Mann kann nicht vollkommen schlecht sein.»

Ganz meiner Meinung. Ein blauer Hase? Hm, na schön, ich denke, ich kann die Konkurrenz verkraften.

Tedperfekt

ALAN HACKNEY

Wieder einmal hatte sich Henry Arbeit aus dem Büro mit nach Hause genommen. Von Sylvia lag ein Zettel da: «Pizza muß nur noch in die Mikrowelle. Bin im Malunterricht.» Also war es ein Dienstag, an dem alles begann.

Nach dem Essen setzte sich Henry an seinen Computer und blätterte mißmutig die zu erledigenden Briefe durch. Er schaltete den Computer ein und ging in WordPerfect. Franklin motzte über die Lagergebühren! Wollte wohl einen längerfristigen Vertrag herausschinden, obwohl noch gar nicht feststand, ob seine Sache überhaupt in der folgenden Woche reinkäme. Na schön – Franklin zuerst.

Als Henry wenig später sein Dateiverzeichnis vor sich hatte, fiel ihm etwas Merkwürdiges auf. Gleich vor FRANKLIN war eine unbekannte Datei mit der Bezeichnung ERSTES.TED aufgelistet. Henry rief die neue Datei ab und las staunend auf seinem Bildschirm:

> Na, das hat ja vielleicht gedauert. Zwei Wochen lang habe ich mir deine Firmenunterlagen angesehen, und jetzt ist es an der Zeit, daß ich dir ein paar gute Ratschläge erteile.

Henry war Besitzer einer kleineren Firma. Die Anlage im Grünen bestand aus großen Gebäuden, aber meist kleinen Firmen. Viele Mini-Firmen in Mini-Industrien. Und hin und wieder ein Mini-Untergang. Aus der Ferne klangen leise Geräusche herüber und unterbrachen die Stille, die gewöhnlich hier herrschte. Von seinem Bürofenster aus konnte Henry die Schildermaler auf ihren Aluminiumleitern beobachten, wie sie schmuddelige alte Plastikbuchstaben hinunterwarfen und ein hoffnungsvoll glänzendes neues Firmenschild anbrachten.

Henrys Räumlichkeiten waren bescheiden, obwohl sich die Lagerhalle, an die sie angrenzten, von der Größe her zum Fußballspielen eignete, wenn sie nicht gerade mit Produkten anderer Leute voll stand. Oder wenigstens halbvoll, um ehrlich zu sein. Ein paar gute Ratschläge könnten wahrhaftig nicht schaden.

Auf dem Bildschirm hieß es weiter:

> Du kriegst sie umsonst, es gibt aber zwei Bedingungen: Du darfst mit niemandem darüber sprechen, und

du mußt sofort nach dem Lesen alles löschen. Lösche jetzt diese Datei, sieh aber morgen früh wieder nach. Und bleib nicht die ganze Nacht auf, um mir auf die Schliche zu kommen. Schlaf gut!

Ted

Wer war dieser Ted? Henry überlegte, konnte sich aber an keinen Ted erinnern. Wann war der Text eingegeben worden? Das Verzeichnis gab als Datum den vergangenen Donnerstag und als Zeit 3 Uhr in der Früh an. Da hatte Henry mit Sicherheit geschlafen, und der Computer war natürlich ausgeschaltet gewesen. Merkwürdige Angelegenheit. Mysteriös.

Der einzige Ted, von dem Henry wußte, war sein Bär aus der Kindheit. Seit Jahren vernachlässigt, etwas abgeschossen und gelblich geworden, saß er in einiger Entfernung reglos auf einem Bücherregal und hatte ganz gewiß nichts zu tun mit dieser Sache. Henry stand auf und nahm ihn in Augenschein. Er sah aus wie immer, ein Auge lokker, so wie Henry ihn seit ewiger Zeit kannte. Ein bißchen staubig vielleicht. Henry klopfte ihn rasch über dem Papierkorb aus und setzte ihn wieder aufs Regal.

Am Computer las Henry die Mitteilung noch einmal durch und löschte sie dann, ängstlich darauf bedacht, keinen Diskettenplatz zu vergeuden und das gefürchtete «Diskette voll» nicht lesen zu müssen. Anschließend beantwortete er den Franklin-Brief und erledigte noch andere lästige Korrespondenz. Wie üblich dauerte alles viel länger als geplant. Inzwischen kam Sylvia zurück. Sie schlief schon, als Henry Schluß machte.

Am Morgen sagte Sylvia: «Cornflakes und Saft. Ich bring auf dem Heimweg was mit.»

«Okay», sagte Henry.

«Sonst haben wir nichts zu essen», meinte Sylvia.

«Das geht aber nicht», sagte Henry.

Er rasierte sich, und Sylvia kam, fertig angezogen, herein und küßte ihn aufs Ohr.

«Bis später, Schatz», sagte Sylvia, und weg war sie zu ihrem Job bei den Ärzten, der ihr, wie sie allen erzählte, viel Spaß bereitete. Früher hatte es ihr Spaß gemacht, sich nur um den Haushalt zu kümmern, aber auf Dauer war ihr das natürlich nicht genug. Wenigstens *dachte* sie noch an die Hausarbeit, und das war gut so.

Henry nahm die Korrespondenz vom Tisch, die er neben dem Computer liegengelassen hatte, und stopfte sie in seine Aktentasche. Instinktiv schaltete er das Gerät ein und wartete neugierig. Er rief die WordPerfect-Dateien ab und ließ mindestens zweihundert Namen durchlaufen, bis er wie gebannt auf einen brandneuen starrte: eine Datei vom selben Tag – 3 Uhr – mit der Bezeichnung MEMO2.TED.

Henry holte sie auf den Bildschirm und las:

> Heute abend möchte ich die neuesten Zahlen für das Croydon-Geschäft haben. Ich habe das Gefühl, daß das deine Schwachstelle ist. Genaueres kann ich aber erst sagen, nachdem ich die Zahlen gesehen habe. Ich möchte dich nochmals daran erinnern: Sprich mit niemandem darüber. Gib nur die Zahlen mit kurzen Erläuterungen ein, wenn du nach Hause kommst. Laß nichts im Computer, vergiß nicht, die Datei zu löschen, bevor du gehst. Und danke fürs Abstauben, obwohl eine gründliche Reinigung mit dem Staubsauger in Zukunft vorzuziehen wäre. Einen schönen Tag noch.
>
> Ted

Henry setzte sich hin und starrte auf den Bildschirm. Eigentlich traf das schon irgendwie zu. Das Croydon-Lager war schlecht zu erreichen. Aber da er es nun mal gekauft und erweitert hatte, sollte er es sich wohl doch etwas genauer und öfter anschauen. Aber wer außer ihm wußte, daß er den Teddybär ausgeklopft hatte?

Henry drehte sich langsam um und starrte ihn an. Da saß er – genau da, wo er ihn hingesetzt hatte. Keine Spur von Leben in ihm, er hockte passiv, an zwei alte Restaurantführer gelehnt, auf dem Bücherregal.

«Sag mal, was hast du eigentlich vor, Ted?» fragte Henry so leise, daß er – sollte er jemals darauf angesprochen werden – alles abstreiten konnte.

Auf der Fahrt ins Büro dachte er ernsthaft über Croydon nach. Auch im Lauf des Vormittags dachte er darüber nach, und am Nachmittag fuhr er hin.

Abends sagte Sylvia: «Du sitzt hoffentlich nicht wieder den ganzen Abend am Computer, oder?»

«Ich glaube nicht», entgegnete Henry, «ich will nur ein paar Zahlen eingeben. Was über Croydon, das ich dringend brauche.»

Schließlich saß er gute zwei Stunden dran, aber Sylvia war es gewohnt und vergnügte sich mit einem alten Jack-Nicholson-Film. Henry bekam gerade noch den Schluß zu sehen. Das war alles, was er mit ihr teilen konnte. Er sah sich noch nicht in der Lage, viel über Croydon zu berichten.

Am nächsten Morgen sagte Sylvia: «Ich muß los, Dr. Hoddinott kommt heute ausnahmsweise mal früh.»

«Solang er es sich nicht zur Gewohnheit macht», meinte Henry.

Frühmorgendliche Gespräche erreichten, was Witz und Schlagfertigkeit betrifft, keine Spitzenwerte in diesem Haus. Aber es herrschte gute Laune und eine ausgeglichene Stimmung, was gewiß nicht auf alle Häuser zutrifft.

«Also bis gegen sechs», sagte Sylvia. «Tschüs.» Ihre Gedanken waren wohl bereits woanders. Henrys Gedanken waren es mit Sicherheit. Er stand jetzt ungeduldig vor dem Computer und blickte hin und wieder zum Bücherregal. Der Teddybär saß wie immer teilnahmslos da.

«Viel zu tun gehabt?» murmelte Henry in einem Ton, der aus einem unerklärlichen Grund beinah unwillig klang. Streß wahrscheinlich. Was sonst? Du brauchst dich bloß selbständig zu machen, dann weißt du Bescheid.

Er rief das Dateiverzeichnis – und da stand es: MEMO3.TED. Und wieder von drei Uhr in der Früh.

Henry holte es auf den Bildschirm:

> Die Croydon-Zahlen waren sehr aufschlußreich. Ich kann ihnen eindeutig entnehmen, daß man dich in den letzten drei Monaten übers Ohr gehauen hat. Schau dir mal die Zahlen des ersten Vierteljahres für Halle 3 und 4 an und vergleiche sie mit den Rechnungen. Entweder haben einige Kunden den Service umsonst gekriegt, oder was sie bezahlt haben, ist nicht eingetragen worden. Diese Variante ist meines Erachtens wahrscheinlicher, und deshalb wäre mein Vorschlag eine sofortige Überprüfung der Bücher im Lager Croydon. Ich möchte dir nicht zuviel reinreden. Solltest du aber heute mit deinem Buchprüfer auftauchen und eine solche Revision ankündigen, so könnte dies sehr wohl jemandem ein Geständnis entlocken und dir die Mühe einer tatsächlichen Prüfung ersparen. Ich würde mich freuen zu hören, wie die Sache ausgeht. Vergiß nicht, alles sofort zu löschen, auch die Daten, die du gestern abend eingegeben hast. Ich wünsche dir einen schönen Tag.
>
> Ted

Henry saß da und dachte lange und angestrengt nach. Dann löschte er alles, schaltete den Computer aus, rief den Buchprüfer zu Hause an und fuhr entschlossen ins Büro.

Abends sagte Sylvia: «Wir sollten mal wieder ins Kino gehen. Es ist noch Zeit.»

«Läuft was Gutes?» fragte Henry. «Hier am Ort, meine ich. Ich bin heute schon genug gefahren.»

Er erzählte keine Einzelheiten. Einerseits wäre es ein leichtes gewesen, den Tag Schlag auf Schlag mit ihr durchzugehen, an dem sowohl der Manager von Croydon, McCarthy, als auch seine Sekretärin Hilda völlig überrumpelt etwas eingestanden, was kurz vor Weihnachten in geringfügiger Höhe begonnen und sich zu einer Beute von mehreren Tausend entwickelt hatte. Es folgten die fristlose Entlassung und unterzeichnete Geständnisse. Die Polizei wollte man aus dem Spiel lassen, es sei denn, die beiden kämen mit der Rückzahlung in ernsthaften Verzug.

«Irgendwie bin ich froh, daß Sie draufgekommen sind», hatte McCarthy ihm gesagt, «obwohl ich mir nicht vorstellen kann, wie.»

Das war Henrys Problem. Eine peinliche Angelegenheit. Über die Quelle zu reden, war völlig ausgeschlossen. Ebenso war es unmöglich, mit Sylvia darüber zu sprechen. Ein schöner Abend im Kino war eine bessere Idee. Gut zum Abschalten. Und in dem neuen Mehrzweckgebäude konnte man in Ruhe was trinken, vielleicht auch was essen, wenn man Lust dazu hatte.

Henry hatte Mitleid mit Hilda. Sie war einmal seine Sekretärin gewesen, und als er die Zweigstelle in Croydon eröffnete, hatte er sie dorthin versetzt, um McCarthy zu einem reibungslosen Start zu verhelfen. Dafür hatte sie eine ordentliche Gehaltserhöhung bekommen. Trotzdem war es Hilda gewesen, die den ganzen Schwindel angezettelt hatte. Und die Bücher waren so raffiniert geführt, daß nichts aufgefallen war.

Als er und Sylvia wieder zu Hause waren, nahm sich Henry ein paar Minuten Zeit, um folgendes im Computer einzugeben:

> Croydon hat ein neues Management. Vielen Dank für das, was du mir mitteilen konntest. Mein Revisor staunte, obwohl er es zu verbergen versuchte. Die Leute, die ich befördert habe, scheinen ehrlich zu sein – sie haben gesehen, was passieren kann! Ich bin sehr dankbar. Ich hoffe, es klingt nicht zu pathetisch.
>
> H.

Als er dies speicherte und den Computer ausschaltete, dachte er: Was mache ich da eigentlich? Ich hinterlasse einem Teddybär eine Nachricht! Und morgen früh schalte ich den Computer wieder ein und erwarte, eine Antwort vorzufinden. Na ja, vielleicht. Wir werden sehen. Das kann doch nicht wahr sein! Andererseits hat es bisher nicht geschadet. Ganz im Gegenteil.

«Croydon können wir abhaken», sagte er laut.

«Schwierigkeiten?» fragte Sylvia.

«Eigentlich nicht», sagte Henry. «Ich komme gleich.»

Am Morgen sagte Sylvia: «Kannst du den Abfall für die Müllabfuhr rausstellen?»

«Na, klar», sagte Henry.

«Ich werde heute abend mit dem Staubsauger durch die Wohnung gehen», sagte Sylvia an der Tür. «Tschüs.»

Henry wollte noch schnell eine kleine Bitte zum Staubsaugen vorbringen, biß sich aber rechtzeitig auf die

Lippe. Als Sylvia davongefahren war, nahm er den Teddy vom Regal.

«Die kleine Bürste wird reichen», sagte er, «und dann die Düse.»

Das Absaugen des Bären war kein Problem, obwohl die Borsten des kleinen Bürstenaufsatzes eigentlich nicht hart genug waren. Aber die intensive Gründlichkeit der schmalen Düse schien genau das Richtige für die Tiefenreinigung der Haut und der Oberfläche der Füllung darunter zu sein. Ein schnelles Aufplustern des Fells und dann wieder aufs Regal. Und den Staubsauger für Sylvia zurück in den Schrank.

Am Computer erschien eine neue Datei: MEMO4.TED. Henry rief sie ab, ohne weiter darüber nachzudenken, und las auf dem Bildschirm:

> Bin froh, daß du sofort gehandelt hast – es war auch nötig. Gute Arbeit. Vielleicht ist es Zeit, sich nach einem Ersatz für Croydon umzusehen. Aber bringen wir das Geschäft erst mal richtig auf Trab. Das sollte jetzt schnell gehen. Dann findest du bestimmt rasch einen Abnehmer und kannst dich nach einem geeigneteren Standort umsehen. Slough wäre vielleicht besser geeignet als zweite Lagerhalle für einige deiner Kunden, aber prüfe auch eine zukünftige Erweiterung an einem Ort in vernünftiger Entfernung.

Das waren beeindruckende Überlegungen für die Zukunft und gingen über das hinaus, was Henry sich ursprünglich vorgenommen hatte. Doch da das Finanzloch in Croydon nun gestopft war, erschienen sie keineswegs zu optimistisch.

Beim nächsten Satz blieb ihm der Mund offen stehen:

Seit einiger Zeit mache ich mir Gedanken über eine eher private Angelegenheit. Deine Affäre mit dem Mädchen Maja Maisky bringt dich nicht weiter und wirkt sich in jedem Fall nachträglich für deine Ehe aus. Du solltest ernsthaft daran denken, mit ihr Schluß zu machen.

Ted

Henry starrte zum Bücherregal und erhob seine Stimme mit einiger Schärfe.

«Das ist, verdammt noch mal, meine Angelegenheit», sagte er. «Geht dich überhaupt nichts an. Und, mein Gott noch mal, du hast aber auch eine Art, dich auszudrücken, wie ein verdammter aufgeblasener Schulmeister!»

Es hatte ihn wirklich überrascht. Er hatte nicht gedacht, daß jemand über Maja Maisky Bescheid wußte. Empört löschte er die Datei, klappte seine Aktenmappe zu und fuhr – immer noch wütend – ins Büro. Auf der Fahrt dachte er über Maja Maisky nach. Seine Gedanken waren oft bei ihr. Er hatte sie schon in mehreren Motels eingehend studiert. Sie war Reisende für Büromaterial und recht erfolgreich damit. Wenn man auch ihre anderen Fertigkeiten in Betracht zog, war sie ohne weiteres als Allround-Fachfrau einzustufen.

Jetzt war die Frage gestellt worden, ob das zu irgend etwas führte. Henry überlegte. Tat es das? Mußte es das? Wollte er es? Und wenn ja, wozu? Wenn nein, was hatte es dann eigentlich für einen Sinn? Solche Dinge logisch anzugehen, war für Henry eine ganz neue Erfahrung, aber er empfand es als recht befreiend. Sein sonst übliches meisterhaftes Treibenlassen in derartigen Angelegenheiten empfand er auf einmal als unzureichend und geeignet, ihn an Situationen zu fesseln, die er in der Tat gar nicht wünschte.

Im Büro angekommen, wußte er, was zu tun war. Er

mußte Maja anrufen. Die Schreibwaren konnte er weiter bei ihr bestellen, aber sein Anruf müßte zwei Aussagen enthalten:

(1) Eine erhebliche Auftragserweiterung;
(2) die vernünftige, wenn auch warmherzige Erklärung, daß es Zeit wurde, sich nicht mehr privat zu treffen, was für beide von Vorteil wäre. Es sei eine wunderschöne Reise gewesen, aber der Zug habe Chicago erreicht, und in Chicago müsse er aussteigen.

Er war sich noch nicht schlüssig über die Reihenfolge, in welcher er die beiden Aussagen präsentieren sollte. Erst nicht mehr treffen, dann Briefpapier-Bestellung? Nein, umgekehrt wäre besser. Der Großauftrag wirkte ja sonst wie eine Zugabe, um das andere wiedergutzumachen. Ganz so deutlich mußte es nicht sein.

Am Ende lief alles wie geplant, erst (1), dann (2). Und den Chicagoer Vergleich konnte er ganz weglassen, weil das Gespräch in ein paar amüsante Erinnerungen mündete und gar nicht mal so lange dauerte. Henry tat es nicht leid, diese Anspielung auf Chicago unterdrückt zu haben, die ihm plötzlich unaufrichtig und merkwürdig vorkam. Wo hatte er die eigentlich aufgeschnappt? Vielleicht mal gelesen, aber es klang nicht echt.

Etwas machte ihm noch zu schaffen, und das war die Tatsache, daß Maja eher erleichtert als verletzt geklungen hatte. Mit «nachdenklich» hätte er leben können, aber «erleichtert» tat weh, wenn auch nicht sehr, nur ein unvermuteter Nadelstich.

«Mach dir darüber keine Sorgen, lieber Henry», hatte Maja gesagt, und daß *sie* sich keine machte, war deutlich.

Es war jedoch eine Sache, die nun erledigt war, ein Fortschritt, ein Schritt in die richtige Richtung. Als er mitten am Nachmittag wieder darüber nachdachte, war er schon fast überzeugt, einen klugen Schachzug getan zu haben, auf den er natürlich selbst gekommen war. «Und meiner Ehe wird es auch guttun», sagte er sich. Dabei fiel ihm der Wortlaut der letzten Datei ein. Na schön, er war gut beraten worden – aber er hatte den Ratschlag befolgt und die Initiative ergriffen. Was den Rest der Message betraf – also, Slough hatte er schon lange im Auge gehabt. Ob er mal rüberfahren sollte? Wäre sicher nicht falsch, sich dort mal umzuschauen.

Abends sagte Sylvia: «Sieht's jetzt ein bißchen besser aus?» Sie wickelte gerade die Staubsaugerschnur auf.

«Wunderbar», sagte Henry, «nicht, daß ich mir Sorgen gemacht hätte. Schau – anstatt wieder alles durcheinanderzubringen, wie wär's mit dem neuen Chinesen oder dem alten Italiener? Wir könnten Jane und Nick fragen.»

«Sam und Monica wären besser», sagte Sylvia. «Ich glaube, er ist erst nächste Woche verreist.»

«Okay, aber Pasta liegt ihm nicht», sagte Henry. «Also chinesisch.»

Sie kamen spät zurück, und er hinterließ keine Nachricht im Computer.

Am Morgen sagte Sylvia: «Sam hat ganz schön zugenommen. Aber ich würde nicht im Traum daran denken, es ihm zu sagen.»

«Er wird es selber wissen», sagte Henry.

«So witzig am frühen Morgen?» sagte Sylvia, und weg war sie.

Obwohl Henry nichts hinterlassen hatte, schaltete er den Computer ein. Es wurde schon zur Routine. Zwar keine Zwangshandlung, aber so etwas wie eine fixe Idee. Vielleicht war ja nichts drauf. O doch und eine ganze Menge. MEMO5.TED lautete:

Zuallererst möchte ich dir meinen Dank für deine hervorragende Staubsaugerbearbeitung aussprechen, die mir sehr wohlgetan hat. Herzlichsten Dank. Wöchentlich wäre nett. Wie ich feststelle, hast du gestern abend nichts eingegeben. Das ist völlig in Ordnung. Ich bin hier, wenn du mich brauchst. Übrigens sollte dir bewußt sein, daß es zwischen uns keine unmittelbare Kommunikation geben kann. Ich glaube, du hast bereits bemerkt, daß Sprechen keinerlei Reaktion hervorruft. Wir können nur per Computer in Verbindung treten und die Dinge vorantreiben. Die Beantwortung dessen, was du eingibst, erfolgt über Nacht, womit reiflicher Überlegung Rechnung getragen und dem Unbewußten die Möglichkeit eingeräumt wird, tiefwurzelnde Probleme direkt anzugehen. Nimm dir Zeit, was Slough betrifft. Ich sehe keine Notwendigkeit, die Sache zu überstürzen. Was Croydon angeht: Rechnet der neue Mann nur wöchentlich ab? Wäre täglich nicht vielleicht besser, bis er den richtigen Überblick hat? Einen schönen Tag wünsche ich dir.

Ted

Wie Henry feststellte, wurde Maja Maisky mit keinem Wort erwähnt, doch das überraschte ihn nicht sonderlich. Anscheinend wurde aber angenommen, daß er jeden Hinweis von Ted sofort prüfte und befolgte, was er etwas arrogant fand, aber mit der von Ted eingenommenen Haltung durchaus in Einklang war – nämlich der eines älteren Vorgesetzten. Seine Diktion stammte eindeutig aus früherer Zeit. Überholt. Wie von einem alten Bürohengst aus der Generation seines Vaters. Als Henry darüber nachdachte, fand er es eigentlich ganz logisch. Wenn Ted bereits erwachsen gewesen war, als Henry noch ein kleiner Junge war, dann wäre dies erklärlich.

Ob Morton, der neuerdings Croydon managte, ihn täglich informieren sollte? Nein. Henry hielt das für leicht übertrieben. Dann schon eher zweimal wöchentlich. Ja, zweimal wöchentlich. Im Büro rief er Croydon an und freute sich, als Morton selbst den Vorschlag machte, zweimal pro Woche an Henry einen Bericht zu faxen, jedenfalls anfangs. Morton schien der geeignete Mann für den Croydon-Job zu sein: ehrgeizig und doch darauf bedacht, seine Abhängigkeit durch häufiges Berichterstatten zu demonstrieren. Ein ausgezeichneter Beginn.

Einen Monat später sagte Sylvia am Morgen: «Hast du die Absicht, den Betrieb in Slough zu kaufen?»

«Wenn ich ein ordentliches Angebot kriege», sagte Henry.

«Und Croydon verkaufst du?» fragte Sylvia.

«Blitzschnell. Ich hab schon ein paar gute Anwärter. Ich warte noch einige Angebote ab, dann werden wir sehen.»

«Du verkaufst also erst, nachdem du Slough gekauft hast?» fragte Sylvia. «So machst du's doch, oder?»

«Genau», sagte Henry. «Mal sehen, wie's läuft. Ich muß gleich los.»

«Übernimm dich nur nicht», sagte Sylvia. «Tschüs.»

Als sie gegangen war, schaltete Henry den Computer ein. Er war gespannt auf die Lösung eines Kostenproblems in Verbindung mit Gabelstaplern, das er am Abend zuvor eingegeben hatte. Es war ihm inzwischen zur Gewohnheit geworden.

Auf dem Bildschirm war jetzt MEMO29.TED. Henry las:

> Gabelstaplerkosten sollten keine größeren Probleme bereiten, vorausgesetzt, ein höheres Niveau wird nicht angepeilt.

Dann wurde die übermittelte Weisheit erläutert: historisch gesehen sollten Kosten für Gabelstapler so angesetzt werden, daß eine mehr als fünfzigprozentige Auslastung Profit abwirft. Erst wenn dieses Niveau weit unterschritten wurde, wären Schwierigkeiten zu erwarten, obwohl noch andere Faktoren eine Rolle spielten. Es wurde ein bißchen technisch, dann wurde abrupt ein anderes Thema angeschnitten.

> Dies alles weiter auszuführen, ist unergiebig. Was ich dagegen empfehlen würde, ist etwas ganz Neues. Du erinnerst dich vielleicht an meine früheren Bemerkungen über Miß Maisky. Sie haben noch immer Gültigkeit, wie dir hoffentlich bewußt ist. Sie war eine Dame mit begrenzten Möglichkeiten, im wesentlichen auf die kleine Welt des Büromaterials beschränkt. Deiner derzeitigen Situation entsprechend, sehe ich eine Reihe von Vorteilen in der Bekanntschaft einer Person, die ich dir wärmstens empfehlen möchte. Ihr Name ist Sophie Cooper. Sie ist verheiratet, lebt aber getrennt und verfügt über vielfältige nützliche Kontakte. Mrs. Coopers Telefonnummer ist . . .

Henry las mit zunehmender Bestürzung. Was hatte dieser Ted eigentlich vor, daß er ihn jetzt mit Telefonnummern von Frauen belieferte? Ein bißchen abgekommen vom früheren moralisierenden Ton, als er sein Mißfallen über Maja Maisky äußerte. Das war eine fundamentale Veränderung, die Henry sekundenlang in Unruhe versetzte. Aber eben nur sekundenlang.

Offen gestanden, es fiel ihm nicht allzu schwer, sich dieser neuen expansionsfreudigen Haltung seines Beraters anzupassen. Nicht daß ihm keine Zweifel gekommen wären. Im großen und ganzen war Henry zu vorsichtig, um wirklich raffgierig zu sein, dennoch – vielleicht ergab sich ja etwas Nützliches, wenn er sich mit dieser Sophie Cooper in Verbindung setzte, die ihm Ted so angelegentlich empfahl. Es stellte sich nur die Frage, wie er sich vorstellen sollte. Aber nein:

> Du solltest sagen, daß dich mehrere Leute vom Unternehmerverband auf sie angesprochen und ihre Bemühungen bei der Aktion für hungernde Kinder gepriesen hätten. Deine eigenen Interessen bezögen sich natürlich mehr auf die Verbindungen, die sie im Verlauf ihrer Karriere und durch ihren Gatten aufgebaut habe. Einen schönen Tag noch.
>
> Ted

Was Slough betraf, so befand sich Henry diesmal in der Zwickmühle. Der geforderte Preis war niedrig genug, um ihn zum Kauf zu verlocken, aber er zögerte, weil nur die Hälfte des zur Verfügung stehenden Lagerraums ausgenutzt war, und das schon seit knapp einem Jahr. Deshalb wohl der niedrige Preis. Und wenn er die Halle kaufte, würde er sie je füllen können? Was auch immer – es war wohl doch vernünftiger, erst Croydon zu verkaufen.

Tief in Gedanken versunken fuhr Henry ins Büro und grübelte weiter bis zum frühen Nachmittag. Dann wählte er Mrs. Coopers Nummer. Er erreichte nur ihren Anrufbeantworter und hinterließ eine sorgfältig formulierte Nachricht.

Am nächsten Tag rief sie zurück.

«Ich kriege gewöhnlich keine Anrufe so aus heiterem Himmel», sagte Sophie Cooper. «Aber Sie haben Glück, Sie haben mich in einem ruhigen Moment erwischt. Sie sagen, Sie möchten gern meine Meinung zu fünf Punkten hören, wenn wir uns treffen. Sollten wir uns tatsächlich treffen, muß ich Ihnen allerdings die Frage stellen, wie Sie zu dieser Telefonnummer gekommen sind.»

Am Ende stellte sie die Frage doch nicht, statt dessen richteten sie viele andere Fragen aneinander und schufen die Basis für eine blühende und überaus einträgliche Arbeitsbeziehung, die Henrys Geschäfte entscheidend beeinflußte.

Im Verlauf der folgenden sechs Monate schlug die Firma einen gewinnbringenden Kurs ein. Das Problem mit der Lagerhalle in Slough schien sich in Luft aufzulösen. Henry erwarb sie billig und konnte ihre Kapazität voll ausnutzen mit Verträgen, die ihm Sophie Cooper zugespielt hatte. Die Halle in Croydon war jetzt in besten Händen, gewinnbringend und immer voll, und mußte nicht mehr verkauft werden.

Henrys mittelfristiger Traum, bis nach Bracknell zu expandieren, war schnell Wirklichkeit geworden, da die Aufträge stetig hereinkamen. Außerdem war Sophie Cooper sehr gut im Bett.

Nach einer Woche auf Barbados sagte Sylvia: «Jetzt, wo wir zurück sind, möchte ich meine Arbeit wieder aufnehmen. Ich komme raus, es ist ein richtiger Job, und von dir sehe ich neuerdings sowieso nicht viel.»

«In Ordnung», sagte Henry. «Ich will meine Arbeit ja auch nicht aufgeben.»

«Bist du so gegen sechs zu Hause?» fragte Sylvia.

«Gegen acht», sagte Henry. «Ich muß noch kurz zu einer Besprechung nach London.»

Er küßte sie flüchtig auf die Wange, und sie ging.

Henry schaltete den Computer ein und stellte ein paar Unterlagen zusammen. Im Dateiverzeichnis erschien MEMO226.TED.

Erstaunt las er:

Ich finde, es ist Zeit für ein Geschenk. Ich habe dich noch nie um etwas gebeten, aber ich meine, du kannst es dir jetzt ohne weiteres leisten. Was ich liebend gern hätte, wären schöne goldene Ohrclips. Bei Asprey's sind anständige zu haben.

Ted

Mit einem Blick auf den Bär im Regal konnte Henry sehen, daß sie ziemlich groß ausfallen müßten, um an diesen hervortretenden runden Ohren zur Geltung zu kommen. Er fuhr sowieso nach London, warum also nicht?

«Wird erledigt», sagte Henry laut, aber der Bär saß teilnahmslos da.

Die Clips waren sehr teuer, aber nichts im Vergleich zu den Geschäften, die ihm zugeführt worden waren. Um ein Haar hätte er sie Sophie Cooper gezeigt, mit der er sich am Nachmittag traf, aber er riß sich zusammen, und von diesem Abend an saß Ted mit den Ohrclips geschmückt auf seinem Bücherregal und sah stillschweigend zufrieden aus.

Drei Tage später sagte Sylvia am Morgen kein Wort, was ihr gar nicht ähnlich sah, aber Henry nahm an, daß es irgendwelche Kopfschmerzen waren, und sprach sie nicht darauf an.

Leise ging sie ins Arbeitszimmer, und dann hörte Henry einen überraschten Aufschrei. Eine Sekunde später kam Sylvia strahlend zurück. An den Ohren die Clips.

«Wie lieb von dir, Schatz, ich bin dir so dankbar!» zwitscherte sie wie verwandelt. «Ich wußte, daß du meinen Geburtstag nicht wirklich vergessen würdest. Wie witzig, sie Ted anzustecken, damit ich sie finden sollte!»

«Herzlichen Glückwunsch, Liebling», sagte Henry. «Und für heute abend bestelle ich einen Tisch bei Gavroche.»

Ted allerdings war wütend. Am nächsten Morgen enthielt die Liste eine neue Datei mit der Bezeichnung LETZTES.TED. Sie lautete einfach:

> Was für ein ungeheuerlicher Verrat. Wie konntest du es dieser Frau durchgehen lassen? Sind Ehefrauen vielleicht die einzigen, denen man Ohrringe kauft? Von mir wirst du jedenfalls nichts mehr hören. Du hast mich sehr enttäuscht.
>
> Ted

In den folgenden Tagen tauchten keine Mitteilungen mehr auf. Jeden Morgen ging Henry aufgeregt die Liste durch. Nichts. Manchmal gab er selber eine Frage ein und wartete. Es kam nie eine Antwort.

Obwohl die Arbeit gut lief und Sophie Cooper so anregend wie immer war, begann sich in Henry ein unangenehmes Gefühl breitzumachen. Je mehr er darüber nachdachte, desto mehr leuchtete ihm ein, daß es eine Person gab, die sich um 3 Uhr früh aus dem Bett schleichen und all diese Nachrichten hinterlassen konnte. Wer anders als Sylvia? Sie wußte gut Bescheid über seine Geschäfte und konnte die Probleme mit ihrem gesunden Menschenverstand ohne weiteres angehen. Und das Motiv? Ganz einfach: die Belohnungen, in deren Genuß sie letztendlich kam. Gekommen war. Ein solider Anteil an seinem wachsenden Wohlstand. Der Flug nach Barbados. Und schließlich diese unglaublich teuren Ohrclips. Welch manipulatives Geschöpf! Die Frau hatte ungeahnte Tiefen. Wer hätte das gedacht . . .

Dann lief es ihm kalt über den Rücken. Sie hatte also von Maja Maisky gewußt, und jetzt wußte sie über Sophie Cooper Bescheid, in deren Arme sie ihn zynischerweise geschubst hatte. Ein wirklich kühnes Unterfangen. Die Message war klar: Sophie war keine Bedrohung, weil sie sie selber ausgewählt hatte. Das bedeutete, daß ihm Sophie zugestanden wurde, solange Sylvia ihren ziemlich beträchtlichen Anteil bekam und das Steuer nicht aus der Hand zu geben brauchte. Wirklich! Das zeugte von einer gehörigen Portion Selbstvertrauen. Die Manipulationen, deren Frauen fähig waren, raubten ihm schier den Atem.

Natürlich konnte Henry über all dies nicht mit Sylvia reden. Statt dessen gewöhnte er sich an, ein wenig aufmerksamer – und vorsichtiger – mit ihr umzugehen.

An einem Wochenende, als Sylvia mit ihrer Malklasse für zwei Tage in Paris weilte – und die Ohrclips trug –, kam Henry abends nach einem Drink im Pub nach Hause und hörte ein vertrautes Summen. War der Computer an? Er ging in sein Zimmer und sah das blaue Licht des WordPerfect-Programms. Und auf dem Bildschirm stand:

> Ich habe mich so bemüht, du warst der Nutznießer, und diese verdammte Sylvia hat sich unter den Nagel gerissen, wofür ich mich abgemüht habe. An mir sahen sie gut aus, aber ihr stehen sie kein bißchen. Zum Teufel mit euch beiden. Ich bin noch zu keinem Entschluß gekommen, was die Zukunft betrifft, aber ich kann dich nur warnen: Paß auf.
>
> T.

Henry wirbelte herum und starrte Ted an, ohrcliplos auf dem Bücherregal. Er saß nur da, reglos wie immer, in der üblichen Haltung, seiner Rolle gemäß. Aber es war nicht

3 Uhr früh, es war hellichter Tag, und noch niemals hatte man gehört, daß ein Teddybär zur Tageszeit . . .

Henry setzte sich nachdenklich, drehte sich langsam um und las die Mitteilung noch einmal durch. Dann schaltete er den Computer aus.

Erschüttert stieg er in seinen neuen Mercedes, um Sylvia vom Flughafen abzuholen.

Ein sehr alter weißer Bär

Renate Welsh

Der weiße Bär saß seit vielen Jahren zwischen dem dunkelgrünen und dem gelben Kissen. Er wurde nur aufgehoben, wenn die Sofakissen ausgeschüttelt wurden. Manchmal vergingen Wochen, ohne daß er eine Menschenhand spürte.

Der weiße Bär saß da und dachte an vergangene Zeiten.

Wenn Regen in der Luft lag, spürte er die Naht im rechten Bein. Dort hatte ihn ein Hund erwischt. Das war dreißig Jahre her, oder noch etwas länger. Der weiße Bär erinnerte sich genau, wie sein kleines Mädchen hinter dem Hund hergerannt war. Er erinnerte sich, wie sie geschrien hatte. Er erinnerte sich, wie sie in seinen weißen Bauch weinte. Und wie ihre Mutter die Holzwolle zurückstopfte in das Bein und die Wunde zunähte. Seither war das rechte Bein ein wenig dünner als das linke.

Seine rechte Pfote fehlte. Das war beim Karussellfahren passiert. Der weiße Bär war ins Gestänge geraten, als sein kleines Mädchen auf einem schwarzen Pferd ritt und in die Hände klatschte. An den Fußsohlen hatte der weiße Bär Lederflecke. Dort war der Stoff aufgegangen. Der weiße Bär wußte nicht, wieso. Er war nie viel zu Fuß gegangen. Meist hatte ihn sein kleines Mädchen herumgeschleppt.

Er hatte oft gebrummt, wenn sie ihn einfach nachschleifen ließ. Jetzt konnte er schon lange nicht mehr brummen. Die Feder in seinem Bauch war irgendwann einmal gesprungen.

Sein kleines Mädchen kam ins Zimmer und setzte sich an den Schreibtisch, ohne den weißen Bären anzusehen.

Er kränkte sich.

Eigentlich hätte er längst daran gewöhnt sein müssen.

Aber er konnte sich nicht daran gewöhnen.

Er wäre gern hin- und hergerutscht.

Aber er war steif vom langen Sitzen.

Er guckte vor sich hin.

Sein kleines Mädchen klapperte auf der Schreibmaschine.

Ihre Ellbogen gingen auf und ab, auf und ab.

Sie war gar kein kleines Mädchen mehr.

Sie war eine Frau.

Sie hatte selbst Kinder.

Die hatten auch mit dem weißen Bären gespielt. Aber

anders. Sie hatten mit ihm gespielt und ihn dann tagelang liegenlassen. Einmal sogar in einer Pfütze. Davon stammten die dunklen Flecke und die kahlen Stellen in seinem Fell.

Und jetzt waren auch die Kinder schon groß und sahen ihn nicht mehr an.

Der weiße Bär hätte gern geseufzt.

Aber das konnte er nicht.

Er war nur traurig.

Er fühlte sich unnütz.

Niemand brauchte ihn.

Eines Tages kam ein fremder Junge zu Besuch.

Der fremde Junge stieg auf das Sofa und holte alle Bücher vom Regal. Eines fiel dem weißen Bären auf den Kopf.

Der fremde Junge blätterte die Bücher so schnell durch, daß es klang, als rausche der Wind durch die Seiten.

Der fremde Junge drehte das Radio auf, daß es dröhnte.

Der fremde Junge rannte grölend durch die Wohnung.

Plötzlich klirrte irgendwo Glas.

Dann hörte der weiße Bär lautes Weinen.

Sein kleines Mädchen sprang auf und rannte hinaus.

Der weiße Bär hörte Wasser rinnen.

Er hörte, wie eine Schublade aufgerissen wurde.

Er hörte eine Schere schnappen.

Er hörte murmelnde Worte.

Dann kam sein kleines Mädchen zurück. Sie trug den fremden Jungen.

«Ich will zu meiner Mama!» schrie der fremde Junge.

«Das geht jetzt nicht», sagte das kleine Mädchen. «Das weißt du doch.» Sie legte den fremden Jungen auf das Sofa.

Er schluchzte laut.

Er hatte einen großen weißen Verband an der Hand.

Er zappelte und strampelte.

Der weiße Bär wurde hin und her geschüttelt.

Sein kleines Mädchen sagte zu dem fremden Jungen: «Ich habe jemanden für dich.»

Sie hob den weißen Bären auf.

Sie fuhr über seinen kahlen Kopf.

«Der kann wunderbar trösten», sagte sie und legte den weißen Bären in die Armbeuge des fremden Jungen. «Er hat mich immer getröstet, wenn ich traurig war.»

Der fremde Junge sah den weißen Bären an.

«Was ist mit seiner Pfote?» fragte er.

Der weiße Bär mochte es nicht, wie ihn der fremde Junge ansah. Sein kleines Mädchen erzählte die Geschichte von der Pfote. Der fremde Junge hörte zu. Hin und wieder schnupfte er auf. Der Bär hörte auch zu.

Sein kleines Mädchen erzählte die Geschichte vom Bein.

Und die Geschichte von der kahlen Schnauze.

Der fremde Junge drückte den Bären an sich.

Der weiße Bär spürte die warme Haut des fremden Jungen.

Die kahle weiße Bärenschnauze kam in die Halsgrube des fremden Jungen.

Der fremde Junge fing an zu lachen.

«Das kitzelt ja!» sagte er und zappelte.

Der weiße Bär wurde wieder hin und her geschüttelt.

Aber das war ganz anders als zuvor.

Sein kleines Mädchen sah ihn an, so wie sie ihn früher angesehen hatte. Ganz früher.

«Siehst du», sagte sie zu dem Jungen, «er mag dich, mein Bär. Ich muß jetzt in die Küche gehen, aber er bleibt bei dir.»

Der Junge drückte den weißen Bären noch fester an sich.

Die Geburtsstunde des Steiff-Teddybären

Valerie Thame

Margarete Steiff rückte mit dem Rollstuhl näher ans Fenster. Das Licht des winterlichen Tages würde bald schwinden, und sie wollte ihre Näharbeit beenden, bevor die Lampen angezündet wurden. Sie war eine fröhliche und lebhafte junge Frau, obwohl sie als Kind an Kinderlähmung erkrankte und seither an den Rollstuhl gefesselt war. Sie wußte, daß sie nie wieder gehen und stets von anderen abhängig sein würde, besonders von ihrer Familie. Aber sie war entschlossen, diese Abhängigkeit auf ein Minimum zu beschränken.

Sie lebte in Giengen an der Brenz, einem Dorf im Süden Deutschlands, wo ihre Familie eine Filzfabrik besaß. Margarete hatte das Nähen erlernt, und das stets verfügbare Material aus der Fabrik brachte sie auf die Idee, sich selbständig zu machen, Konfektionskleidung zu schneidern und zu verkaufen. Sie betrieb ihr Filzkonfektionsgeschäft in einem Raum im Erdgeschoß des elterlichen Hauses, und die bequemen warmen Kleidungsstücke, vor allem die neuen Filzunterröcke, verkauften sich im kalten Winter in dieser Gegend sehr gut.

Margarete zitterte. Das Feuer schien mit dem Licht zu verlöschen, und neben dem Ofen lagen keine Holzscheite mehr. Sie mußte warten, bis jemand das Feuer neu entfachte, und bis dahin würde sie eben weiternähen. Ihr Arbeitstisch stand direkt am Fenster, das die Straße überblickte, damit sie bei bestmöglichem Tageslicht arbeiten konnte und damit sie die Passanten sehen konnte und diese sie. Ein paar Schulkinder, die vor Einbruch der Dunkelheit zu Hause sein wollten, rannten winkend vorbei, und sie erwiderte fröhlich den Gruß. Jeder im Dorf kannte Margarete Steiff, und das Haus war immer voller Besucher, vor allem junge, denn Margarete hatte gern Kinder um sich.

Ihre Arbeit war beendet, und da es noch nicht ganz dunkel war, begann sie eine Filzjacke zu vernähen. Filzschnipsel fielen zu Boden auf den Haufen anderer Stoffreste. Sie war so sehr in ihre Arbeit vertieft, daß sie nicht hörte, wie sich die Wohnzimmertür öffnete. Ihr Bruder Fritz kam mit einem Armvoll Holz herein.

«Margarete, du machst dir noch die Augen kaputt bei diesem Licht.» Ihr Bruder entfachte das Feuer von neuem und zündete die Lampen an. Das Zimmer erhellte sich gemütlich und sah jetzt weniger wie ein Arbeitsraum und mehr wie eine Wohnstube aus.

«Schau dich bloß mal an», sagte er. «Du sitzt ja fast knietief in Stoffresten. Mach Schluß für heute.»

Widerwillig legte Margarete die Schere nieder und fuhr mit ihrem Rollstuhl zum wärmenden Feuer. Sie wischte ein paar Filzreste vom Schoß.

«So viel Abfall», sagte sie. «Ich werfe diese Reste nicht gern weg, Fritz. Damit müßte ich doch irgend etwas anfangen können.»

Fritz überlegte, hob eine Handvoll auf, und eine von vielen fallen gelassenen Stecknadeln stach ihn in den Finger.

«Wie wär's mit einem Nadelkissen?» fragte er.

Margarete lachte. Der Vorschlag ihres Bruders war vielleicht nicht ernst gemeint, aber sie dachte darüber nach, und bevor sie am folgenden Tag mit der eigentlichen Arbeit begann, nähte sie sich ein Nadelkissen – aber kein gewöhnliches. Margarete, einfallsreich wie immer, benutzte eine Elefantenvorlage und schnitt das Muster aus grauen Filzabfällen zu, nähte die Teile zusammen und stopfte das Ganze mit Holzwolle aus. Fortan saß dieser Nadelkissen-Elefant auf ihrem Nähtisch am Fenster, und als die Dorfkinder ihn sahen, waren sie begeistert.

«Machen Sie uns auch einen, Fräulein Steiff? Bitte!»

Wie hätte sie da widerstehen können! Also nähte Margarete neben ihren Kleidern auch kleine Filzelefanten und verschenkte sie. Bald hatte es sich im Dorf herumgesprochen, daß Margarete Steiff niedliche Elefanten herstellte, und zu ihrer Überraschung fingen die Leute an, sie zu bestellen. Die Nachricht von dem neuen Spielzeug verbreitete sich schnell in der ganzen Gegend, und schließlich hörten auch Händler davon und gaben größere Bestellungen in Auftrag. Margarete war in kurzem derart mit dem

Nähen von Elefanten beschäftigt, daß ihr für andere Näharbeiten nur noch wenig Zeit blieb, und ehe sie sich's versah, entwickelte sich ihr Filzkonfektionsgeschäft zu einer Spielzeugfabrik, und Margarete war die Herstellerin der ersten Plüschtiere der Welt.

Ihr Bruder Fritz war zwar Bauwerkmeister, aber er war begeistert vom neuen Erfolg seiner Schwester und sah gute Absatzmöglichkeiten für Stofftiere. Er und Margarete hatten sich immer prima verstanden und jetzt, wo das Geschäft wuchs, übernahm er einen Teil der anstehenden Aufgaben. Täglich trafen neue Bestellungen ein, und zum Erstaunen der Geschwister waren bis zum Jahresende sechshundert Elefanten verkauft worden. Die Elefanten waren inzwischen so beliebt, daß die Kunden auch nach anderen Tieren fragten, nach Stoffaffen, -pferden und -hasen. Margarete, die sich über die Herausforderung einer neuen Aufgabe freute, erfüllte diese Wünsche gern und bestellte spezielle Stoffe für die verschiedenen Tiere.

Fritz überredete seine Schwester, die Elefanten auch auf Jahrmärkten zu verkaufen. Er machte sich mit einem Sackvoll auf den Weg und wurde alle los.

Mit der Zeit kam Margarete mit der Arbeit einfach nicht mehr nach. Sie und Fritz stellten eine Hilfe ein – und am Ende des sechsten Jahres beschäftigten sie vier reguläre Angestellte und zehn Heimarbeiter und fertigten über 5000 Plüschtiere an.

Die Produktion nahm im Haus immer mehr Platz in Anspruch, und so verlagerte die unerschrockene Margarete Steiff ihr Geschäft allen Widrigkeiten und körperlichen Beschwerden zum Trotz in größere Räumlichkeiten. Sie kaufte im Dorf ein großes Haus mit einem Eckladen, und auf die Fassade ließ sie «Filz-Spielwarenfabrik» malen.

Das Geschäft florierte weiter, und alle möglichen

neuen Tiere wurden entwickelt, auch winzige Mäuse, Plüschschweine und Samtkatzen. Unermüdlich wurden neue Ideen ausgeheckt und Bestehendes ausgearbeitet. An manchen Tieren wurden Räder befestigt, damit sie gezogen oder geschoben werden konnten, andere wurden mit starken Innenrahmen versehen, so daß die Kinder darauf reiten konnten. 1893, etwa dreizehn Jahre nach dem Nadelkissen-Elefant, ließ Margarete ihre Firma bei der örtlichen Handelskammer eintragen und gab den ersten Steiff-Katalog heraus. Jetzt, wo die Firma auf soliden Füßen stand, war sie in der Lage, einen ihrer Neffen, Richard Steiff, in den Familienbetrieb aufzunehmen, und es dauerte nicht lang, bis auch zwei seiner jüngeren Brüder, Paul und Franz, in das Geschäft einstiegen.

Richard, der in Stuttgart die Kunstgewerbeschule besucht und in England studiert hatte, zeichnete leidenschaftlich gern Tiere, vor allem Bären, und er schlug seiner Tante vor, einen anzufertigen.

«Einen Bären?» sagte die überraschte Margarete. «Aber warum? Die sind doch so häßlich.»

«Nein, sie sind nicht häßlich», sagte Richard. «Ich zeig's dir.»

Sein Block war voller Bären, die er im Stuttgarter Zoo abgezeichnet hatte, und nach diesen Skizzen entwarf er ein Muster für einen Plüschbären. Margarete, die viele ihrer neuen Stofftiere selbst entworfen hatte, sah sich die Zeichnung kritisch an.

«Hmm, es könnte gehen», sagte sie. «Vielleicht mach ich den Körper aus braunem Tweed ... und nehme einfarbige Filzflicken für die Pfoten ... und Stiefelknöpfe als Augen ...»

Die beiden berieten sich lange über den neuen Bären, und als Margarete sicher war, daß es funktionieren würde, war sie mit der Herstellung einverstanden und später sehr zufrieden mit dem Ergebnis. Richard jedoch nicht.

«Er ist nicht echt genug», sagte er.

«Nicht echt genug? Das verstehe ich nicht.»

«Er ist nur aus Stoff und Sägemehl – wie alle unsere anderen Stofftiere.»

«Das ist nicht wahr», entgegnete Margarete entrüstet. «Ich verwende nur die feinsten Hobelspäne.»

«Ja, ja», sagte Richard. «Aber du weißt doch, was ich meine. Ich möchte, daß dieser Bär anders ist. Der braune Tweedkörper ist falsch. Wir sollten so etwas wie – Mohairplüsch verwenden.»

«Mohairplüsch?» Margarete holte tief Luft. «Aber das ist so teuer. Es wird aus dem Fell der Mohairziege gemacht und muß besonders behandelt und auf Spezialstühlen gewebt werden. Wirklich, Richard! Mohairplüsch für ein Spielzeug?»

«Warum nicht? Mohair sieht wie echtes Fell aus, und genau das fehlt ihm. Und», er begann wieder zu zeichnen, «damit der Bär noch echter wird, sollte er bewegliche Glieder haben.»

Margarete sah ihn entgeistert an. Ein Bär aus Mohairplüsch und mit beweglichen Gliedern? Das wäre viel zu teuer und würde sich nie verkaufen lassen. Aber Richards Enthusiasmus war ansteckend, und es dauerte nicht lange, bis Margarete wieder einmal dem Reiz eines neuen Wagnisses erlag. Dann nahm sie den revolutionären Entwurf gleich in Angriff. Der neue Bär hatte mit seinen hellen Glasaugen ein trauriges, aber ansprechendes Gesicht. Er war pelzig und knuddelig mit großen gefütterten Pfoten, aufgestickten wollenen Krallen und einer gestickten Wollnase. Er konnte auf seinen Hinterbeinen stehen, sich setzen oder auf allen vieren gehen, und die ganze Familie war begeistert.

«Er ist so gut und so anders – er muß unbedingt zur Leipziger Messe», meinte Fritz.

«Du meine Güte, eine so große Ausstellung für einen so kleinen Bären», sagte Margarete zweifelnd, obwohl sie wußte, daß die Handelsmesse für Spielzeughersteller ein wichtiges Ereignis war.

«Unseren neuen Bär müssen wir unbedingt vorzeigen», sagte Fritz. «Es werden Käufer aus der ganzen Welt dort sein. Eine günstige Gelegenheit!»

Margarete ließ sich schnell überreden, auch sie fand ihren Bär entzückend. So wurde beschlossen, ihn 1903 mit allen anderen Stofftieren in Leipzig auszustellen. Als Margarete jedoch ihrer Familie zum Abschied nachwinkte, ging ihr der Gedanke nicht aus dem Kopf, daß der neue Bär – so aufregend er auch war –, vielleicht doch ein bißchen zu teuer sei.

Die Messe war gut besucht, und Fritz und seine beiden Söhne bauten rasch ihren Stand auf. Sie konnten es kaum erwarten, ihr neues Produkt vorzuführen.

«Schauen Sie hier, meine Herren», sagte Fritz und hielt den Bär in die Höhe. «Sehen Sie, wie lebensecht dieser Bär ist, und wie flauschig! Sehen Sie, wie sich die Glieder bewegen? Er kann stehen. Er kann sitzen. Ich kann Ihnen versichern, meine Herren, dieser Bär gleicht keinem anderen Spielzeug auf dieser Messe. Sind Sie interessiert? Wie wär's mit einem halben Dutzend?»

Zu ihrer Überraschung und Enttäuschung blieb das erwartete Echo aus, und der erste Tag endete ohne einen einzigen Auftrag. Fritz bemerkte Richards langes Gesicht und klopfte ihm auf die Schulter.

«Mach dir keine Sorgen, mein Sohn», sagte er. «Morgen wird's besser laufen.»

Aber am nächsten Tag war es dasselbe. Niemand wollte

kaufen. Sie glaubten nun, einen furchtbaren Fehler begangen zu haben. Mit dem Produkt stimmte alles, da hatten sie keine Zweifel. Es war gut gearbeitet, so gut wie alle ihre andern Stofftiere, wenn nicht noch besser. Woran lag es bloß? Endlich kam Fritz zu dem Schluß, daß die Leute eben keine Stoff*bären* kaufen wollten. Bären waren häßlich. Sie hatten lange Schnauzen und gefährliche Krallen. Sie rochen schlecht, hatten schlechte Laune, und was taten sie in allen Märchenbüchern? Sie fraßen die kleinen Kinder auf. War es da ein Wunder, daß die Eltern keine Bären wollten? Vielleicht war Richards Idee doch nicht so gut gewesen.

Der letzte Messetag kam, und sie hatten noch immer keine einzige Bestellung für ihren Bär entgegennehmen können. Fritz wollte nicht länger bleiben.

«Es reicht, Buben», sagte er, nachdem der halbe Tag vorüber war. «Gehen wir heim.»

Als sie niedergeschlagen zusammenpackten, kam die einmalige Chance. Der Einkäufer einer amerikanischen Spielzeugfirma ging an ihrem Stand vorbei und sah den Bär, der halbversteckt aus einer Kiste lugte.

«Entschuldigen Sie», sagte er, «Bären sind in den Staaten zur Zeit sehr gefragt. Dürfte ich mir Ihren mal ansehen?»

«Natürlich, mein Herr.»

Richard packte den Bär wieder aus. Er führte die beweglichen Glieder vor und machte viel Wesens um den Körper aus Mohairplüsch.

«Er ist äußerst strapazierfähig. Er kann jede Menge Schmusen vertragen und dürfte ein Leben lang halten.»

Der Einkäufer war beeindruckt.

«Gut. Ich nehme dreitausend.»

Margarete freute sich sehr über den Großauftrag, machte

aber darauf aufmerksam, daß mehr Helfer und noch mehr Raum vonnöten wären. Es folgte eine aufregende Zeit für die Familie, und die Erweiterung der Fabrik wurde geplant.

Schließlich ging der neue Bär in Produktion, dreitausend Stück wurden sachgemäß verpackt und von der neuen Steiff-Spielwarenfabrik in die Vereinigten Staaten von Amerika geschickt.

Zu Hause warteten Margarete und ihre Familie gespannt auf Nachricht. Sie hatten eine Menge Zeit und Geld in den neuen Bär investiert. Würde er den Amerikanern gefallen? Nach einigen sorgenvollen Wochen traf ein Telegramm aus Amerika ein.

«Teddybären verkaufen sich gut in den Staaten», stand darin. «Benötigen mehr. Können Sie liefern?»

Margarete war froh und wunderte sich. «Warum nennt er sie *Teddybären*?» fragte sie. «Es sind doch Steiff-Bären.»

«Das hat mit ihrem Präsidenten, Teddy Roosevelt, zu tun», sagte Fritz. «Ich habe gehört, er mag Bären, und deshalb haben Spielzeugbären seinen Namen bekommen. Jetzt heißen sie alle Teddybären.»

«Aha», sagte Margarete. «Aber unsere werden anders sein.»

Sie arbeitete bereits an einem neuen Bär, und in das linke Ohr nähte sie einen kleinen Knopf. «Siehst du, Fritz? Knopf im Ohr. So kann man einen Steiff-Bär von einem anderen unterscheiden. In seinem Ohr ist ein Knopf versteckt.»

«Ich mach's noch besser, Schwesterherz», sagte Fritz. «Weißt du noch, wie alles anfing? Mit deinem kleinen Nadelkissen? Ich werde einen Knopf mit einem Elefanten drauf herstellen lassen, als Erinnerung an dein erstes Stofftier, und sein Rüssel wird S-förmig sein. S wie Steiff. Was hältst du davon?»

Margarete war einverstanden.

Während sie den neuen Bär vernähte, fielen goldfarbene Plüschflicken auf den Boden.

«Ach, schau mal», sagte sie. «Immer noch Reste. Was machen wir denn nun mit all den Stückchen?»

Fritz legte ihr den Arm um die Schulter.

«Ich würde ein paar *kleine* Teddys machen», sagte er.

Martinas bester Freund

ALLAN F. JONES

So. Da wären wir also. Und in einem feinen Zustand, nach der Füllung zu urteilen, die überall verstreut herumliegt. Und wenn ich mich nicht sehr irre, ist das keine ganz unbekannte Pfote, die da unterm Bett hervorguckt. Gar nicht unbekannt. Man könnte sogar sagen, ich kenne sie wie meinen Handrücken. Es ist nämlich mein Handrücken. Mit dranhängendem Arm. Trotz allem – nichts, was ein bißchen flottes Nähen nicht wieder in Ordnung brächte.

Das Auge wird allerdings problematischer sein. Die Lagerbestände werden heutzutage dermaßen rasant ausgewechselt, daß es verflixt schwierig sein wird, ein passendes Auge zu finden, und der Himmel weiß, wo meins jetzt ist. In einem Mauseloch vielleicht. Von Küchenschaben fortgetragen. Ja – sie haben Küchenschaben, sie wissen's zwar nicht, aber sie haben welche. Die Wände hoch und runter, wenn die Lichter aus sind.

Und ein Ohr halb abgerissen. Mein Gott! Aber was soll's – so lebt sich's eben als schlechter Bär.

Aber man darf sich nicht beschweren – man wird jedenfalls gewarnt. Wie wir so dasaßen – reihenweise in der Fabrik. Erhofft euch das Beste, sagten sie, aber seid aufs Schlimmste gefaßt. Und das ist nun mein Leben. Da hab ich mir was Schönes eingebrockt.

Ich saß also da im größten und schönsten Spielwarenladen von ganz England, in London bei Hamleys (das ist nicht so ein einfacher Spielzeugladen an der Straßenecke, wo man in Tuchfühlung mit dem Monster aus dem All hockt und mit Kaugummi verkleistert wird) hoch oben auf dem Regal und strahlte. War ich knuddelig? Und ob ich knuddelig war. Und schön? Man konnte die Kinder aus zwanzig Meter Entfernung staunen sehen. «Mami, Mami, den da! Den da oben!» oder eher: «Papa, Papa» oder «Oma, Oma». Die kennen keine Skrupel, die Kids. Geld ist Geld, egal aus wessen Tasche es kommt – und ein Teddybär ist ein Teddybär.

Und ich war wirklich ein feiner Teddy, innig geliebt. Sorry, ein bißchen Kipling ist mir da reingerutscht. Aber es waren ja auch ihre liebsten Geschichten. Nein, ich lüge. Ihre Lieblingsgeschichten waren die Pornohefte, die sie in der Werkstatt ihres Papas fanden. Die Kipling-Storys hatte ihr Papa am liebsten – deshalb las er ihnen vor, wie der Elefant zu seinem Rüssel kam und der Leopard zu seinen Flecken. Und sie taten, als ob sie einschliefen, damit er gute Nacht sagte und sie sich in Ruhe über die Hefte hermachen konnten. Erstaunlich, wie faszinierend sie die im Alter von sechs Jahren fanden. Wie lange das alles her ist!

Hier sülze ich also rum und rede nur von ihnen, und Sie wissen nicht mal, wer das ist, nicht wahr? Jim und Martina. Nein, lachen Sie nicht. Es war nicht ihre Schuld. Man kann seinen Namen schließlich nicht selbst auswählen. Ich könnte Ihnen einen passenden Namen für Jim sagen – kein Problem – «Sauhund» zum Beispiel. Martina dagegen mochte ich. Sie war von Anfang an goldig und sah auch so aus – lange goldblonde Haare und ein Gesicht, das man am liebsten abgeküßt hätte.

Wie jedermann, hatten auch wir unsere Höhen und Tiefen. Es wird allerdings lange dauern, bis ich die Sache mit dem Bleichmittel vergesse. Aber – sie wollte eben mal sehen, wie ich mich als Blondschopf mache. Ich kann es ihr eigentlich nicht verübeln. Neugierde war's, weiter nichts. Kindliche Unschuld. Und dasselbe, als sie beschloß, ich hätte einen Haarschnitt nötig. Was die kahle Stelle betrifft – da bin ich ziemlich empfindlich, obwohl das ein Klacks ist im Vergleich zu meinem jetzigen Äußeren. Aufgeschlitzter Bauch. Ein Arm im Westen. Ein Auge im Osten. Und mein Ohr hängt nur noch an einem Faden.

Aber – ich habe mich an ihm gerächt!

Ich bin wirklich ein schlechter Bär.

Was habe ich am Anfang gesagt – daß einige flotte Stiche alles wieder in Ordnung brächten? Schön wär's. Wenn sie wüßten, was ich angestellt habe, würden sie mich als Putzlappen benutzen, bevor der Tag zur Neige geht. Aber es ist nicht meine Schuld. Er war's. Der kleine Unhold war's – Jim.

Aber schauen Sie sich ihn an. Der arme alte Jim. Wo ist dein häßliches Gekluckse geblieben, Jimbo? Na? Du bist sehr still geworden, mein Freund. Keine Lust, ein Skalpell in mich zu bohren, Jimmy? Vielleicht das Auge rauszureißen? Na, komm schon, Jim – steh auf und reiß mir auch den anderen Arm aus der Schulter. Was? Du willst deine Ruhe haben? Schlechte Laune, wie? Du warst schon immer ein schlechtgelauntes Biest. Schlechtgelaunt und boshaft und hättest dringend mal eine Tracht Prügel gebraucht. Moment mal! Und ich auf frischer Tat ertappt, wie ich mit eigenen Händen . . . Da gibt es allerdings ein Problem – ein winziges Problem. Teddybären können nichts halten. Man gibt uns keine Finger. Nur diesen nutzlosen Halbmond aus Filz am Ende unserer Arme. Versuchen Sie mal, jemanden damit totzuschlagen. Danke bestens!

Aber so sind wir ja gar nicht. Ich bin's – ich bin ein schlechter Bär. Etwas Häßliches wurde mit dem Kapok in mich reingepackt. Schönes Wort: Kapok. Ich zitiere: eine seidige Faser, die aus den Haaren gewonnen wird, welche die Samen des tropischen Baumwollbaums bedecken. Das ist Kapok. Da kommt man ins Grübeln, was? Können Sie sich all diese Forscher mit ihren Schnurrbärten und Tropenhelmen vorstellen, die im letzten Jahrhundert durch die Tropen trampelten? Und einer von ihnen sagt: «Donnerwetter, Cuthbert, dieser Baumwollbaum hat Haare auf den Samen, mit denen man zu Hause phantastisch Teddybären ausstopfen könnte. Nennen wir's Kapok.»

Ich schweife ab. Was würden Sie denn tun, wenn Ihnen die halben Baumwollbaumsamenhaare aus dem Bauch hängen?

Wo war ich stehengeblieben? Ach ja – Jim und Martina. Ich erinnere mich an alles, wissen Sie. Gleich vom ersten

Moment an, als der Papi mich vom Regal runterholte. Keine Zeit, mich zu verabschieden. Aber ich kannte die anderen ja sowieso kaum. Wir werden nicht zum Fraternisieren ermutigt. In so einem Laden wie Hamleys herrscht Konkurrenzdenken. Man verbraucht seine ganze Energie, indem man Wellen von «kauf mich, kauf mich» aussendet, bevor man dazu kommt, sich mit allen anderen Bären dieser Welt anzufreunden.

Die Zwillinge waren erst vier Jahre alt – aber schon zeigte Jim sein wahres abscheuliches Gesicht. Er hüpfte von einer Sandale auf die andere, schrie «ich will den da, ich will den da» und zeigte auf einen häßlichen Typ, doppelt so groß wie ich und mit einem Gesicht, das Attila, den Hunnen, erschreckt hätte. Es war nämlich nur die Größe, die ihm imponierte.

Der erste Wutanfall – jedenfalls der erste, den ich miterlebte. Gleich dort auf dem Fußboden von Hamleys. Welch ein Anblick! Ich kann Ihnen sagen – von so einem Regal aus kriegt man ja einiges zu sehen, aber so etwas war mir noch nicht untergekommen. Er krümmte sich auf dem Boden, trat mit seinen kleinen Füßen um sich und schrie und tobte. Und Martina hielt mich ganz fest und war still und lieb und roch nach wunderbaren Sachen. Und ich dachte mir – ich hab den bekömmlicheren Teil erwischt, das steht fest.

Ich liebte sie sofort. So ist das mit uns Teddybären. Liebe und Zärtlichkeit. Sie sind nicht zu unterschätzen. Und ich liebte diese Kleine auf Anhieb. Sie war schön – ein helles Köpfchen. Wenn sie aus dem Bad stieg, roch sie wie ein Stückchen Himmel und war so warm und schnukkelig, und dann steckte man mich neben sie, und sie drückte mich an sich und schlief sofort ein. Wir Bären sind niedliche kleine Wiedergaben der Zärtlichkeit eines liebenden Kindes. Mensch – das ist ja schon fast Poesie!

Ich sollte in die Werbung gehen. Nein ... aber jetzt mal ganz ernst: sie war entzückend. Für dieses Kind hätte ich alles getan. Und ich sag Ihnen, sie konnte reden! Ich schwöre es, selbst als sie noch klein war, erzählte sie mir Dinge, die sie keinem anderen erzählte. Deshalb hab ich ihr die Sache mit dem Bleichmittel auch nicht allzu übel genommen. Solchen Kindern kann man nicht böse sein, nicht wahr? Sie wissen, daß ich recht habe. Jim dagegen. Na ja – Jim.

Wo war ich mit Jim steckengeblieben? Ach, ja. Auf dem Boden. Schreiend. Den Horrorbären bekam er jedenfalls nicht. Das muß ich dem Papi zugestehen – manchmal konnte er mit fester Hand auch ordentlich auftreten, wenn Sie wissen, was ich meine. Aber ich glaube, es war eher so, daß der Papi eine Defribillierung nötig hatte, als seine Augen auf das Preisschild des Hamley-Monsters fielen. Ich sag Ihnen – ich bin nicht billig –, aber im Vergleich zu diesem häßlichen Koloß sah ich aus wie ein Sonderangebot.

Jim hatte beschlossen, daß er GARNIX wollte, wenn er den Riesen nicht haben konnte. «Ich will keinen andern. Ich will gar nix. Ich hasse dich.» Ja, all so was. Und dazu noch: «Niemand mag mich, ich geh in den Garten und freß Würmer.» Ich hätte ihn gelassen. Ich hätte sogar darauf bestanden und gehofft, daß er daran erstickt.

Sie halten mich für hartherzig, nicht wahr? Natürlich tun Sie's. Ich merke es genau. Ach, sagen Sie, er war doch nur ein kleiner Bengel. So was wächst sich aus. Lassen Sie mich Ihnen versichern – bei ihm hat sich nichts ausgewachsen, höchstens eingewachsen. Ich muß es schließlich wissen. Ich war dabei.

«Möchte das kleine Mädchen eine Tüte für ihren Teddy?»

«Nein.» Nein, das kleine Mädchen möchte keine Tüte

für ihren Teddy. Das kleine Mädchen wollte ihren Teddy im Arm halten. Mein Gott, war sie süß!

Nicht, daß ich Angst hätte, erwischt zu werden . . . man muß schon realistisch bleiben. Wer würde denn schon annehmen, daß ich irgend was damit zu tun haben könnte? Ich weiß, was man sagen wird. Man wird sagen, er ist auf den Knien am Boden herumgekrochen und hat etwas gesucht, das heruntergefallen war, und dabei muß er so hart gegen den Tisch gestoßen sein, daß die Schreibmaschine herunterfiel und päng, krach, bumm – direkt auf die Nuß.

Eigentlich stimmt das nicht ganz. Das mit dem Tisch war anders. Es war nämlich gut durchdacht, auch wenn die Bemerkung von mir kommt. Ich, halb zermalmt auf dem Tisch kauernd, aber mit noch genug Mumm in mir, um der Schreibmaschine mit dem Fuß einen kleinen Stoß zu versetzen, während er das Papier rausholte. Noch ein kleiner Schubs, und die Tippex-Flasche fiel auf den Boden. Und als er sich bückte, um sie aufzuheben – ein kräftiger Tritt von mir und ein paar Kilo antiker Schreibmaschine stürzen bleiern vom Schreibtischrand.

Den Brief konnte er jedenfalls nicht zu Ende schreiben. Halt – mir fällt noch was ein. Kein Wunder, daß Sie mich für einen gemeinen Hund halten. Sie glauben, er ist noch ein kleiner Junge, nicht wahr? Sie stellen sich vor, er ist zehn oder so, hab ich recht? Genau, das denken Sie. Aber, Verzeihung, eine Menge Wasser ist den Bach runtergeflossen, seit Master Jim bei Hamleys den Verrückten spielte. Vierzehn Jahre, um genau zu sein.

Er hat mich immer gehaßt, müssen Sie wissen. Es war, als hätte er die Szene im Spielzeugladen nie verschmerzt, als käme er sich ewig wie ein Vollidiot vor und würde nur damit fertig, wenn er sich an mir rächen konnte. Meine Bauchwunde ist nicht neu. O nein – das war, als er sieben war. Hören Sie, ich werde Sie aufklären, wie Jim wirklich war. Ich und Martina spielten Doktor und Schwester – wie man's eben so macht, wenn man sieben ist. Oder besser Doktor und Patient. Ich war natürlich der Patient. Bis zu den Ohren einbandagiert. Na, das Ganze wäre mit mir als Doktor wohl ein bißchen statisch verlaufen, was? Martina auf dem Fußboden: Doktor, ich habe eine Kohlendioxidvergiftung und ein Pfeifen in beiden Ohren – und ich nur dahockend und in die Luft starrend. Die Sache ist nämlich die, wir dürfen die Menschen nie wissen lassen, daß wir uns allein bewegen können. Was? Was, ich soll auspacken? Was glauben Sie, wie schnell wir verschwinden würden – unsere Pfoten würden den Boden nicht berühren, so schnell. Aber es ist schon okay – die Nächte gehören uns –, ein paar Schlücke aus der Wohnzimmerbar, ein rascher Blick in die Zeitung, bißchen Fernsehen, wenn keiner dahinterkommt. Mutter denkt, Vater trinkt den Whisky. Vater denkt, Mutter hat die Zeitung zerfleddert, und beide haben die Zwillinge in Verdacht, sich Videos reinzuziehen. Kein Problem. Und wenn die Kids ein bißchen älter sind und in ihre Schulen verfrachtet werden, hat man auch noch die Tage frei. Wenn sie sieben oder acht sind, hat man . . . sagen wir mal drei Stunden pro Abend Dienst und samstags und sonntags voll. Man kann sich eigentlich nicht beschweren, oder?

Jetzt fang ich schon wieder damit an. Verliere den Faden. Sie sollten mich nicht so drauflos quasseln lassen. Das haben sie in der Fabrik schon zu mir gesagt. Immer muß ich quasseln. Das war komisch in der Fabrik – sie sagten: «Du wirst mal ein böses Ende nehmen. Du bist einfach nicht seriös genug. Wenn du nicht aufpaßt, bringt dich dein impulsives Wesen noch in Schwierigkeiten. Für deinen Besitzer bist du vielleicht ein Spielzeug, aber für uns bist du ein ... was war es noch? Ein Repräsentant.» Klingt toll, was? Ein Repräsentant. Und mein Ausbilder sagte zu mir – ich seh's noch deutlich vor mir: «Eines Tages wird dein Besitzer dir gute Nacht sagen, und du antwortest ‹gute Nacht, mein Kind›, und dann ist der Teufel los.» Er hat sich getäuscht – ich hab das Maul gehalten und nicht mit der Wimper gezuckt – auch wenn der kleine Schurke uns beim Doktorspiel störte und mit einem Skalpell, das er vom Zeichentisch seines Vaters geklaut hatte, die Sache ein bißchen beleben wollte.

«Ich glaube, Teddy braucht eine Operation», sagte er. Und als Martina ihn daran hindern wollte, fesselte er sie mit ein paar Verbandsresten ans Bett und schlitzte mich doch tatsächlich vor ihren Augen auf. Hat man Worte? Sie weinte sich die Augen aus, das arme kleine Ding, und er riß riesige Klumpen Füllung heraus und lachte sich dabei kaputt. Es tat mir nicht weh – nicht körperlich, meine ich –, ich bin schließlich ein Teddybär, nicht wahr? Wir haben kein Nervensystem als solches. Aber man kriegt so ein komisches Gefühl, wenn einen jemand ausweidet – man fühlt sich schwach und irgendwie nicht ganz bei sich. Schwummrig. Es ist wohl so, daß man einfach umkippt, wenn zu viel Füllung rausgenommen wird, und das ist dann das Ende. Aber Jim kam nicht dazu, ganze Arbeit zu leisten. Martina trat um sich und machte einen solchen Lärm, daß Mamilein hereinstürmte und Jim das verabreichte, was man in unserem Gewerbe eine «abschrekkend wirkende Strafe» nennt. Und ich wurde neu gestopft und zusammengenäht. Seitdem habe ich einen schwachen Magen.

Das war also Jim mit sieben.

Er ärgerte Martina ständig. Hielt mich aus einem oberen Fenster und drohte, mich fallenzulassen. Schaffte es, daß ich am Hals von der Deckenlampe hing, wenn sie ins

Schlafzimmer kam. Trat auf meinen Kopf. Schob mich in die Mikrowelle. Nichts, was mir eigentlich richtig weh getan hätte – bis auf ein paar Brandwunden und bestimmte Teile meiner Anatomie, die wohl nie mehr die Form annehmen werden, die mein Schöpfer für mich vorgesehen hatte. Aber Sie wissen ja, wir Teddybären entwickeln eine Art psychische Verbindung zu unseren Besitzern – was ich also spürte, war die Qual eines kleinen Mädchens, dessen bester Freund gefoltert und mißbraucht wird. Ja – ganz richtig – bester Freund. Das haben Sie doch gewußt, nicht wahr? Der beste Freund eines Kindes ist sein Teddy. Es stimmt – ehrlich. Teddys lassen dich nie im Stich.

Teddys lassen dich nie im Stich. Ergreifend, was? Es passiert, daß deine Besitzerin ihre damenhafte Phase durchmacht. Bei Martina geschah das so zwischen ihrem zehnten und ... äh ... vierzehnten Lebensjahr. Zu erwachsen für Teddybären. Aber danach war sie wieder alt genug für mich, und ich wurde aus der Schrankecke hervorgeholt und mit Gerald, der Giraffe, und diversen käsigen Püppchen aufs Bett gesetzt. Als sie Teenager wurde, änderte sich jedoch manches. Zuerst war ich ihr bester Kumpel, dann nur noch eins von mehreren starren Maskottchen. Der Zauber war verflogen. Sie wußte, daß ich nur ein ausgestopftes Ding war. Jedenfalls dachte sie das. Sie wissen es besser, nicht wahr? Und ich hoffe, nachdem Sie das hier gelesen haben, holen Sie Ihren alten Teddy vom Schrank und drücken ihn mal ganz schnell – der guten alten Zeiten wegen. Wir leben von Liebe und Zärtlichkeit. Vergessen Sie das nicht.

Jedes Mal, wenn ein Kind lügt, stirbt eine Fee, sagt man. Ich weiß nicht, ob ich das glauben kann. Es klingt ein bißchen absonderlich in meinen Ohren – aber wenn es stimmt, dann muß der Teufel losgewesen sein, wenn

Jim voll aufdrehte. Und das Merkwürdigste war, Jim brauchte gar nicht so zu sein. Er war ein schlaues Bürschchen. Segelte durch die Schule mit fliegenden Fahnen. Anders als die arme Martina, die wie eine Wahnsinnige lernen mußte, um durchzukommen. So ein hübsches Kind, aber keine Geistesgröße. Sie mußte sich abstrampeln, um einen guten Durchschnitt zu erreichen, während es für ihn nur Spielerei war. Warum er so eifersüchtig war, ist mir ein Rätsel. Allerdings hatten alle sie gern, und ihn konnte niemand ausstehen. «Alle hassen mich!» hatte er geschrien. Und ich saß dabei und dachte: Wie wahr, mein Freund. Aber wen wundert's? Natürlich gab ich keinen Pieps von mir.

Was also war geschehen? Warum liegt er jetzt so friedlich da – mit der Schreibmaschine im Nacken? Und was war mit dem Brief, an dessen Fertigstellung ich ihn mit aller Gewalt hindern wollte?

Wie ich schon sagte, Martina mußte gewaltig schuften, um irgend etwas zu erreichen. Und sie wollte doch Psychiaterin ... oder Psychologin oder was auch immer werden. Diese ganzen Ologinnen bringen mich durcheinander. Jedenfalls wollte sie etwas werden, wofür man studieren muß. Und ich sage Ihnen, sie hat wie eine Besessene gelernt. Wurde schier verrückt vor Anstrengung. Dann erzählte ihr jemand was von Pillen, die einen wach halten und das Hirn weiterarbeiten lassen. Irgendwelche Aufputschpillen. Kurz und gut, fast sechs Wochen lang war sie permanent high. Lernte die Nächte durch. Zündete die Kerzen an beiden Enden an und all so'n Kram. Und Jimmy zog mit seinen Freunden los.

Die klassische Geschichte vom Hasen und vom Igel. Jim war so sicher, er schaffe die Prüfungen mit links, daß er keinen Strich machte. Den Rest können Sie sich denken. Er fiel mit Karacho durch. Im Ernst – er schaffte nicht eine Prüfung. Er traute seinen Augen nicht, als der lange braune Umschlag auf der Fußmatte landete. Er wurde verrückt. Und können Sie sich vorstellen, wie er reagierte, als er erfuhr, daß Martina bestanden hatte? Eifersüchtig? Er raste! Es gab nichts, was er ihr nicht vorwarf – vom Tätowieren eines Spickzettels auf die Innenseiten ihrer Lider bis hin zum Beischlaf mit dem Prüfer. Wenn sein Schiff schon unterging, dann hatte sie gefälligst mitzusinken.

Er fand die kleine silberne Dose, in der sie die Pillen aufbewahrte. Er war ein neugieriges naseweises Ekel. Fremdes Eigentum war vor ihm nie sicher. Was den Unterschied zwischen *meum* und *tuum* angeht – dieser Typ konnte die Nacht nicht vom Tag unterscheiden. Ich hoffe, Sie haben die paar eingeworfenen Brocken Latein nicht überhört. Ich mag einen leichten Akzent haben und vielleicht auch ein Rauhbein sein, aber blöd bin ich nicht. Solche Sachen schnappe ich auf, verstehen Sie? Das ist ganz natürlich, wenn man seine Zeit mit Sitzen und Zuhören verbringt. Sollten Sie auch mal versuchen. Schnauze zu und Lauscher offen. Sie lernen eine Menge. Das ist das Problem mit euch Menschen, wenn ich mir die Bemerkung erlauben darf – ihr liebt den Klang eurer eigenen Stimmen. Seid ihr eigentlich noch nie darauf gekommen, daß Gott euch Ohren gegeben hat, die ständig offen sind, und einen Mund, der sich leicht schließen läßt? Sagt euch das nichts? Verzeihung – ich werde persönlich. Machen Sie sich nichts draus.

Der Brief? Ja, ja, es geht schon weiter. Ich und Martina sitzen also in ihrem Zimmer, und sie ist so glücklich, ihre Prüfungen geschafft zu haben, daß sie mich einfach drükken muß. Verstehen Sie? Wo geht eine junge Dame in Augenblicken vollkommener Seligkeit hin? Zum Freund? Ich bitte Sie! Zu Mami und Papi? Keine Chance. Der

Teddy ist's, der den Wirbelsturm des Glücks abkriegt, wenn er über ein so süßes Kind wie Martina fegt. Ja, ich weiß, sie ist kein Kind mehr, aber alte Erinnerungen verblassen nicht so leicht, und ich kann sie immer noch vor mir sehen, wie sie mich am Quai herumschleppte. Ich unterm Arm, ein Eis in der Hand, ein Lied auf den Lippen von den Rädern eines Busses, die sich drehten, um und um und um und um und um . . . Sie machte mich verrückt mit diesem Lied.

Jim kommt rachesüchtig hereingestürmt, weil er alles versaut hat und sie aufs College darf. «Ich mach dich fertig», sagt er. «Ich werde an die Prüfungskommission schreiben und ihnen sagen, daß du die ganze Zeit auf Speed warst. Du gehst nirgends hin, Martina!» Und dann packt er mich und schlägt mich wie ein Wahnsinniger. Sie würden nicht glauben, daß dieser Irre achtzehn Jahre alt ist.

Sie streiten sich wegen mir. Ich kann schon die Schlagzeilen lesen: Kampf aus Liebe um Ted. Nein, das stimmt nicht. Geliebt hat er mich ganz bestimmt nicht. Sie torkeln also herum, und meine Ohrmuschel geht ab, und ein Auge springt raus, und – ratsch – die alte Blinddarmnarbe reißt wieder auf. Dann haut er ihr eins auf den Kopf, und sie fällt um, und er nichts wie weg mit mir in sein Zimmer. Und was er sie und mich dann alles nennt – das würden Sie nie glauben! Das finden Sie auch in keinem Wörterbuch. Er packt mich am Arm und reißt wie ein Verrückter daran. Und dann lacht er wie ein Besessener, als er meinen Arm in der Hand hält. Und ich denke – Gott, gib mir Zähne und Krallen, und dieser Typ wird zu Hackfleisch! Aber, wie ich schon sagte, Zähne und Krallen sind nicht vorhanden.

Er läßt mich auf den Schreibtisch plumpsen und geht die Treppe runter, um die alte Schreibmaschine seiner

Mutter zu holen. Er denkt sich wahrscheinlich, daß ein getippter Brief an die Behörden, in dem er von Martinas kleinen Pillen erzählen will, mehr Gewicht hat als ein handgeschriebener. Er hätte recht haben können. Erfahren hat er es nicht.

Und deshalb sitze ich hier und warte ab, was als nächstes passiert. Also, eines haben wir Teddys genügend, und das ist Geduld – haufenweise Geduld. Mamilein und Papilein sollten bald zurück sein. Ich bin entzückt. Wird Martina sich freuen? Der große Ted als Retter des Tages. Und niemand wird jemals die Wahrheit erfahren. Bin ich nicht ein großer, schlechter, toller Bär? . . .

Es ist dunkel. Ich sitze hier immer noch ganz allein, und es ist dunkel. Wir leben lange, wissen Sie. Wenn wir nicht physisch demontiert werden, können wir leben, bis wir verrotten. Das dauert lange. Eine lange Zeit, in der wir herumsitzen und über unsere Fehler nachdenken können. Ich hörte einmal von einem Bär, dessen Besitzer an seinem Auge erstickte. So ein kleines Ding war's. Das Auge, meine ich. Er ist nie darüber hinweggekommen. Wie werde ich also darüber hinwegkommen?

Natürlich wissen Sie nicht, was los war, oder? Wann hab ich mich eigentlich zuletzt mit Ihnen unterhalten? Es muß ungefähr ein Monat her sein. Schwer zu sagen. Wir zerhacken unsere Zeit nicht in ordentliche kleine Päckchen wie Sie. Schauen Sie, Sie sagen: «Es ist zwölf Uhr mittags – ich muß einkaufen gehen.» Oder: «Es ist halb fünf, wo sind die Kinder?» Nein, nichts dergleichen. Aber wenn ich mich konzentriere, komme ich auf vier bis fünf Wochen, die ich hier schon sitze. Seit sie kamen und Jimmy mitgenommen haben. Und meine Martina – Gott helfe mir!

Man soll sich nie einmischen. Das ist die Grundregel

dort, wo ich herkomme. Nie, nie einmischen. Sag nix. Tu nix. So ist das Leben eines Teddybärs. Sei da, wenn sie dich brauchen. Klingt einfach, nicht wahr? Nur da sein. So – ich hab also Regel Numero eins mißachtet. Ich kickte die Schreibmaschine vom Tisch und machte Master Jimbos Birne ein wenig flacher. Ich bezweifle übrigens, ob der Teppich jemals wieder sein wird, was er mal war.

Martina fand ihn. Nicht lange danach ging er mit einer Exelsior 6000 auf dem Haupt in die ewigen Jagdgründe ein. Das Komische ist, daß sie hereinraste, brüllte und ein Fleischermesser in der Hand schwenkte. Merkwürdig. Aber niemals – glauben Sie mir – niemals hätte dieses Mädchen auf Gottes grüner Erde jemandem mit einem Fleischermesser Schaden antun können. Na, hören Sie mal! Ich kenne sie. Ich weiß mehr über sie als jeder andere, das ist eine Tatsache. Ich denke, sie wollte ihn bloß erschrecken. Wollte ihn vom Briefschreiben abhalten. Sonst nichts. Sie hätte das Messer nie benutzt! Niemals. Sie kommt hereingerast, sieht ihn am Boden liegen und setzt sich nur aufs Bett und heult.

Kurz danach kommen die Mami und der Papi nach Hause und eilen die Treppe hoch, um nachzusehen, was das Gebrüll soll – und da sitzt Martina, und da liegt Jim. Und, glauben Sie mir – Martina ist nicht mehr ganz bei Sinnen. Wie durchgedreht. Sie wissen – übergeschnappt. Der Schock, vermutlich. Damit hatte ich allerdings nicht gerechnet.

Und bevor man sich's versah, trampeln auch schon die Polypen durchs Haus. Martina wird abgeführt, und ein Krankenwagen für Jims Leiche taucht auf.

Was hab ich neulich gesagt? Sie wissen schon, an dem Tag, an dem ich's gemacht habe? Was hab ich gesagt? Ein bißchen Nähen und schon bin ich wieder topfit? Denkste. Der Papi verschloß die Tür von außen, und niemand hat seitdem einen Fuß in dieses Zimmer gesetzt. Die Dunkelheit macht mir nichts aus. Nacht oder Tag – mir ist das egal. Aber Stille mögen wir nicht. Stille kann einen wie Hunger töten. Und dann die Ungewißheit, was mit Martina passiert ist . . . mir ist ganz bange.

Letzte Nacht hab ich endlich erfahren, wie's weiterging. Reines Glück eigentlich. Ich will damit sagen: die haben sich nicht etwa die Mühe gemacht, mich direkt zu informieren. Martina hat mir ja früher immer alles erzählt. Nun wird sie für eine Weile kaum in der Lage sein, mir darüber zu berichten. Aber Mamilein und Papilein standen draußen vor der Tür und redeten. So hab ich's erfahren.

Die Polizei hat ihnen die Story mit dem Stoß gegen den Tisch und der Schreibmaschine nicht abgenommen. Anscheinend sind sie der Meinung, daß es sich unmöglich so zugetragen haben kann. Was bedeutet, daß es kein Unfall war. Was wiederum bedeutet, daß es entweder Mord oder Selbstmord war. Und natürlich braucht ein Durchschnittshirn keine zehn Sekunden, um sich auszurechnen, daß niemand Selbstmord verübt, indem er sich eine Schreibmaschine über den Schädel haut. Die Polizei wischte diese Theorie also schon am zweiten Tag vom Tisch, womit – ganz richtig – nur Mord übrigbleibt.

Bin ich ruhig und gefaßt? Es scheint nur so. Ich zerfleische mich innerlich. Ist Ihnen eigentlich klar, was wirklich passiert ist? Können Sie sich das Ende dieser schlimmen traurigen Geschichte überhaupt vorstellen?

Sie fanden ihre Pillen. Beweisstück Nummer eins, mein Herr. Sie fanden sie mit einem Fleischermesser über seiner Leiche hockend. Indizienbeweis, wenn man davon ausgeht, daß die Mordwaffe eine Schreibmaschine war. Aber als man sie fragte, warum sie ein Fleischermesser in der Faust hatte, schaute sie sie mit ihren hübschen großen blauen Augen an und sagte: «Ich wollte ihn damit umbringen.» Und als man sie fragte, wieso er mit dem Gesicht nach unten auf dem Teppich liegt, ein gewichtiges Stück Büroeinrichtung auf dem Schädel, da sagte sie: «Ich bin froh, daß er tot ist, er hat meinem Teddy weh getan.»

Großer Gott! Ich hätte weinen können.

Man hat sie fortgebracht, meine schöne wundervolle Martina. In irgendeine Institution. Prozeßunfähig – das hab ich den Papi durch die Tür sagen hören. Sie hielten sie für prozeßunfähig, für einen psychiatrischen Fall. Sie dachten, sie habe ihrem Bruder mit einer Schreibmaschine das Hirn zerschmettert, weil die Drogen ihren Verstand durcheinandergewirbelt hätten.

Ihr Idioten! Ihr blöden Idioten! Ich war's doch! Macht die Tür auf! Laßt mich raus! Ich war's! Ich war's! Martiiiiinaaaaa ... Martiiiiiiinaaaaaaaa ...

Der Bär im Schaufenster

ANNE FORSYTH

«Hoffentlich tu ich das Richtige. Hoffentlich.» Schweißtropfen glänzten auf Mr. Rosenthals Stirn. Er tastete zum x-ten Mal nach seiner Fahrkarte in der Jackentasche.

«Natürlich tun Sie das Richtige, Mr. Rosenthal.» Alice hörte auf, mit dem Staubwedel über das Puppengeschirr zu fahren, und lächelte ihm aufmunternd zu. Innerlich zitterte sie ein wenig. Es war eine große Aufgabe, für alles die Verantwortung zu übernehmen.

«Ich laß den Laden nicht gern allein», sagte er. «Mir ist nicht wohl dabei.»

Er musterte die Reihen von Spielzeugsoldaten, als könnten sie sich erheben und meutern, sobald er ihnen den Rücken kehrte.

«Und Sie laß ich auch nicht gern allein zurück», fügte er hinzu. Mit ihrem blonden Haar und den blauen Augen hatte Alice gewisse Ähnlichkeit mit einer der Porzellanpuppen, die auf der Theke saßen. Aber sie war eine tüchtige Verkäuferin und im Innersten eine Rebellin mit wachem Verstand. Besondere Bewunderung empfand sie für die Suffragette Emmeline Pankhurst. «Wenn ich doch nur auch so etwas machen könnte», sagte sie oft zu sich selbst. «Ich würde mich an Gitter ketten, marschieren – alles! Aber ich sitze hier fest.»

Sie nahm den Staubwedel wieder in die Hand und wischte über die Spieluhren. Sie wußte, daß sie mit dieser Anstellung Glück hatte. Die Zeiten waren schwer, und zu Hause gab es jüngere Brüder und Schwestern, die ernährt werden mußten.

«Sie wissen, daß Sie sich Sorgen machen, wenn Sie nicht hinfahren», drängte sie ihren Chef. Mr. Rosenthals Schwester lag im Krankenhaus, und er hatte beschlossen, sie zu besuchen und den Laden für eine Woche in Alices Obhut zu lassen.

«Ray – du hilfst, wo du kannst!» befahl Mr. Rosenthal dem Botenjungen.

«Auf mich können Sie sich verlassen», antwortete Ray, ein fröhlicher Rotschopf.

«Und zerbrich nichts», setzte Mr. Rosenthal mürrisch hinzu. Er sah sich im Laden um, als ob er sich für alle Zeiten von ihm verabschiedete. Alice folgte seinem Blick. Sie verkauften Reifen und Kreisel und Springseile. Und auf den Regalen standen Soldaten, Cowboys und Indianer, rosawangige Wachspuppen und bewegliche Holzpuppen. Aber um etwas ganz Besonderes zu kaufen, eine herrliche Eisenbahn zum Beispiel oder ein prächtiges Puppenhaus, mußten die Leute in die Stadt fahren und eines der großen Geschäfte aufsuchen.

Der Spielzeugladen von J. Rosenthal lag versteckt in einer Seitenstraße und brachte kein Vermögen ein. Manchmal wunderte sich Alice, daß Mr. Rosenthal einen Spielzeugladen besaß. Spielwarenhändler sollten rundlich und lustig sein und gute Laune ausstrahlen. Mr. Rosenthal entsprach dieser Vorstellung in keiner Art und Weise. Er war durch die Familie seiner verstorbenen Frau zu dem Geschäft gekommen. Für ihn war es einfach eine Einnahmequelle und weniger eine Quelle der Freude.

«Hier», sagte Alice freundlich. «Vergessen Sie Ihren Schirm nicht.»

«Na schön», meinte er gequält, «was sein muß, muß sein.»

Sie beobachtete, wie er noch einmal nervös seine Taschen überprüfte, und winkte ihm zum Abschied.

Alice blickte der gebeugten Gestalt hinterher, wie sie um die Ecke bog, mit dem Stock rhythmisch aufs Pflaster tappend. Er tat ihr leid. Wenn sie in seiner Abwesenheit doch nur etwas tun könnte, damit das Geschäft besser lief – was wäre das für eine angenehme Überraschung für ihn, wenn er zurückkehrte!

Zumindest, dachte sie, könnte ich die Schaufensterauslage neu gestalten. Zuerst werde ich alles ausräumen und dann versuchen, sie attraktiver zu machen.

Mit Schaufel und Besen bewaffnet kletterte sie über das Fensterbrett. Wenn ihr doch bloß eine echte Attraktion einfiele – etwas, das die Passanten zum Stehenbleiben, Schauen und Kaufen veranlaßte.

«Raus mit euch!» kommandierte sie und fegte eine

Spielzeugarmee zusammen. «Und du auch!» befahl sie einer kleinen rothaarigen Puppe. Sie kroch im Schaufenster herum, entfernte Platten mit staubigen Gips-Lebensmitteln, bemalte Kreisel und verblichene Kinderbücher.

Ray sah staunend zu. «Sie haben Nerven!» sagte er.

«Das genügt», entgegnete Alice streng. Schließlich war sie jetzt Chefin.

«Was hat sie denn vor?» Eine alte Frau, die auf der anderen Straßenseite ihre Eingangsstufen wischte, beobachtete Alice. «Wie sie da rumkriecht und ihre Knöchel zeigt!»

«Das wird ihm nicht gefallen», sagte ihre Nachbarin. Die beiden Frauen seufzten einstimmig.

Im Schaufenster gegenüber war Alice viel zu beschäftigt, um ihre Mißbilligung zu bemerken. Sie überlegte sich, mit welcher Dekoration man Kunden anziehen könnte. Der Lagerbestand mußte doch etwas hergeben – die oberen Regale hatte sie noch nie richtig in Augenschein genommen, denn Mr. Rosenthal machte selten Inventur.

«Ray, hilfst du mir?» rief sie. «Bring mir bitte die Leiter.»

Sie kletterte hinauf und fing an, zwischen den staubigen Kartons herumzusuchen, als die Türglocke bimmelte und sie vor Schreck fast den Halt verlor.

Ein Kunde! Und so früh am Tag! dachte sie. Ein sehr gutes Zeichen.

«Oh!» Sie nieste und sah zu dem jungen Mann mit dem dunklen krausen Haar hinunter.

«Entschuldigung.» Er bot ihr seine Hand an. «Kann ich Ihnen herunterhelfen?»

«Nein danke, ich schaffe es schon. Sie haben mich erschreckt, weiter nichts.»

«Das tut mir aber leid.» Bewundernd betrachtete er ihre rosigen Wangen und die hellen Haarsträhnen über ihrer Stirn.

«Ich bin der Verkäufer von Hopkins und Handley», sagte er, als sie behende von der Leiter hüpfte.

«Ach», meinte Alice ein bißchen enttäuscht. «Ich dachte, Sie seien heute mein erster Kunde. Wo ist der alte Mr. Jenks?»

«Er ist in Pension gegangen.» Der junge Mann öffnete seinen Koffer.

«Mr. Rosenthal ist heute nicht da. Er macht die Bestellungen», sagte Alice. «Aber da Sie nun schon mal hier sind», fuhr sie fort, indem sie sich würdevoll aufrichtete und so auszusehen versuchte, als sei es etwas Alltägliches für sie, die Verantwortung für den Laden zu übernehmen, «könnte ich ja gleich selbst ordern, um Ihnen einen zweiten Gang zu ersparen, das heißt . . .»

Mr. Rosenthal hatte ihr nicht ausdrücklich verboten, neue Waren zu bestellen, er hatte einfach nicht daran gedacht.

«Haben Sie etwas Neues?» fragte sie, als ob sie alle Tage mit Vertretern zu tun hätte.

Der junge Mann wühlte in seinem Koffer. «Das Allerneueste», sagte er. «Bestimmt sind Sie mit mir einer Meinung, daß dies etwas ganz Besonderes ist.»

«Was ist das?» Alice riß die Augen auf.

«Ein Spielzeugbär», sagte der Vertreter.

«Er ist – ja – anders.» Sie betrachtete das langgliedrige Geschöpf, den Plüschkörper, den großen Kopf, die Glasaugen und die weichen Filzflicken an den Pfoten.

«Ganz neu, gerade eingetroffen.» Der junge Mann bewegte die Arme des Bären rückwärts und vorwärts. «Kam ursprünglich aus Deutschland», sagte er. «Von der Firma Steiff. Und sie werden sogar auch in Amerika hergestellt – von der Ideal Toy Corporation, die sind sehr fortschrittlich. Sie sind übrigens ganz einfach zu machen», fuhr er fort. «Ein großer Sack für den Körper. Vier dünne Säcke für die Glieder. Auf der Leipziger Messe waren die Bären der große Renner.»

«Einem Kind würde er gefallen», sagte Alice. «Etwas zum Kuscheln.»

«Und, was wichtig ist», sagte der Vertreter, «es ist ein Spielzeug, mit dem auch ein Junge spielen kann.»

Alice nickte. «Wie nennt man sie?»

«Teddybären», sagte der Vertreter. «Nach Theodore Roosevelt. Wie's scheint, war er auf Bärenjagd, fand einen kleinen braunen Bären und wollte ihn nicht erschießen. In allen Zeitungen waren Bilder davon.»

«Teddybären.» Alice lächelte. Sie entschloß sich. «Gut. Ich nehme einen.»

«Sie werden es nicht bereuen», meinte der Vertreter. «Die Teddybären werden das Land erobern. Sie sind der letzte Schrei.»

«Wir werden sehen.» Alice war jung, aber nicht dumm, und sie merkte gleich, daß sie es mit einem übereifrigen Vertreter zu tun hatte. Die Zeit würde irgendwann einen Mr. Jenks aus ihm machen, der gelangweilt Zinnsoldaten verkaufte, als hätte er sich längst von der Jugend verabschiedet.

«Meine Karte», sagte der junge Mann. «Edward Porter. Wenn Sie mehr Bären brauchen, lassen Sie es mich wissen. Ich bin im Nu wieder da.»

Er schüttelte ihre Hand und hielt sie einen Augenblick länger als nötig fest. Alice bemerkte es nicht. Sie dachte an ihr Schaufenster. Natürlich! Der Bär konnte der Mittelpunkt der Auslage sein – eine echte Neuheit, etwas, das die Kunden anzog.

Fahnen! Sie wußte, sie hatten welche, irgendwo im Hinterzimmer. Union-Jacks gab es auf alle Fälle, die waren noch übrig von König Edwards Krönung.

«Ja, ja, natürlich.» Sie lächelte Mr. Porter an, und er

dachte, er hätte noch nie zuvor Augen von einem so tiefen Blau gesehen – kornblumenblau waren sie. Mr. Porter hatte eine poetische Ader.

Kaum hatte sich die Tür hinter ihm geschlossen, suchte Alice die Matrosenpuppen, die Wachpostenpuppen und zwei Porzellanpuppen zusammen und setzte sie rechts und links ins Schaufenster. Ray mußte die Fahnen suchen, und mit viel Glück fand er sogar das Sternenbanner.

Den Bär stellte sie in die Mitte, die amerikanische Flagge klemmte sie zwischen Körper und Vorderpfote.

«Neu aus den Vereinigten Staaten von Amerika», schrieb sie auf ein großes Schild und stellte es vor dem Bären auf. Dann ging sie hinaus, um zu sehen, wie die Auslage wirkte.

Mehrere Straßenjungen kickten eine Büchse herum. Sie drängten sich ums Fenster, um die Dekoration zu bewundern.

«Was ist das, Miß?» Einer zeigte auf den Bär. «Was ist das für ein komisches Tier?»

«Das ist ein Bär, das Allerneueste», sagte sie. Alice schaute die Kinder einen Moment lang an. Eine alte Dose war nicht viel Spielzeug. Andere Kinder hatten Eisenbahnen und richtige Segelboote und Fußbälle.

Seufzend ging sie wieder hinein. «Und jetzt die Kunden», sagte sie zu sich selbst. «Aber es gibt nicht viele davon in der Gegend», dachte sie traurig.

Wie sich der Tag in die Länge zog! Sie schickte Ray auf einen Botengang und räumte den Laden weiter auf. Bis zum frühen Nachmittag war kaum jemand da gewesen – ein Junge, der Bleistifte kaufte, zwei kleine Mädchen, die mit vielen «Ooohs» und «Aaahs» buntes Papier bestaunten. Alle standen sie lange mit großen Augen vor dem Schaufenster.

Alice packten Zweifel. «Es ist noch früh», tröstete sie sich. «Aber ich hoffe, er verkauft sich, bevor Mr. Rosenthal zurückkommt.»

Der Bär blickte sie treuherzig mit seinen braunen Glasaugen an. Diesen Teddy muß doch jedes Kind lieben, dachte Alice. Den will man gleich in den Arm nehmen und an sich drücken.

Wieder fuhr sie mit dem Staubwedel über die Zimmerchen der Puppenhäuser, über die Teller mit Gipsspeisen und das winzige Teeservice. Vor dem Puppentheater blieb sie stehen. Hier waren ihre Lieblinge – besonders Dornröschen und Hans im Glück. Sie seufzte. Chefin zu sein, war nicht so aufregend, wie sie es sich vorgestellt hatte. Der Tag schlich endlos dahin.

Aber dann öffnete sich die Tür, und zwei kleine Kinder, ein Junge von etwa sechs und ein Mädchen von vier Jahren, traten in den Laden, gefolgt von ihrer Gouvernante. «Oh . . .» Die Augen des kleinen Mädchens wurden groß.

«Kommt rein.» Alice lächelte aufmunternd. «Was hättet ihr gern?»

«Wir haben von unserem Onkel Geld für ein Geschenk bekommen», sagte der Junge.

«Dann seid ihr hier am richtigen Ort», entgegnete Alice. «Sicher können wir etwas finden, das euch gefällt.»

«Nichts Schmutziges oder Gefährliches», warf die Gouvernante hastig ein.

Alice ignorierte sie.

«Schaut mal!» Der Junge beugte sich über den Modellbahnhof mit Backsteintunnel und einem Bahnhofsgebäude mit Uhr und allem, was dazugehörte.

«Und hier ist ein Bauernhof – vielleicht gefällt dir das?» Alice zeigte auf die schwarzweißen Kühe, die auf einer grünen Gipswiese standen.

«Oder vielleicht eine Arche Noah?» schlug die Gouvernante vor. «Das ist ein schönes biblisches Spielzeug. Damit könntet ihr am Sonntag spielen.»

«Oder ein Schiff. Dieses hier kann richtig segeln.» Alice nahm es in die Hand. «Oder – habt ihr schon den Bär im Fenster gesehen? Mit der Fahne in der Pfote?»

Das kleine Mädchen hatte schweigend an den Bändeln ihrer Haube gelutscht. «Ich hab ihn gesehen», sagte sie. «Kann ich ihn anfassen?»

Alice langte in die Auslage und zog den Bär hervor. «Das ist ein ganz neuer Bär. Er ist von weit weit her – aus Amerika.»

«Amerika?» sagte der Junge. «Ganz bestimmt?»

Alice lächelte ihn an. «Ja, ganz bestimmt. Er ist mit dem Schiff gekommen, zusammen mit anderen Bären. In New York gibt es noch viele solcher Bären. Aber er ist einer der ersten, die in England gelandet sind. Seine Brüder und Schwestern standen alle am Kai und winkten mit ihren Taschentüchern, als das Schiff ablegte und nach England fuhr.»

«Was hat er gegessen?» fragte der Junge. «Er hat bestimmt großen Hunger gehabt.»

«Schiffszwieback natürlich», sagte Alice. «Und Rum hat er getrunken.»

Die Gouvernante räusperte sich mißbilligend.

«Nein, Limonade», verbesserte sich Alice schnell.

«Ich kann das Salz auf seinem Fell riechen», sagte der Junge und schaute ihn bewundernd an.

«Jetzt ist genug damit», rief die Gouvernante streng. «Ihr müßt euch entscheiden. Wenn ihr hier nichts findet, können wir immer noch in die Stadt fahren.»

«Das ist ein sehr tapferer Bär», sagte der Junge, der nicht auf sie achtete, «daß er ganz allein hierher gereist ist.»

«Er ist wirklich ein sehr tapferer Bär», sagte Alice, «und

sehr abenteuerlustig. Einmal ist er im Wald verlorengegangen. Ein anderes Mal fuhr er mit einer Kutsche die Fifth Avenue in New York entlang. Und er fuhr mit dem Zug die ganze Strecke von Westen nach Osten.»

«Und seine Brüder und Schwestern?» fragte der Junge.

«Ach, ja», sagte Alice. «Er hat eine Menge Brüder und Schwestern. Alle anderen Bären bettelten, auch mit nach Europa fahren zu dürfen. Deshalb kommen sie nächste Woche an. Wir werden im Schaufenster für sie eine Party geben. Ihr müßt euren Freunden erzählen, sie sollen alle kommen und es sich anschauen.»

«Ich kaufe ihn», sagte der Junge, «bevor jemand anders kommt.»

«Keine Arche Noah?» fragte die Gouvernante enttäuscht. «Oder eine schöne Matrosenpuppe? Oder einen Bauernhof?»

«Den Bär», sagte der Junge, der wußte, was er wollte.

«Eine sehr gute Idee», sagte Alice und wickelte den Bär in braunes Papier.

Sobald sie gegangen waren, tanzte sie summend durch den Laden. Sie wußte, sie konnte mehr von diesen Bären verkaufen. Deshalb setzte sie sich sofort hin, schrieb eine Bestellung für «Sechs Bären – Eillieferung» und schickte Ray zur Post, bevor sie es sich anders überlegte.

Am folgenden Nachmittag bimmelte die Türglocke, und Mr. Porter trat fröhlich grinsend ein. «Pünktlich wie die Maurer, wie unsere amerikanischen Freunde immer sagen. Sechs Teddybären, wie bestellt, und Sie werden nicht enttäuscht sein, Miß, das kann ich Ihnen versichern ...»

«Oh!» lächelte Alice. «Das ist ja ein ganz schneller Service.»

«Stets zu Diensten, das ist mein Motto», erwiderte er.

«Sie sind noch nicht lange im Geschäft», vermutete sie.

«Nicht sehr lang», gab er zu. «Aber es ist eine schöne Arbeit mit guten Aussichten, wenn man fleißig ist.»

Er blickte auf, während er den Koffer öffnete – ja, kornblumenblau war nicht übertrieben, und er bildete sich ein, daß die Augen ihn anerkennend betrachteten.

«Ich bin sicher», sagte sie sanft, «daß Sie ein sehr guter Verkäufer sind und daß ihre Firma froh ist, Sie zu haben.»

Mr. Porters Ohren wurden rot, als er die Bären aus dem Koffer hob. «Das wären also . . .» Er rechnete schnell die Summe zusammen.

«Schicken Sie uns bitte die Rechnung wie gewöhnlich», sagte Alice würdevoll.

«Natürlich.»

Sie unterdrückte ihre Zweifel. «Sie werden sich sicher verkaufen lassen. Und wenn wir neu bestellen wollen?»

Es wäre schön, den jungen Mann wiederzusehen – aber natürlich nur rein geschäftlich.

Mr. Porter merkte, daß er die Bestellung mit zitternder Hand schrieb. Beinahe hätte er den Rabatt erhöht, aber schließlich war er Verkäufer und widerstand der Versuchung.

«Vielleicht eine Picknickszene», sagte Alice verträumt.

«Wie bitte?» Er setzte hinzu: «Natürlich werden sie jetzt noch importiert, aber es gibt keinen Grund, warum sie nicht auch hier hergestellt werden könnten. Man wird sie übrigens bald auch mit Stimme machen.»

«Mit Stimme?»

«Sie wissen schon –» Er brummte wie ein Bär. «Damit sie noch lebendiger wirken.»

«Was die sich alles ausdenken!»

Widerwillig schloß er seinen Koffer. «Ich muß mich auf den Weg machen. Darf ich wieder vorbeischauen, um Sie zu sehen?» sagte er mit leichter Betonung auf dem «Sie».

«Bitte», sagte Alice.

Mr. Porter schritt pfeifend die Straße entlang. Es war ein sehr guter Tag gewesen.

Alice baute die Schaufensterauslage um. Jetzt schuf sie ihre Picknickszene, placierte die Bären in der Mitte und verteilte Schaufeln, Eimer und Muscheln um sie herum. In Windeseile hatte sich ein Grüppchen von Kindern gebildet, die ihr neugierig und entzückt zuschauten. Und danach war es immer eine große Menge, die sich die Nasen an der Schaufensterscheibe plattdrückten.

Am nächsten Morgen kam der erste Kunde ganz früh. Es war ein Mann in mittleren Jahren, der einen betuchten Eindruck machte.

«Jemand hat mir erzählt, daß Sie diese neumodischen Bären verkaufen», sagte er. «Genau das Richtige für mein Patenkind.» Er zog eine Brieftasche hervor.

«Diese Teddybären kommen direkt aus den Staaten», sagte Alice. «Mr. Rosenthal ist gleich dabei, wenn es um Neuerungen geht. Es gibt weit und breit keinen Spielzeugladen, wo sie mehr aktuelle Spielsachen finden als hier.» Sie ließ sich mitreißen. «Ich bin sogar ziemlich sicher, daß wir das einzige Geschäft im Umkreis sind, das diese Bären führt.»

Schwindlerin, sagte eine leise Stimme.

«Wirklich? Tüchtiger Mann, dieser Mr. Rosenthal. Ich beglückwünsche ihn», sagte der Kunde.

Schämst du dich gar nicht? mahnte die leise Stimme. Was würde Mr. Rosenthal dazu sagen!

Um ehrlich zu sein – Alice hatte nur wenig Gedanken an ihren Arbeitgeber verschwendet. Dazu war sie viel zu beschäftigt gewesen.

Aber am nächsten Morgen traf eine Postkarte ein. Mr. Rosenthals Schwester käme wieder zu Kräften. Am Freitag wäre er zurück, und in der Zwischenzeit hoffte er, alles wäre in Ordnung.

Alice hatte plötzlich ein bißchen ein schlechtes Gewissen. Aber sicher würde er sich freuen, daß sie in seiner Abwesenheit alles so prima gemeistert hatte. Sie hatte noch vier weitere Bären verkauft, und die Kunden erstanden auch andere Spielsachen. Im Handumdrehen waren Schiffe und Reifen, Spieluhren und Kasperlepuppen weggegangen. Die Nachricht vom Eintreffen der Bären verbreitete sich wie ein Lauffeuer in der Nachbarschaft, und die kleinen Kinder bettelten, zum Schaufenster gebracht zu werden.

Alice war froh, die Bären im Laden zu haben, und sie hatte unterdessen mehr über sie erfahren: wie die ersten Bären aus der Fabrik von Frau Steiff gekommen waren und wie der Neffe von Frau Steiff im Stuttgarter Zoo die Bären studiert hatte.

Mitten in ihrer aufregenden Tätigkeit traf noch eine Postkarte ein: «Ankomme morgen 4 Uhr 30 mit dem Zug. J.R.»

Alice hoffte sehr, er würde sich freuen, aber zum ersten Mal kamen ihr doch ernsthafte Zweifel. Und als die vertraute schwarzgekleidete Gestalt am folgenden Nachmittag auf der Schwelle stand, sah Alice sofort, daß Ärger in der Luft lag.

«Willkommen», sagte sie. «Und wie geht es Ihrer Schwester? Hoffentlich besser.»

«Ich habe das alte Tratschweib von gegenüber getroffen.»

«Ach», sagte Alice nach einer kleinen Pause.

«‹Ihren Laden werden Sie nicht wiedererkennen›, sagte sie, ‹was dieses Mädchen hinter Ihrem Rücken alles angestellt hat . . .› Und was», wollte er wissen, «ist nun wirklich passiert?»

«Passiert?» Alice tat, als ob sie sich wunderte, um die Erklärung noch ein wenig hinauszuschieben.

«Sie wissen ganz genau, was ich meine. Sie hat was von Bären gesagt.»

Alice zeigte auf den letzten Bär im Fenster. Alle anderen hatte sie verkauft. «Sie sind blitzschnell weggegangen», sagte sie und versuchte, das Zittern in ihrer Stimme zu unterdrücken.

«Sie haben geordert – Sie haben ohne mich zu fragen Ware bestellt!»

«Ja, aber», stammelte sie, «aber so ein Erfolg . . .»

«Wie konnten Sie das tun!» Sein Gesicht verfinsterte sich. «Ich fahre eine Woche weg, und schon passiert so etwas!»

«Aber», sagte Alice, «sie haben sich sehr gut verkauft . . .»

«Das spielt überhaupt keine Rolle», entgegnete er grimmig. «Wir werden ja sehen – ich kann Ihnen nicht vertrauen, Miß . . .»

Ein halbes Jahrhundert später wäre Alice vielleicht einfach wutschnaubend davongelaufen. Aber Arbeit war schwer zu bekommen. Was würden sie zu Hause sagen, wenn er sie entließ und womöglich ohne Zeugnis! Also schluckte sie leer und sagte demütig: «Es tut mir leid.»

«Es tut Ihnen leid . . . das genügt aber nicht!» Er stürmte die Treppe hinauf.

Ray sagte mit großen Augen: «Ich hab alles gehört. So ein Theater! Und was passiert jetzt?»

«Ich weiß nicht. Ich weiß wirklich nicht.» Alice war den Tränen nahe. Sie holte den Bären aus der Auslage. «Du hast eine Menge Ärger verursacht.» Sie drückte ihn an sich. Sie konnte gut verstehen, daß ein Kind, das vielleicht krank oder einsam war, so einen Bären lieb und tröstlich fand.

In diesem Augenblick öffnete sich die Tür, und eine schlanke, elegante Dame betrat den Laden. «Gibt es hier die Bären zu kaufen? Ich habe so viel davon gehört und möchte einen für meinen Neffen haben.»

«Natürlich», sagte Alice. «Das ist der letzte.» Sie versuchte, ihre Stimme zu senken – sie hörte Mr. Rosenthal die Treppe herunterkommen.

«Ist er nicht süß?» sagte die Frau. «So eine gute Idee – ein herrliches Spielzeug für ein Kind. Und Sie haben so einen reizenden altmodischen Laden.»

Alice konnte hinter sich ihren Chef schnüffeln hören.

Nachdem die Kundin gegangen war, sagte er: «Vielleicht war ich ein wenig voreilig. Nun erzählen Sie mir mal, was eigentlich vorgefallen ist.»

Mr. Rosenthal rechnete immer am Monatsende ab, und als er die letzte Zahlenreihe zusammenaddiert hatte, lehnte er sich zurück und runzelte nachdenklich die Stirn. Dann rief er Alice ins Büro.

«Der Umsatz ist gestiegen», sagte er schroff. «Muß ich zugeben. Was Sie getan haben, war falsch. Aber wir wollen nicht mehr darüber reden.»

«Danke», sagte Alice, und obwohl sie innerlich kochte, wagte sie nicht, sich zu verteidigen.

Die Schaufensterauslage sah leer aus. Alice vermißte die Bären. Sie hatten so drollig ausgesehen, und ihre langen, recht ernsten Gesichter hatten so viel Persönlichkeit ausgestrahlt.

Natürlich würden sie ein Hit werden – jeder, der nur ein bißchen Phantasie hatte, konnte sich das vorstellen. Die Bären waren genau, was Kinder mochten, nicht so starr wie die rotwangigen Puppen, angenehmer an sich zu drücken als eine steife Holzpuppe. Wenn es mein Laden wäre, dachte sie, wäre er voller Bären – schwarze Bären, braune Bären, Bären mit Stimme. Was für ein Spaß!

Als Mr. Porter auftauchte, war der Laden wieder fest in Mr. Rosenthals Hand. Von dem Mädchen mit den kornblumenblauen Augen war nichts zu sehen.

«Sie waren es also, der meiner Angestellten die Bären verkauft hat», sagte Mr. Rosenthal.

«Hmm, ja, Sir.» Mr. Rosenthal konnte ziemlich grimmig aussehen, und der junge Mann zuckte zurück. «Verkaufen sich gut, nicht wahr?»

«Das stimmt», entgegnete Mr. Rosenthal. «Ja, ich muß sagen, sie haben sich gut verkauft.»

«Ich vermute», sagte der junge Mann eifrig, «Sie wollen nicht nachbestellen?»

«Sie vermuten richtig», sagte Mr. Rosenthal. «In diesem Geschäft kann man gar nicht vorsichtig genug sein. Viel zu leicht bleibt man auf seiner Ware sitzen.»

«Aber . . .» setzte der junge Mann an.

Mr. Rosenthal schüttelte den Kopf. «Sie sind eine Neuheit. Es ist besser, man hält sich an die Sachen, die immer verkauft werden. Guten Tag, junger Mann!»

Mr. Porter klappte seinen Koffer zu. Er wußte, wann er seine Zeit verschwendete.

Am folgenden Sonntagabend begleitete Mr. Porter seine junge Dame von der Kirche nach Hause. Selbst jetzt waren seine Gedanken bei der Arbeit.

«Ich hatte einen sehr guten Monat», erzählte er. «Ich habe wieder ein halbes Dutzend Teddybären verkauft. An so einen altmodischen Laden – der Besitzer ist zwar ein bißchen rückständig, aber die Verkäuferin – also, die hatte Mut. Sie sind weggegangen wie warme Semmeln.»

«Ach?» sagte seine junge Dame und versuchte, höfliches Interesse zu zeigen.

«Eine wirklich tüchtige Kraft, diese junge Frau im Laden», fuhr er fort. «Und hübsch», setzte er hinzu.

«Ach?» Sie zog ihre Hand aus seiner Armbeuge und blickte geradeaus. «Wenn sich ein Mädchen unbedingt vordrängeln will, kann man wohl nichts dagegen sagen.»

«Kein Grund zur Eifersucht», sagte er fröhlich. Takt mußte er noch lernen.

Er nahm ihre Hand in seine. «Ich habe sehr gute Abschlüsse gemacht. Mr. Handley gibt mir eine Gehaltserhöhung. Es gefällt ihm, wie ich mit den Kunden umgehe. Was ich sagen wollte . . .» Er brach ab.

«Was?» fragte die junge Dame sanft. «Was willst du mir sagen?»

«Was ich sagen wollte . . .» begann er wieder, und plötzlich konnte er nicht weiterreden.

Sie versuchte, ihm zu soufflieren. «Du sagtest, du hast gute Abschlüsse gemacht. Bist sehr erfolgreich in deiner Arbeit . . .»

«Na ja.» Es entstand eine kurze Pause, und dann sagte er irgend etwas, was ihm gerade einfiel: «Diese Bären – ich weiß, daß sie sich gut verkauft haben, aber sie werden wahrscheinlich eine Weile sehr gefragt sein, und dann wird sich der Rummel wieder legen. Das ist nur so eine amerikanische Idee. Du wirst sehen.»

«Sicher hast du recht, Edward», sagte sie und schenkte ihm ein bezauberndes Lächeln. «Wie immer.»

Als er sich an der Tür von ihr verabschiedete, dachte er, daß er sich wie ein Narr benommen hatte. Sie würde eine gute Ehefrau abgeben. Und er hatte ausgezeichnete Aussichten und eine Menge zu bieten. Weshalb hatte er bloß diesen Rückzieher gemacht?

Wenige Tage später wählte er den größten und besten Bären aus seinem Vorrat aus. «Ich muß verrückt sein», sagte er bei sich, als er die Schultern straffte und auf Mr. Rosenthals Spielwarenladen zusteuerte.

«Nicht schlecht, gar nicht schlecht.» Die junge Frau trat einen Schritt zurück, um die Schaufensterauslage zu bewundern. «Die Leute waren wundervoll, wie sie sich bereit erklärten, mir Sachen zu leihen – auch richtig wertvolle Sachen. Es wird eine schöne Ausstellung.»

«Dank Ihnen», sagte der Reporter, der darüber berichten wollte. Das Mädchen errötete. Die Ausstellung «Ein Jahrhundert der Spielsachen» war ihre Idee gewesen.

Der Mann fuhr fort: «Eigentlich merkwürdig. Man sollte meinen, altes Spielzeug wäre verbeult und verkratzt, aber so ist es nicht. Schauen Sie sich mal diese Holztiere an – die Farbe ist kaum abgeblättert. Und diese Schiffe – man kann sie noch immer zu Wasser lassen.» Er nahm eine Lokomotive in die Hand. «Also, das ist ein echtes Sammlerstück.»

«Sie wurden sehr geschätzt», sagte das Mädchen. «Aber es ist wunderbar, daß so viele noch funktionieren. Ich mag diese mechanischen Spielsachen.» Sie deutete auf einen ernst blickenden Affen, der ein Paar Becken zwischen den Pfoten hielt. «Aber die Teddys sind meine Lieblinge. Diese» – sie zeigte auf drei Bären in einer Vitrine – «sind sehr alt und sehr wertvoll. Sehen Sie, wie anders sie aussehen im Vergleich zu den heutigen Teddybären: der längliche Kopf, die etwas schlaffen Glieder. Sie müssen wunderschön gewesen sein, als sie neu waren, aber im Lauf der Jahre sind sie eben viel geknuddelt worden, denke ich.» Sie lächelte. «Dieser hier», sagte sie und hob den vorderen Bär in die Höhe, «ist mein Allerliebster. Er ist etwas Besonderes. Ich habe ihn mitgebracht. Er gehörte meiner Urgroßmutter und war einer der ersten Bären, die nach England importiert wurden.»

«Tatsächlich?» sagte der Reporter. Der Bär war ziemlich abgewetzt, aber er hatte eine flotte Schleife um, was ihm ein schneidiges Aussehen verlieh.

«Ich wünschte, ich hätte sie kennengelernt», sagte das Mädchen nachdenklich. «Oma hat von ihr erzählt. Als Urgroßmutter ein junges Mädchen war, arbeitete sie in einem Spielwarenladen, und als der Besitzer verreist war, bestellte sie eigenmächtig einen ganzen Haufen Teddybären. Sie hätte fast ihren Job verloren. Die Bären waren damals etwas ganz Neues, und Mädchen hatten keine Eigeninitiative zu zeigen.»

Gedankenverloren fuhr sie fort: «Ich glaube, Urgroßmutter hatte ihren eigenen Kopf. Sie schloß sich später den Suffragetten an.»

«Aber sie muß auch sentimental gewesen sein», sagte der Mann. «Wenn sie den Bär behalten hat, meine ich. Irgendwo muß auch ein weicher Kern gewesen sein.»

«O ja», erwiderte das Mädchen. «Ganz bestimmt, denn der Bär saß zeit ihres Lebens auf der Frisierkommode. Das hat mir Oma erzählt. Urgroßmutter kaufte den Bär aber nicht selbst. Ein junger Vertreter schenkte ihn ihr – der, der sie überredet hatte, die Bären zu kaufen.»

«Ein Stück Familiengeschichte», sagte der Mann. «Und eine nette kleine Story.»

«Das kann man wohl sagen», stimmte das Mädchen ihm bei. «Der junge Vertreter wurde ihr Mann und natürlich mein Urgroßvater.»

Der Reporter lächelte, als er seinen Notizblock wegsteckte. «Eine richtige Liebesgeschichte», sagte er plötzlich. «Hätten Sie Zeit für einen kleinen Lunch?»

«Warum nicht?» Das Mädchen lächelte ihn an, und er bemerkte, wie ihre blauen Augen strahlten.

«Ich sage nur meiner Kollegin Bescheid», sagte sie. «Es muß immer jemand dasein, die Spielsachen sind so wertvoll.»

Während er ihr die Tür aufhielt, sagte er: «Wie heißen Sie übrigens mit Vornamen?»

«Alice», sagte das Mädchen. «Genau wie meine Urgroßmutter.»

Die Bären saßen reglos in der Vitrine. Einige hatten beschädigte Ohren, anderen fehlte ein Auge. Das braune Fell war verblichen, und der Filz an ihren Pfoten war abgenutzt.

Aber mit ein wenig Phantasie konnte man ein zustimmendes Murmeln hören. Und Alices Bär nickte ganz sicher und zwinkerte. Schließlich hatte er das alles schon einmal gesehen.

Lazarus in Rio

JILL DROWER

Es war mitten am Nachmittag, und die Sonne brannte noch gnadenlos auf die Terrassenschirme am Strand von Copacabana. Die Familie Morrison hatte sich in die geformten Plastiksitze auf dem breiten Mosaik-Bürgersteig der Avenida Atlantica fallen lassen, ohne zu bemerken, daß jemand sie aus kurzer Entfernung musterte.

Victor Silva beobachtete das amerikanische Paar, das an ihrem kleinen Sohn herumnörgelte. Victor Silva war acht

Jahre alt und hatte zwei Ziele: Er wollte bei der Weltmeisterschaft für Brasilien Fußball spielen, und er wollte bis dahin am Leben bleiben.

Gleich hinter Victor Silva stand seine kleine Schwester Cindy. Die beiden warteten den richtigen Moment ab, um sich der Familie zu nähern. Gringos waren schon von weitem zu erkennen – ihr sonnenverbranntes Fleisch, so einladend wie rohes Steak, mobilisierte die Sinne aller Aasfresser der Gegend. Gringos konnte man meilenweit riechen.

Victor und Cindy wußten, daß das richtige Timing ausschlaggebend war. Näherte man sich zu rasch, wurden sie nervös. Näherte man sich langsam, unterwürfig freundlich, dann klappte die Sache. Wartete man zu lange, kamen einem die größeren Kinder zuvor, oder der Oberkellner scheuchte einen weg.

Die amerikanische Familie studierte die Speisekarte. Linda blickte ihren Sohn an. «Leg Lazarus weg, Junior, er läuft dir nicht davon.» Sie nahm ihm sanft den Bär weg und setzte ihn sich auf den Schoß.

Der Name Lazarus hatte nicht irgendeine religiöse Bedeutung für sie. Es war nur so, daß Junior, als er gefragt wurde, wie er den Bär nennen wollte, drei Silben gemurmelt hatte, die wie eine Mischung aus «Latzhose», «Lasso Zeus» und «Lassie sagt» geklungen hatten. Seine Eltern halfen ihm mit dem Namen Lazarus aus, weil er weniger hundeartig klang als Lassie.

«Junior, was willst du essen? Hör auf, herumzuhampeln, und entscheide dich. Nein, Schätzchen, Mangoeis bekommt dir vielleicht nicht.»

Junior war ein strammer Bursche. Hätte man die beiden Jungen Rücken an Rücken gestellt, Junior hätte Victor sicher um einen Kopf überragt. Nie hätte man Junior für den Jüngeren gehalten, dabei war er erst in Cindys Alter.

«Ich will 'ne Cola, Mama.»

Cindy war nähergerückt und wartete unweit des Tisches. Geduldig, würdevoll – früher oder später würden sie sie bemerken. Ihr wirklicher Name war Maria D'Aparecida, und das war sie auch: eine niedliche Erscheinung, die im einen Augenblick ins Bewußtsein der Wohlhabenden drang und genauso schnell wieder spurlos verschwand.

Cindy hatte es mit ihren sechs Jahren schon weit gebracht. Sie hatte das Betteln zu einer wahren Kunst entwickelt. Die Gringos würden plötzlich ihr dunkelbraunes Kinn auf dem Weiß des Cafétisches ruhen sehen. Die Art, wie ihr Gesicht zu ihnen hochstrahlte und wie sie ihnen direkt in die Augen schaute, machte sie absolut unwiderstehlich. Nur eine Sekunde lang wollten sie sie in die Arme nehmen und trösten, sie nach Vermont, New Jersey oder Portland entführen und wie ihr eigenes Kind großziehen. Eine Phantasie, die sich mit dem Entfalten eines Geldscheines in Luft auflöste.

Cindy hatte endlich den Blick der Touristendame aufgefangen.

«He, Glen, schau dir mal diese Kinder an. Wie alt, glaubst du, ist das kleine Mädchen?»

«Weiß nicht, so zwischen sechs und sechzig? Eh wir uns versehen, waten wir knietief in Straßenkindern.» Glen hatte recht. Diese überdeutliche Armut hatte etwas Hydraartiges an sich; für jedes kleine Gesicht, das man mit einem Dollar davonschickte, tauchten zwei neue auf.

«Aber Liebling, wir haben keine Wahl. Schau doch nur, wie sie aussehen.»

«Ja.» Er versuchte auszurechnen, was fünf Dollar in Cruzeiros wären. «Aber bilde dir nicht ein, daß wir ihnen auf diese Weise helfen. Was sie brauchen, ist etwas Durchgreifendes.»

«Was hast du vor? Willst du hier vielleicht einen Stein ins Rollen bringen?» witzelte seine Frau.

Victor merkte, daß etwas nicht stimmte. Cindy blickte nicht mehr hinauf in die Gesichter der Gringo-Familie. Sie hatte ihr Stichwort der ausgestreckten Hand verpaßt. Statt dessen starrte sie auf das Straßenkleid der Touristin. Der Stuhlrand preßte sich in die roten Schenkel der Frau, so daß sie sich großzügig ausbreiteten. Cindy sah sich die behaglichen Arme und hervorquellenden Brüste der Dame an, sah ihr freundliches Lächeln und dachte, daß sie sich gern von dieser Touristendame drücken lassen würde. Sie blickte auf den Teddy in ihrem Schoß und dachte, daß sie diesen kleinen Teddy, diesen *ursinho*, gern an sich drücken würde. Victor erriet, was in ihrem Kopf vor sich ging, und machte sich bereit, davonzuflitzen, sobald sie nach dem Bären griff. Aber der Gringo-Junge fing Victors Blick auf und zog Lazarus vom Schoß seiner Mutter. Er preßte den Bären fest an seine Brust.

Der Kellner näherte sich. Die beiden Straßenkinder schossen davon wie kleine Fische im Flachwasser.

Die Hotelsuite überblickte die Seeseite. Es war Mitternacht, und das amerikanische Ehepaar stand, die Arme aufs Fensterbrett gestützt, da und beobachtete die Unterhandlungen unten an der Straßenecke. Linda fragte sich, wie sich die Frauen fühlten, die ihren Körper verkaufen mußten, um ihre Kinder zu ernähren. Glen fragte sich, wie es sein mußte, einer dieser Spekulanten zu sein, ohne zu ahnen, daß diese hinreißenden Nutten alles junge Männer waren, die es mit unheimlichem Geschick verstanden, die Touristen reinzulegen. In dieser Stadt, die einer Faschingsmaske glich, galt für alles und jedes: Wofür du bezahlst, ist nicht unbedingt das, was du kriegst.

«Machst du mir bitte den Reißverschluß auf, Glen?»

«Natürlich – halt dich einen Moment ruhig, Schatz.» Sie streifte ihr Cocktailkleid ab und ging ins Badezimmer. Glen hörte, wie das Wasser zu rauschen begann.

Gelangweilt nahm er Juniors Bär vom Tisch. Mit den Augen war irgendwas. Im Verhältnis zum Kopf waren sie viel zu groß, und der Kopf wiederum stand in keinem Verhältnis zur Länge des Körpers – ein Trick der Natur, den sich die Hersteller von Stofftieren ausliehen. Das machte jedes neugeborene Säugetier so niedlich und anziehend, daß es, falls verwaist, das Herz eines Erwachsenen einer anderen Spezies erweichen und somit überleben konnte.

Glen dachte an die mageren Straßenkinder mit dem leeren hungrigen Blick, und er dachte an das kleine Mädchen, das an ihren Tisch gekommen war, unterernährt und parasitenübersät.

«Schau mich nur an, so lange du willst, Lazarus. Es ist nicht meine Schuld.»

«Was ist, Schatz?» rief Linda aus der Dusche.

«Vergiß es», antwortete er. Er wußte nicht, warum er es gesagt hatte. Lazarus starrte blind nach oben. Glen ging nach nebenan und legte den Teddy neben seinen schlafenden Sohn aufs Kissen.

Während er Junior betrachtete, begriff er beinahe, daß er auf irgendeine Art an der Ungerechtigkeit teilhatte. Er begriff beinahe, daß es Jahre dauern würde, bis er nicht länger seine Seele verkaufen mußte, um seine Familie zu ernähren. Er begriff beinahe eine ganze Reihe von unangenehmen Dingen.

Keine halbe Stunde später war Glen im Bett und schlief. Er wälzte sich herum, und seine Lider flatterten. Seine Träume waren von barbusigen Mulattinnen bevölkert, die Samba tanzten. Sie trugen alle einen riesigen Kopfputz aus rosa und grünen Federn und machten phantastische Sachen mit den Hüften, während sie dahintanzten. Ganze Scharen dieser Frauen schwebten langsam auf ihn zu und wackelten köstlich mit dem Po. Glen machte sich Sorgen. Seine Hosentaschen bauschten sich vor lauter Dollarscheinen. Er konnte die Banknoten nicht verbergen. Er sah, wie die Mulattinnen erschreckend näherrückten, die Arme durch die Luft wirbelten, zum stampfenden Rhythmus tanzten, teuflisch nahe an seine Dollar herantanzten.

Seine Frau Linda warf sich im Bett hin und her. Sie hatte nicht gut geschlafen. Es lag nicht nur an ihrem brennenden Rücken. Die Stadt war eine Enttäuschung. Sie fühlte sich nicht wohl. Sie waren hierhergekommen, um sich zu amüsieren und die Welt zu sehen. Aber es war die Art von Amüsement, das einen zu nachdenklich machte, die Art von Welt, die einer näheren Betrachtung nicht standhielt. Natürlich würde sie ihrem Mann nichts dergleichen sagen. Sie wollte ihm diesen Urlaub nicht verderben. Nur Junior im Zimmer nebenan genoß den tiefen, ungestörten Schlaf des wahrhaft Unschuldigen. Neben ihm auf dem Fußboden lag Lazarus mit dem Gesicht nach oben. Seine Augen starrten ausdruckslos ins Gehäuse der Klimaanlage.

Außerhalb dieses Kokons brodelte jeder Zentimeter der Stadt vor Leben. Hinter dem Gitter, in den innersten Schächten und Nischen des Hotels pickten die Küchenschaben an den Resten, die die Ratten zurückließen, und die Ratten wiederum wühlten im Abfall und in den Gossen herum. Und neben den Ratten, an den Straßenecken, zielten prachtvolle Knaben und minderjährige Mädchen auf ihre Beute, zogen ihre bereitwilligen Opfer auf die Rücksitze von Limousinen oder in schummrige Hotels mit unschuldigen Namen. In den düsteren Außenbezirken der Stadt schlichen gedungene Mörder durch die

Nacht und schossen obdachlose Minderjährige – einen nach dem anderen – so lässig ab, als seien es Tontauben in einer Jahrmarktsbude.

Über dieser Szene erhob sich die Christusstatue mit ihrem überlangen Torso und den ausgestreckten Armen. Christus, der Erlöser, neigte im Versuch, die Horde verwahrloster Kinder zu schützen und zu segnen, den Kopf über Rio de Janeiro.

Weit unten, auf der Avenida Nossa Senhora de Copacabana, waren die beiden Kinder noch hellwach, als sie sich im Eingang eines leeren Geschäftes niederlegten. Sie schliefen nicht immer hier. Manchmal wählten sie den Bürgersteig vor einer Bank oder einem Regierungsgebäude, wo es keinen Portier oder Nachtwächter gab. Es war stets derselbe Grund, der sie nach einem Unterschlupf suchen ließ: die Notwendigkeit, unauffällig zu sein, die Angst, aufgelesen zu werden, die Angst, fortgeschleppt, geschlagen, niedergemacht, aufgeknüpft, umgelegt zu werden. Im Gegensatz zu den clever getarnten Insekten im Tijuca-Wald fielen diese kleinen Wesen auf, wie still sie auch dalagen. Deshalb fanden sie selbst im tiefsten Schlummer, mitten in der Nacht, niemals Ruhe. Sie waren immer wachsam, voller Angst und jederzeit bereit, um ihr Leben zu laufen.

Die Kinder von Maria das Gracas Silva hatten verschiedene Väter. Ein Blick genügte, um zu wissen, daß Cindy von den Plantagensklaven abstammte. Victor hatte mehr von einem portugiesischen Siedler in sich. Seine Gene waren eine bunte Mischung aus denen der Pancaruru- und Kambiwa-Indianer des São-Francisco-Tals, der Yoruba- und Haussa-Stämme jenseits des Atlantik, der Bandeirantes und portugiesischen Matrosen, die ihrerseits von maurischen Familien in Lissabon abstammten.

Es war ungewöhnlich, daß Bruder und Schwester als Team zusammenarbeiteten. Die meisten Straßenkinder stürzten sich in Gruppen auf die südliche Zone, zogen das Schleppnetz über die vornehmeren Strände wie Ipanema und Leblon und nahmen den überraschten Sonnenanbetern ab, was sie konnten. Diese Kinder waren loyale Bandenmitglieder, die ihre jungen Anführer danach aussuchten, wer beim Stehlen die größte Unverfrorenheit bewies. Die meisten Straßenkinder waren Flüchtlinge aus den Vororten und hatten keine emotionalen Bindungen. Die Silva-Kinder waren anders. Victor erinnerte sich noch genau an das Leben mit der Mutter an einem Ort namens Bom Jesus de Lapa im ländlichen Inneren. Die Stadt hatte weder diese Erinnerung noch die Ahnung, was Familie bedeutete, auszulöschen vermocht.

Als Mae mit ihren beiden Kindern in die Stadt gekommen war, hatten sie als Dreiergespann gebettelt. Mae ging mit dem Baby Cindy im Arm von Tisch zu Tisch. Mit einem blauen Schal um den Kopf glich sie ein wenig dem Bildnis der Madonna mit Kind.

Nach ungefähr einem Jahr zog Mae zu einem Mann nach Rocinha. Diese Stadt in der Stadt ergoß sich wie Lava über die Hänge eines Berges. Für Mae wurde dieser riesige abflußlose Slum ein Zuhause. Der Mann, mit dem sie zusammenlebte, hieß José. Er stank und er trank, und wenn er aufrecht stehen konnte, schlug er sie meistens. Er schickte Mae los, um ein bißchen was zu verdienen, und sie tat, was immer dafür nötig war. José prügelte sie einmal zu oft, und am Ende floh sie mit den Kindern.

Nachts legten sie sich in Ladeneingängen nieder, und der blaue Schal wurde als Decke benutzt, um die beiden Kleinen warm zu halten. Als Cindy älter wurde, strampelte sie spielerisch die Decke weg, und Mae schalt sie.

Manchmal ging Mae nachts mit jemandem weg. Dann

sagte sie Victor, er solle sich um Cindy kümmern, und wenn sie ging, sagte sie immer: «Vergeßt nicht, zu Santo Onofre zu beten.» Eines Nachts fuhr sie mit zwei Männern im Auto weg. Sie drehte sich noch einmal zu Victor um und sagte lächelnd: «Paß auf Cindy auf, und vergiß nicht, mein Sohn, zu Santo Onofre zu beten.» Dabei blickte sie ihm noch einmal tief in die Augen.

Cindy hatte an diesem Abend nur Ärger gemacht. Sie strampelte immerzu den blauen Schal weg. Sie wimmerte und jammerte. Es dauerte Stunden, bis sie sich beruhigte. Schließlich nickte er ein und fuhr am Morgen erschreckt in die Höhe. Mae war nicht zurückgekehrt. Victor wußte gleich, was er falsch gemacht hatte: Er hatte vergessen zu beten. Wochenlang betete er jede Nacht zu Santo Onofre. Er saß dann murmelnd da, bis ihm der Kopf auf die Brust fiel. Seine Gebete wurden nie erhört.

Die amerikanische Familie erwachte früh am nächsten Morgen. Es war ihr letzter Tag in Rio, und sie hatten noch eine Menge vor. Nach dem Frühstück bestellten sie in der Lobby ein Taxi, das sie zum Zuckerhut fahren sollte. Der Mann am Empfang sagte, er würde sie anrufen, wenn der Wagen da sei.

Wieder im Zimmer, stand Glen am Fenster und blickte auf die Avenida Atlantica hinunter. Jogger in farblich aufeinander abgestimmten Outfits liefen an der Seeseite der Copacabana entlang. Glen versuchte, sich vorzustellen, wie viele Stunden Arbeit nötig gewesen waren, um das Mosaikpflaster zu verlegen. Jeder Stein war ein winziges Quadrat, kaum größer als das erste Glied seines Daumens. Ihm wurde plötzlich bewußt, daß das Mosaik wie alles andere in dieser Stadt war. Aus der Nähe war alles ein chaotisches, unbegreifliches Durcheinander. Sinn machte es nur aus der Distanz, die mit Geld zu erreichen war. Der prächtige abstrakte Bogen in Schwarz, Rot und Weiß konnte nur aus großer Höhe, von einem Dachgarten oder Penthouse aus richtig gewürdigt werden. Diese Aussichten hatten eine desinfizierende Wirkung. Kein Wunder, daß der Tourismus in Rio hauptsächlich aus dem Bemühen bestand, die Stadt aus der Ferne zu betrachten. Bisher hatte die Familie Morrison die Lagune vom Corcovado aus gesehen, den Corcovado von der Lagune und die Stadt von der Vista Chinesa aus.

Mutter versuchte, Junior für den Zuckerhut zu interessieren. Sie las ihm ihre Kinderversion des Stadtführers vor. «Hör mal zu, Junior. Der Zuckerhut hat seinen Namen von den Indianern, die den Berg Pau-nd-Acuguar nannten, was hoher Gipfel bedeutet, aber in den Ohren der Portugiesen klang es wie ihr Wort für Zuckerhut.»

Junior war nicht im geringsten an den Indianern interessiert, von denen seine Mama erzählte. Der Ursprung des Namens war ihm egal, und er machte Theater, weil er seinen Lazarus nicht mitnehmen durfte.

«Hör doch mal, Junior, er ist hier im Hotelzimmer viel sicherer. Er wartet hier auf dich, bis du zurückkommst.» Aber Junior würde das Zimmer ohne Lazarus nicht verlassen. «Okay, Junior, wenn du den Bär mitnimmst, mußt du ihn selber den ganzen Weg hin und den ganzen Weg zurück tragen. Wir nehmen ihn dir nicht ab, wenn du müde bist, stimmt's, Linda?»

«Auf keinen Fall. Junior wird sich wie ein Erwachsener um den Bär kümmern müssen.»

Sie einigten sich in dem Augenblick, als das Telefon klingelte und das Taxi ankündigte.

Victor Silva kratzte sich am Kopf und rieb sich die Augen. Der Verkehr donnerte gnadenlos vorbei und deckte die Kleinen mit einer weichen Decke aus Abgasen zu. Da lagen sie auf ihrem Zeitungsbett, wie zwei kleine Nagetiere zu einem Ball zusammengerollt.

Victor dachte an den Teddybär, den *ursinho*. Er hatte den Bär für seine Schwester schnappen wollen. Er setzte sich auf und streckte sich. Cindy schlief noch. Ihr Auge entzündete sich wieder. Das bedeutete, die Gringos würden zurückschrecken, wenn sie sich ihnen näherte. Victor mußte heute das Betteln übernehmen. Cindy wurde zu einer solchen Belastung, daß er manchmal daran dachte, einfach fortzulaufen und sie für sich selbst kämpfen zu lassen.

Victor dachte an seine Mutter. Beim Erwachen quälte ihn immer eine schreckliche Sehnsucht nach Mae. Er vermißte ihren Geruch und ihre Berührung. Er vermißte, wie sie ihn geneckt hatte und ihn den Mann in der Familie genannt hatte. Er hatte es so gern gehört, wenn sie ihn *meu filho* gerufen hatte. Es war alles seine Schuld, daß Mae sie verlassen hatte. Sie mußte mit Santo Onofre geredet haben. Wie sonst hätte sie wissen können, daß sie nicht zurückkommen durfte?

Cindy erwachte jetzt und streckte sich gähnend. Bevor sie die Augen öffnete, fing sie schon an, sich wie wild die Handgelenke und Ellbogen zu kratzen. Victor blickte auf ihre knochige kleine Figur. Vielleicht, wenn es ihm gelänge, ihr einen Teddy zu verschaffen, würde Mae ihm vergeben und zurückkommen.

Glen und Linda hatten eine Landkarte aufgeschlagen und versuchten, sich zurechtzufinden. Sie hatten einen atemberaubenden Blick auf die Guanabara-Bucht vor sich.

«Was ist das für eine lange Brücke?» fragte Linda.

«Warte – sehen wir doch gleich mal nach ... sie erstreckt sich von Rio bis Niteroi auf der anderen Seite der Bucht.» Glen genoß es, alle Antworten parat zu haben.

«Junior, schau mal da runter, Schätzchen», rief ihm seine Mutter zu. «An dem Strand warst du gestern. Und sieh dort drüben. Das ist die Christusstatue. Dort waren wir vorgestern, weißt du noch?»

«Mama, warum streckt er die Arme so raus?»

«Es bedeutet, daß er alle Menschen in der Stadt beschützt.»

«Mama, beschützt er auch alle Mücken und Killer und bösen Menschen?»

Sie dachte sich gerade eine Antwort aus, als Glen auf sie zuschritt. «Los, stellt euch hier fürs Foto auf. Setz den Bär doch bitte für einen Moment ab, Junior. Er läuft dir nicht weg.»

Junior setzte Lazarus auf eine Bank.

«Rück rüber, Linda, okay? Ich will den Blick hinter dir drauf kriegen. Junior, schau bitte hoch. Schau mich an – in die Kamera. Und jetzt alle lächeln – *cheese*!»

Es war mitten am Vormittag, und der Ipanema-Sand war zu heiß, um darauf zu treten, es sei denn, man war sein Leben lang barfuß gelaufen.

Victor und Cindy gingen langsam auf der Strandseite der Avenida Viera Souto von Ipanema entlang. Sie waren zwei magere Fleischfresser auf der Pirsch. Es war harte Arbeit, die Menge nach ihrem bescheidenen Fleischstückchen zu durchforsten: ein schwacher oder unaufmerksamer Sonnenbader, den man sich aussuchte und beklaute.

Am Posto 9 trennten sie sich wortlos. Diesen Job erledigte Victor am besten allein. Er ging weiter bis zum Posto 10, wo die reichen Kids herumhingen. Diese Badegäste schienen weniger aufzupassen als die meisten, ließen sich von ihren Mobiltelefonen und anderem Zierat ihres Lebensstils ablenken. Hier fand Victor endlich sein Opfer. Eine Gruppe junger Leute saß schwatzend im Kreis, und eine Strandtasche lag auf der Ecke eines Velourhandtuchs. Nahebei nahmen zwei junge Männer mit vollkommenen Muskeln einen Wasserski unter die Lupe.

Victor legte sich an den Rand des Meeres. Sein Körper sank in den nassen Sand, und die Wellen spülten über seine Schulter.

Der Augenblick kam. In einer einzigen Sekunde und mit einem Augenzwinkern war alles vorbei. Es war ein kurzes Tackling, dem eine plötzliche Sanddusche folgte. Victor warf sich auf die Strandtasche und raste davon. Barfuß schoß er über den stechend heißen Sand. Die Wasserskiläufer, dreimal so alt, dreimal so groß wie er, sahen lahm zu. Ihre schönen gewaltigen Bizepse und Brustkörbe waren Ausstellungsstücke und nicht für eine Konfrontation vorgesehen. Es war, als stehle man einem Baby ein Bonbon.

Cindy wartete an der nächsten Straßenecke auf ihn. Victor hatte die Tasche schon lange weggeworfen und nur den Inhalt behalten. Nicht viel für die Arbeit eines ganzen Vormittags – nur eine Packung Zigaretten und ein pfirsichfarbenes T-Shirt. Sie liefen weiter, aber jetzt langsamer, so daß Cindy mithalten konnte. Victor konnte jedem davonlaufen. Einmal war er beinah mit einer Goldkette in der Hand erwischt worden, aber er konnte geschickt die Richtung wechseln und im letzten Moment beschleunigen – genau wie Renato, bevor er das Tor für Flamengo schoß. Eines Tages würde sich Victor genauso für Brasilien dukken und winden. Seine Mutter würde ihn im Fernsehen sehen. Sie würde ihn nach dem großen Spiel im Stadion aufsuchen. Sie würde ihren Sohn finden. Sie würde ihn in die Arme schließen und ihm sagen, wie stolz sie auf ihn sei. Sie würde sagen: «*Filho,* ich habe immer gewußt, daß du groß rauskommen wirst. Ich habe es immer gewußt.» Und sie würde ihm tief in die Augen schauen, so wie er es mochte, und ihn nie wieder verlassen. Eines Tages, eines Tages.

In der Zwischenzeit fuhren die Morrisons ein paar Kilometer weiter mit der Seilbahn abwärts, die Bilderbuchaussicht war ihnen allerdings durch den Verlust von Glens Brieftasche verdorben.

«Bist du denn sicher, daß du sie bei dir hattest?» fragte Linda ihren Mann.

«Natürlich, ich hatte sie hier in meiner Jackentasche. Ich verstehe es nicht.» Die Brieftasche hatte eine ganze Menge Bargeld enthalten, aber die Kreditkarten waren Gott sei Dank im Hotelsafe.

Im Hotel erklärte ihnen die Frau am Empfang, wie sie kurzfristig zu Bargeld kommen konnten. Sie versuchten zu verstehen, was sie sagte, aber es klang alles so kompliziert. Der Gedanke, ohne Geld zu sein, ließ ihnen das Blut in den Adern gefrieren. Es war, als wäre man wieder Kind und hätte seine Mutter in der U-Bahn aus den Augen verloren. Das Hotel würde sich um alles kümmern. Ein Geldwechsler würde sie in ihrem Zimmer aufsuchen. Er hätte einen besseren Wechselkurs als die Bank zu bieten, außerdem müßten sie nicht mit großen Summen auf der Straße herumlaufen.

«Aber ist das nicht der schwarze Markt?» protestierte Linda. Glen signalisierte ihr, den Mund zu halten. Sie fingen jetzt an, sich zu streiten, und im Fahrstuhl nach oben schimpfte Linda darüber, daß sie nicht wie die meisten Leute mit einer Reiseleitung nach Südamerika gekommen waren.

Glen setzte seine geduldige Stimme ein und sagte, wenn man das Land sehen wollte, wie es wirklich ist, wenn man das Volk wirklich kennenlernen wollte, sollte man nicht mit der Herde reisen.

Bis alles geklärt war, hatten sie zwei Stunden versäumt. Sie mußten ihre Pläne ändern. Die Zeit reichte nicht aus, um zum Strand zu gehen, was aber keine Rolle spielte, weil Lindas Rücken immer noch brannte. Außerdem waren Wolken aufgezogen, und es sah nach Regen aus. Sie hatten immer noch Zeit, die Mineralwerkstätten zu besichtigen und dann ein paar hübsche Edelstein-Souvenirs auszusuchen – nichts Protziges natürlich. Die Zeit würde gerade noch reichen, um ins Hotel zurückzufahren, zu duschen, zusammenzupacken und zu bezahlen.

Victor leistete gute Arbeit. Er winkte Autos auf Parkplätze und wieder hinaus. Die Fahrer reichten ihm Scheine, die er ordentlich längs gefaltet in seine Tasche steckte. Manchmal war es eine Menge, aber nie so viel, wie die Gringos bereitwillig losließen. Er konnte die Gringos nicht verstehen. Sie waren wirklich verrückt, wirklich dumm.

Cindy trug das neuerworbene pfirsichfarbene T-Shirt, und an ihr war es so lang wie ein Ballkleid. Sie alberte herum. Sie machte sich nie Gedanken, wo die Autos waren. Er mußte wie ein Falke auf sie aufpassen. Manchmal ging sie ihm wirklich auf die Nerven, aber manchmal, so wie jetzt, war er froh, daß sie da war. Cindy war nie gegen ihn wie die anderen Straßenkinder, und sie war leicht zu beeindrucken. Er hatte lange gebraucht, die Kunst des Rauchringblasens zu perfektionieren, und sie lachte vor Begeisterung hell auf, wenn es klappte. Sie war von allem beeindruckt, was er machte, wie damals, als er ihr zeigte, wie man Verdünner schnüffelte.

Gerade gab er wieder vor ihr an. Sie mußte auf ein Wort deuten, und er las es ihr vor. Victor Silva, der noch nie ein Klassenzimmer betreten hatte, konnte folgende Wörter lesen: Coca-Cola, Cruzeiros und Pepsi. Cindy zeigte auf eine große Anzeige der brasilianischen Luftlinie. Sie deutete auf das Wort Varig. «Flugzeug», log Victor. Dann zeigte sie auf die Schrift auf ihrem T-Shirt. Er sah sich die Wörter «Yves Saint Laurent» genau an und sagte im Brustton der Überzeugung: «Da steht T-Shirt». Cindy freute sich sehr über die Antwort, und Victor strahlte zufrieden.

Die Amerikaner wanderten die Hauptstraße von Ipanema entlang. Sie hatten ihre Souvenireinkäufe getätigt und machten einen letzten Spaziergang in Richtung Copacabana. In einem der Einkaufszentren war es fast zu einem Malheur gekommen. Auf einem Schild hatte PUXAR gestanden. Glen ließ seine Frau warten, während er das Wort in seinem Taschenwörterbuch nachschlug. Es war ihr unangenehm, so dazustehen und die Menschen an sich vorbeiströmen zu lassen. «Hör mal, Schatz», sagte er dann ganz enthusiastisch, «Puxar bedeutet nicht ‹drükken›, sondern ‹ziehen›.»

Glen wollte unbedingt alles verstehen können, das gab ihm das Gefühl, die Ereignisse unter Kontrolle zu haben. Linda wollte bloß raus. Sie konnte sich nicht mehr erinnern, wie es gewesen war, nicht lesen und schreiben zu können, und dieses neue Gefühl erfüllte sie mit böser Ahnung. Ihre Unfähigkeit, die Hieroglyphen von Rio zu entziffern, machte ihr all die verrückten Signale bewußt, die sie zu Hause für selbstverständlich nahm, wie Augenkontakt, Körpersprache, Gangart, Kleidung und sogar die Wahl des Schuhwerks. Die Fähigkeit, diese Botschaften enträtseln zu können, war viel wichtiger als die bloße Schrift. Sie war nötig, um überleben zu können.

Wie eine Reisende in einer Postkutsche, die vorsichtig das Tal eines Canyons durchquert, konnte Linda die Rauchsignale sehen und den fernen Schlag der Tamtams hören. Ihr Mann sah und hörte nichts. Mit seiner Zahnbürste hatte Glen Morrison auch die Vorstellung mitgebracht, ein unerschrockener Reisender beschützt von seinem amerikanischen Paß zu sein.

Während sie auf dem von Menschen wimmelnden Bürgersteig weitergingen, stießen sie auf etwas Seltsames. Ein Mann, der am Bordstein auf einem Hocker saß, sah eine Liste durch. Neben ihm stand ein Paar, das aufgeregt redete und ein Stück Papier schwenkte. Glens Neugierde zog ihn sofort zu dieser Szene hin. Er vermutete, daß es um Wetten ging, auf jeden Fall wechselte Geld den Besitzer.

«Glen, ich glaube wirklich nicht, daß wir hier herumhängen sollten. Gehen wir – ich mein's ernst!» Sie zupfte ihn am Ärmel. Glen war dickköpfig. Er wollte wissen, was los war. Er zog sein Taschenwörterbuch raus und notierte hinten, was er nicht übersetzen konnte. «Schatz, hör mal – *urso* bedeutet Bär. Sie brüllen hier was von einem Bären.»

Linda winkte einem sich nähernden Taxi. Als es vorfuhr, zog sie ihren Mann heftig am Ärmel. In diesem Augenblick fing es an zu regnen.

Im Hotel bat Glen die Dame am Empfang, ihm alles zu erklären. Er versuchte, die Silben genau so zu wiederholen, wie er sie gehört hatte – «Nacab essa, nacab essa». Die Empfangsdame lauschte höflich. Sie verstand nichts. Glen versuchte es noch einmal mit Hilfe seiner Notizen.

«Ah, *urso na cabeca*», verstand sie endlich. «Die Tierlotterie – es bedeutet, der Bär hat gerade gewonnen.» Glen hörte gespannt zu, aufgeregt, weil er bald wieder alle Antworten parat hatte. «Die Nummernspiel-Bosse finanzieren die Karnevalsparade. Das ist gute Public Relations. Sie haben viel Macht.»

Die Empfangsdame erklärte, daß jedes Tier eine Nummer hatte – der Bär, der *urso,* war Nummer 23. Wenn man zwei *desegnos* hatte, hieß das, man hatte *na cabeca* – einen Haupttreffer. Glen war jetzt hoffnungslos verwirrt. Er vermutete, daß es sich um eine Art Wetten-Akkumulation handelte und daß *urso na cabeca* «der Bär gewinnt alles» oder so was Ähnliches bedeutete. Bis die Dame am Empfang genau erklärt hatte, wie die Tierlotterie funktionierte, hatte Glen das Interesse daran verloren.

Sechs Uhr abends in einem Copacabana-Wolkenbruch. Die amerikanische Familie raste im Taxi zum Flughafen Galeão.

«Wieviel Trinkgeld sollen wir ihm geben?» flüsterte Linda ihrem Mann zu.

«Mach dir doch nicht schon jetzt Gedanken darüber, Schatz. Wir sind ja eben erst eingestiegen. Junior, hörst du endlich auf, mit dem Fenster herumzuspielen? Es regnet doch rein.» Junior spielte mit seinem Teddy, kurbelte das Fenster bis zum Hals des Bären runter, so daß sein Kopf draußen war.

Diese Art von Regen war höchst gefährlich. Regelmäßig verwandelte er die unsicheren Pfade an den Berghängen in tosende Sturzbäche. Hin und wieder spülte er auch Tonnen von Mutterboden über die Küstenstraße und begrub Autofahrer unter sich. Hier auf der Straße von Copacabana prasselten die Regentropfen jetzt heftig gegen die Scheiben. Die Scheibenwischer des Taxis zuckten wild hin und her.

Im Ladeneingang warteten Victor und Cindy darauf, daß die Ampeln auf Rot schalteten. Sie wollten sich den Autoschlangen nähern und um Geld bitten, aber sie mußten schnell sein, denn wenn die Ampeln grün wurden, jagten die Autos los. Cindy war nie schnell genug dafür und wurde meistens vollgespritzt. Victor blickte auf seine

Schwester hinunter. Die Regentropfen auf ihrem dichten schwarzen Haar erinnerten ihn an seine Mutter. Manchmal, wenn seine Mutter im Regen stand, hatten die Tropfen wie Edelsteine in ihrem Haar gefunkelt, wie Iemanjas Krone. Mae hatte ihm erzählt, daß Iemanja die Königin des Meeres war und daß sie einem, wenn man ihr zum Neuen Jahr Blumen opferte, die Wünsche erfüllte. Zum nächsten Neujahrsfest würde er Blumen stehlen und Iemanja bitten, ihm seine Mae zurückzuschicken.

Die Ampeln wechselten auf Grün, und die beiden Kinder liefen wieder zu ihrem Eingang. Ein Taxi raste heran. Im Fond war das amerikanische Paar mit seinen eigenen Ängsten beschäftigt. Plötzlich heulte Junior laut auf. «Mein Bär, mein Bär!» Sein Gesicht widerspiegelte sein Entsetzen. Er wollte aus dem offenen Fenster klettern. «Junior, wir können ihn jetzt auf keinen Fall holen.»

Glen blickte aus dem Rückfenster. Er wußte, daß Lazarus auf der nassen dreispurigen Schnellstraße alsbald nicht mehr zu erkennen wäre. «Junior», sagte er sanft, «wir können hier unmöglich halten. Der Verkehr ist viel zu gefährlich. Wir können nicht einfach auf die Straße laufen.»

Junior war untröstlich. Der Taxifahrer blickte sich unsicher um, aber Glen winkte ihm zu, er solle weiterfahren. Linda nahm Juniors Gesicht in beide Hände. «Hör zu, Junior, wir werden dir einen neuen Bär kaufen, sobald wir zu Hause sind, genau so einen wie Lazarus. Hör mir zu, Liebling.» Sie blickte ihm tief in die Augen. «Da, wo dieser Bär herkommt, gibt es noch viele Bären.»

Im Eingang zählte Victor die Zigaretten in der Packung, die er in der Strandtasche gefunden hatte. Er mußte sie trocken halten, sonst würde er sie nicht verkaufen können. Später würde er eine rauchen, dazu mußte er aber von einem der Erdnußjungen Feuer schnorren. Er schaute einem Regentropfen zu, der an der Schaufensterscheibe hinunterglitt. Jeden Augenblick würde er sich mit dem Tropfen darunter vermischen. Er plauderte mit Cindy, protzte mit seinem pfiffigen Stranddiebstahl. Er drehte sich um. Sie war nicht da. Wann würde sie lernen, bei Regen untergestellt zu bleiben, bis die Ampeln wechselten? Er sah zu ihr hinüber. Sie stand in der mittleren Spur der Schnellstraße und strahlte ihn an. Sie schwenkte ein Stück Nylonpelz über dem Kopf. Es war ein siegreiches Winken, wie wenn Renato den Ball für Flamengo ins Netz schoß. «T-o-o-o-r», brüllte dann der Reporter. Cindy blickte ihm direkt ins Gesicht und schwenkte immer noch den Bär. Es war wie das Replay in Zeitlupe, das er auf Bildschirmen in Bars und Schaufenstern gesehen hatte. Er konnte Cindy kaum rufen hören. «*Meu ursinho* – mein Bär, mein Bär! Victor, schau her!»

Victor sah, wie der Bus auf sie zuraste. Es war der klimatisierte, bequem gepolsterte Luxusbus. Er hörte sein langes sinnloses Hupen. Er sah, wie die Busfenster an seiner Vision vorbeizuckten. In diesem Augenblick begriff er mit absoluter Sicherheit, daß er seine Mutter nie wiedersehen würde. Es war diese Art von Sicherheit, die sich niemals tilgen ließ, nicht einmal für wenige Augenblicke, auch nicht von der gewaltigsten sehnsüchtigsten Vorstellung. Er schrie ihren Namen, nicht Cindys, sondern den seiner Mutter: «Mae, Mae!»

Victor stand schluchzend da. Cindy sah ihn an. Plötzlich hatte sie Angst. Sie hatte ihren Arm gesenkt, und der Bär hing schlaff an ihrer Seite. Sie zögerte, wagte sich nicht von der zweiten Spur weg und wartete ängstlich auf ihre Chance, zum Bordstein zu gelangen. Die Ampel wurde rot, und die Autos kamen abrupt zum Stehen. Victor schlängelte sich zwischen den Autos durch und packte sie. Sie quetschten sich an den Stoßstangen vorbei, gerade als die Lichter wieder wechselten. «Schau meinen Bär, Victor. Was für ein Glück!»

Es war mitten am Nachmittag, und die Sonne kochte langsam den klebrigen Asphalt der Avenida Atlantica. Victor Silva und seine Schwester Cindy standen am Strand beim Hotel Meridien. Sie waren am Copacabana Palace vorbeigekommen und wollten sich die Bars bis zum Luxor Continental vornehmen. Victor kickte einen Stein auf dem Mosaik entlang und tat mit seiner raffinierten Fußarbeit groß, während er sich vorstellte, daß ihm Zehntausende zujubelten. Cindys Augeninfektion war noch nicht richtig verheilt, aber sie hatte einen Trick, mit dem sie sich an die Touristen heranmachte. Es funktionierte jedes Mal. Sie hielt ihren *ursinho* so hin, daß seine kleine Teddybärnase auf dem Rand des Cafétisches ruhte. Welcher Gringo konnte schon solch einem Anblick widerstehen? Ein verwahrlostes Dingelchen, das einem einen lädierten Teddybär entgegenstreckte. Die Gringos blickten von Cindy zum Bär: ein kleines zerlumptes Etwas in einem Designer-T-Shirt, das ein zerlumptes Etwas aus gelbem Nylon umklammerte. Wie konnten sie da nicht gerührt sein? Sie warfen dem Bärengesicht nur einen schnellen Blick zu und langten schon nach ihren Brieftaschen. Die Augen des Teddys hatten etwas an sich – wenn sie einem so direkt ins Gesicht schauten.

Ein bemerkenswerter kleiner Bär

Pat Rush

Niemand weiß, ob dieser kleine Bär einen Namen hatte. Es wurde nur selten mit ihm gespielt. Aber wenig Bären können ein aufregenderes Leben gehabt haben. Denn in einer Nacht des Jahres 1912, als 1 517 Menschen im eisigen Gewässer des Nordatlantik ertranken, schaffte es dieser Teddy, den Untergang der *Titanic* zu überleben.

Seine Herkunft ist nicht genau bekannt. Man nimmt jedoch an, daß der goldfarbene Mohairbär, der unter seinem Fell einen Metallrahmen hat, von den Gebrüdern Bing in Deutschland hergestellt wurde. Die Firma produzierte ursprünglich Haushaltswaren aus Metall und gehörte zu den ersten, die sich auf Teddybären spezialisierten. Dieser kleine Bär ist nur drei oder vier Jahre nach der Anfertigung des allerersten Teddys gemacht worden und ist somit eines der ältesten Exemplare überhaupt.

Irgendwann gelangte er nach Paris, und dort kaufte ihn 1907 der Onkel des kleinen Vittorio Gatti als Geschenk für seinen Neffen.

Vittorio durfte nie mit seinem Geschenk spielen. Es wurde vielmehr wie ein Ausstellungsstück behandelt – etwas, das man sich anschaut und bewundert. Zweifellos liebte der Junge seinen Teddy aber sehr. Denn als sein Vater fünf Jahre später auf der *Titanic*, dem nagelneuen englischen Schnelldampfer, als Küchenchef anheuerte, gab Vittorio seinem Vater den kleinen Bär als Abschiedsgeschenk mit. Er sollte ihm für die Überfahrt Glück bringen.

Der in Italien geborene Gaspare Gatti hatte bereits in den vornehmsten Restaurants von London gearbeitet, und das Angebot der White-Star-Line war allzu verlokkend, er konnte es nicht ausschlagen. Der neue Luxusdampfer war schließlich eines der größten Schiffe überhaupt und wurde dank sechzehn wasserdichten Abteilungen stolz als unsinkbar gepriesen.

Gaspares Frau Edith scheint jedoch von der Sicherheit des Schiffes wenig überzeugt gewesen zu sein. In der Woche vor der Jungfernfahrt der *Titanic* träumte sie mehrmals von der kommenden Katastrophe. Trotzdem war ihr Mann am 10. April 1912 wie geplant an Bord, als die *Titanic* von Southampton in See stach. Im Tabaksbeutel, der in seinem Frack steckte, befand sich der kleine Teddy seines Sohnes.

Die Geschichte der Überfahrt ist ausreichend dokumentiert worden. New York mit 22 Knoten entgegensteuernd – man versuchte, das Blaue Band, die Trophäe für die schnellste Atlantiküberquerung, zu gewinnen – fuhr das Schiff in der Nacht des 14. April um 23 Uhr 40 gegen einen Eisberg. Durch einen 91 Meter langen Riß unterhalb der Wasserlinie konnte Wasser in mehrere vordere Kammern strömen, und in weniger als drei Stunden war die *Titanic* gesunken.

Gaspare Gatti war zuletzt gesehen worden, als er mit dem Zylinder auf dem Kopf und einer Reisedecke überm Arm an Deck stand. In der Hand hielt er einen kleinen Koffer. Offenbar hoffte er, gerettet zu werden. Aber es gab nicht genug Rettungsboote – nicht einmal für die Hälfte der Passagiere und Mannschaft. Als Angehöriger der Besatzung und als Mann hatte Gatti keine Chance, in einem der Rettungsboote unterzukommen.

Seine Leiche war die 313., die geborgen wurde. Seine Sachen wurden seiner Witwe zugeschickt, die in der Unglücksnacht erneut aus ihrem visionären Traum aufgeschreckt worden war.

Im Tabaksbeutel fand sie den kleinen Teddy ihres Sohnes – er hatte das Abenteuer erstaunlich wohlbehalten überstanden. Edith behielt den Bär für den Rest ihres Lebens bei sich, er war eine schmerzliche Erinnerung an den Mann, den sie verloren hatte.

Bei Ausbruch des Zweiten Weltkriegs wohnte Edith Gatti in London, und dort erlebte der kleine Bär seine zweite Katastrophe – die Zerstörung des Hauses Gatti durch eine Bombe der Luftwaffe.

Wieder blieb er heil und als Edith schließlich 1962 starb, fand der kleine Bär endlich zurück zu seinem ursprünglichen Besitzer, ihrem Sohn Vittorio. Als Vittorio 1974 verschied, ging der Bär an seine Witwe Marjory und erfreute ihre fünf Enkelkinder und eine wachsende Zahl von Urenkeln, die immer wieder die faszinierende Lebensgeschichte des Teddys hören wollten.

Eines Tages sah Marjory zufällig im Fernsehen eine Sendung über Teddybären, und sie begann sich über den Ursprung des kleinen Bären Gedanken zu machen. Besaß ihr Teddy etwa Seltenheitswert? Könnte ihr jemand mehr über seine Herkunft berichten? Sie beschloß, mit einem Museum Kontakt aufzunehmen.

Der Kuratorin erzählte sie nichts vom abenteuerlichen Leben des Bären, trotzdem wußte diese auf den ersten Blick, daß er für die Sammlung des Museums eine interessante Bereicherung wäre. Sie erkundigte sich sofort, ob der Teddy zu kaufen sei.

So kam es, daß der kleine Teddy am 14. April 1990 – genau 78 Jahre nach dem Untergang der *Titanic* – wieder ein neues Heim bekam. Er wurde bald der Star des Museums.

In Zeitschriften – sogar in Australien und Japan – wurden Artikel über ihn veröffentlicht. Teddy-Liebhaber und Sammler von *Titanic*-Memorabilien pilgerten herbei, um ihn zu sehen. Und zum 80. Jahrestag der Katastrophe stellte die Stofftierfirma Merrythought 5 000 Repliken her, die in der ganzen Welt verkauft wurden.

Diese Doppelgänger sind etwas größer als das Original und ohne Metallrahmen, und jeder haust in einer handgefertigten Schachtel, die die Geschichte des ursprünglichen Teddys und der verhängnisvollen Nacht im April 1912 erzählt – eine bemerkenswerte Ehrung für einen wahrhaft bemerkenswerten kleinen Bär.

Jericho und der Terminator

PETER CLOVER

Jericho war ein etwas schäbiger weicher brauner Bär. Eins seiner Ohren stand kerzengerade in die Höhe, das andere war umgeknickt. Sein Fell war stellenweise ziemlich abgewetzt, und er war sehr sehr alt. Er gehörte Violet.

Violet war bereits Großmutter, und Jericho hatte schon ihrer Mutter gehört; er war also fast prähistorisch. Violet liebte ihren Jericho und nahm ihn fast überall mit hin. Manchmal fuhr er im Einkaufswagen spazieren. Manchmal fuhr er Auto, und manchmal ging er in der Tragtasche zum Friseur. Aber die meiste Zeit faulenzte er zwischen den Kissen auf Violets großem Messingbett.

Als Violet ein kleines Mädchen war, hatte sie zehn Teddys, die sie jeden Abend mit ins Bett nahm. Um nicht rauszufallen, mußte sie eng an die Wand gepreßt schlafen. Jetzt hatte sie nur noch Jericho, das genügte.

Eines Nachmittags kam Violets beste Freundin Florrie vorbei, um beim Ausmisten der Schränke zu helfen. Im Dorf fand nämlich am darauffolgenden Tag ein Flohmarkt statt, und die Leute vom Kirchenbasar hatten um alte Kleider gebeten, die sie, verpackt in Kartons, später abholen wollten.

Als sich Violet am Abend mit ihrer Ovomaltine gemütlich im Sessel niederlassen wollte, machte sie eine furchtbare Entdeckung. Jericho war weg!

Sie suchte überall nach ihm, unter dem Bett, im Kleiderschrank, in allen Kommoden und Schubladen. Sie durchwühlte sogar den Schrank unter der Treppe, aber Jericho blieb verschwunden.

Als sie sich schließlich schlafen legte, war sie sehr traurig und wachte die ganze Nacht hindurch immer wieder auf, dachte an ihn und vermißte ihn sehr.

Am Samstagmorgen gingen Violet und Florrie auf den Flohmarkt. Es war eine große Sache auf dem Spielfeld hinter dem Gemeindesaal des Dorfes mit vielen Verkaufsständen und Wurfbuden. Florrie warf mit Ringen und gewann ein Kiloglas Erdbeermarmelade, dann durchbohrte sie mit einem Pfeil das Herz-As an der Zielscheibe und bekam eine Schachtel mit Cremewaffeln. Violet hatte nicht viel Spaß. Jericho fehlte ihr so. Florrie erinnerte sich vage, einen alten weichen Teddy zuunterst in einen Karton gepackt zu haben, traute sich aber nicht, es zu erwähnen. Statt dessen stürzte sie sich aufs Bingo und hatte innerhalb von Minuten einen riesigen Nylonbär mit lila Fell und riesiger lindgrüner Schleife gewonnen. Der Bär war fast so groß wie Florrie. Violet mochte diesen Teddy überhaupt nicht, und sie mochte auch Florrie in diesem Augenblick nicht besonders, weil sie ständig etwas gewann und Violet tief im Innern den Verdacht hegte, daß sie etwas über Jerichos Verschwinden wußte.

Violet ging allein weiter, während Florrie immer noch alles mögliche gewann. Mit einem Marmorkuchen und einem Goldfisch im Gurkenglas kämpfte sie sich jetzt an einem Spielzeugstand voller gestrickter Tiere und weicher Puppen mit bunten Hauben vorbei. Mit Argusaugen suchte sie den Inhalt der Bude ab, und da – ganz hinten zwischen anderen unförmigen Plüschtieren – entdeckte sie den Teddybär ihrer Freundin. Jericho hatte ein Schild um den Hals, das 2 DM forderte. Florrie wurde so aufgeregt, daß sie beinahe ihre Trophäen fallenließ, während sie in ihrem Portemonnaie nach den Münzen kramte. Sie hatte aber jetzt nur noch 1 DM und der Budenverkäufer ließ nicht mit sich handeln.

Florrie blickte sich verzweifelt nach Violet um, aber es war schon zu spät. Jericho wurde von einem kleinen bezopften Mädchen gekauft, das mit ihm im Arm davonlief.

Florrie eilte ihr hinterher und versuchte ihr zu erklären, daß Jericho in Wirklichkeit Violet gehörte – und würde sie den abgewetzten alten Teddy denn nicht gern gegen einen großen neuen lilafarbenen mit lindgrüner Schleife eintauschen? Aber das Zopfmädchen sagte: «Nein!» Sie hatte Jericho mit ihrem eigenen Geld gekauft und würde ihn behalten. Florrie versuchte, das kleine Mädchen umzustimmen und bot ihr den lila Teddy und noch dazu alle Preise, die sie gewonnen hatte, für den alten Bären an. Aber das Mädchen sah sie nur böse an und sagte: «Nein!»

Da bot Florrie ihr in ihrer Verzweiflung zwanzig DM

an. Die Zöpfe flogen herum, und das Mädchen sah plötzlich interessiert aus. «Ich werd's mir überlegen», sagte es.

Florrie nannte dem Mädchen ihre Adresse und sagte ihr, daß sie den lila Bär ins Fenster setzen würde, damit es das Haus erkenne. Dann lief sie, so schnell sie konnte, heim.

Am Nachmittag kam das Mädchen vorbei. Es war bereit, Jericho zu verkaufen, aber nicht für zwanzig Mark. Sie wollte zweihundert – in gebrauchten Scheinen. Florrie wies ihr die Tür, aber damit war die Geschichte nicht zu Ende – noch lange nicht. Am nächsten Tag schob das Mädchen einen Zettel durch Florries Briefschlitz. Auf dem Zettel, an den eines von Jerichos Ohren geheftet war, stand:

WENN DEINE FREUNDIN DEN BÄR WIEDERSEHEN WILL, RÜCK DIE ZWEIHUNDERT MARK RAUS, OMA, ODER ES IST AUS!

Dann war da noch ein grob gezeichneter Plan des Parks mit genauer Angabe der Stelle, wo Florrie das Geld hinterlegen sollte. Unterschrieben war die Notiz unheilvoll mit DER TERMINATOR.

Florrie war entsetzt. Es war ihr schrecklich peinlich, was mit Jericho passiert war, und sie wollte unbedingt Violet ihren Teddy zurückgeben. Aber zweihundert DM war eine Menge Geld.

Am folgenden Tag wurden eine Tüte voll Füllmaterial und ein neuer Zettel durch den Briefschlitz geschoben. Auf dem Zettel stand:

O.K. OMA? DU HAST DEINE CHANCE GEHABT. JETZT KOSTET'S DICH 300 UND DER BÄR WIRD DÜNNER UND DÜNNER. BIN UM 3 WIEDER DA UND HOL MIR DIE KNETE! DER TERMINATOR.

Florrie fühlte sich plötzlich sehr schwach. Violet wollte kurz nach drei vorbeikommen, und der Terminator würde mit einem abgemagerten Jericho als Geisel um die Zeit ebenfalls eintreffen. Ach, es war ein solches Durcheinander. Florrie zitterte am ganzen Körper, und sie mußte sich setzen. Sie schlug die Hände vors Gesicht und begann zu weinen. Dann überlegte sie: In der Spardose für Weihnachten lagen 150 DM, und wenn sie 50 vom Haushaltsgeld abzweigte, konnte sie Jericho zurückkaufen. Das würde sie aber Violet nicht erzählen. Das Geld war ihr jetzt egal. Sie wollte nur diesem schrecklichen Schlamassel ein Ende bereiten.

Punkt drei schellte es an der Tür, und Florrie stand dem «Terminator» gegenüber. Das dumme Gör hatte sich eine Wollmütze übergezogen, um nicht erkannt zu werden. Sie hielt Jericho fest mit einer Hand umklammert, während ein dicker Malstift in der anderen zu ruinieren drohte, was von seinem Pelz übriggeblieben war.

«Komm am besten rein», sagte Florrie.

Das Mädchen sah sich schnell im Zimmer um.

«Sind wir allein?»

«Natürlich sind wir allein», entgegnete Florrie. «Hier, nimm das Geld und gib mir den Bär.»

«Das sind ja nur zweihundert», sagte das Mädchen. «Wo sind die restlichen hundert?»

«Aber ich dachte . . .»

Der Terminator warf das Geld auf den Teppich, und während Florrie sich niederkniete, um die Scheine einzusammeln, öffnete sich die Tür, und Violet marschierte herein.

«Was geht denn hier vor?»

Das Mädchen versuchte, mit Jericho durch die offene Tür zu entwischen, aber Violet war schneller. Sie schloß die Tür und lehnte sich mit ihrem ganzen Gewicht dagegen. Florrie kniete schluchzend, und das Mädchen erhob den Malstift drohend wie einen Dolch.

«Was geht hier vor?» fragte Violet noch einmal. Dann sah sie Jericho, und ihr Herz machte einen Sprung. Ihr Blick ging von Florrie zu Jericho, zu dem Zwerg mit der Wollmütze, zu Florrie und wieder zurück zu ihrem geliebten Teddy. «Kann mir jemand erklären, was eigentlich los ist?»

Florrie sprudelte die ganze Geschichte in einem einzigen langen schluchzenden Satz heraus und bat Violet um Vergebung. Der Terminator hopste nervös von einem Bein auf das andere.

«Ich nehm die zweihundert», krächzte sie.

«Zweihundert?» sagte Violet und richtete sich zu ihrer vollen Größe von aufgerundeten einssechzig auf. «Du solltest dich schämen! Diesen Bär habe ich mein ganzes Leben lang um mich gehabt. Er hat mir, meinen Kindern und den Kindern meiner Kinder Trost gespendet und hat mehr Geheimnisse und Träume geteilt, als du dir überhaupt vorstellen kannst. Wenn du glaubst, daß du von mir oder meiner lieben Freundin Geld erpressen kannst, irrst du dich gewaltig. Wenn Jericho und ich uns nach all diesen gemeinsamen Jahren trennen müssen, dann soll es eben so sein. Mach, was du willst, aber du kriegst keinen Pfennig.»

«Hundert Mark!»

«Lebwohl, Jericho», flüsterte Violet, als sie das Mädchen zur Tür schob.

«Ich reiß ihm Arme und Beine aus!»

«Keinen Pfennig, du kleines Monster», sagte Violet. Dann packte sie blitzschnell Jericho und gab dem Mädchen einen solchen Schubs, daß es auf der Straße landete, ohne daß ihre Füße den Boden berührt hätten.

Die Tür knallte zu, und Violet nahm Jericho in die Arme. Florrie traute ihren Augen nicht und schaute ihre Freundin verdutzt an. Da schnappte die Klappe am Briefschlitz auf.

«Wartet nur, wenn ich's meiner Mama sage . . .»

«Ach, verschwinde», sagte Violet, packte die hervorlugende Wollmütze und zog sie durch den Briefschlitz.

«Auuu! Meine Ohren!» schrie das Mädchen. Violet und Florrie bogen sich vor Lachen.

Zwanzig Minuten später schellte es drohend an der Tür. Es war der Terminator und seine Mutter. Die Frau war riesig und trug einen handgestrickten grellvioletten Mohairpullover. Ihre hautenge Stretchhose war limonengrün und ihre hochhackigen Pumps gleißendweiß.

«Wie ich höre, haben Sie den Bär meiner Natalie gestohlen!» sagte sie wutentbrannt als Begrüßung.

Natalie grinste von Ohr zu Ohr. Violet überlief es kalt, und sie hielt Jericho so fest, daß ihre Knöchel weiß wurden.

«Sie sagt, sie hat den Teddy mit ihrem eigenen Geld gekauft. Sie können den Leuten nicht einfach wegnehmen, was ihnen gehört, nur weil es Ihnen so paßt, verstehen Sie mich?» Da sah sie den lila Bär mit der großen lindgrünen Schleife im Sessel sitzen. «Los, geben Sie ihn her, oder ich ruf die Polizei!»

Traurig streckte ihr Violet Jericho entgegen und kämpfte mit den Tränen.

«Ach – sehr witzig, sehr komisch», sagte die Mutter, marschierte durchs Zimmer und riß den riesigen lila Bär aus dem Sessel. Natalies Grinsen verschwand.

«Mama», begann sie zu protestieren, aber es nutzte nichts. Ihre Mutter zerrte sie bereits aus der Tür und nach Hause.

«Ich verstehe, warum du dich so aufgeregt hast, mein Herzchen, er ist ja so süüüß», sagte Mama, drückte den Plüschbär fest an sich und gab ihm einen Kuß. «Ich glaub, ich werde ihn Elvis nennen.»

Der Kampf um Jericho war vorbei.

Ein Horoskop für Teddybären

Kim Amani

Ja, auch ein Teddybär hat ein Sternzeichen. Auch wenn Sie jetzt verwundert fragen werden: «Wie kann ein Teddybär ein Geburtshoroskop haben? Man weiß doch nicht, wann er geboren wurde.» Doch es ist ganz einfach. Das Sternzeichen eines Teddybären bestimmt der Tag, an dem er zu Ihnen kam. Das heißt also, wenn Sie Ihren kleinen Kameraden zu Weihnachten bekommen, steht er unter dem Sternzeichen des Steinbocks, und wenn er im Wonnemonat Mai das erste Mal in Ihr Leben trat, steht er unter dem Sternzeichen des Stiers.

Aber es gibt eine Besonderheit bei dem Sternzeichen eines Teddybären, er kann nämlich sein Sternzeichen wechseln. Sollten Sie also Ihren Teddybären irgendwann einmal weitergeben, ändern sich somit sein Sternzeichen und sein Charakter. Denn jedesmal, wenn ein Teddy einen neuen Lebenspartner bekommt, wird er neu «geboren». Er bekommt dann oft einen neuen Namen und völlig andere Charakterzüge.

Um Ihnen einen kleinen Einblick in die Charaktere der entsprechenden Sternzeichenteddys zu geben, habe ich dieses Horoskop zusammengestellt. Als kleiner Ratgeber für den Umgang mit Ihrem Hausgenossen, damit Sie zusammen glücklich werden. Denn Sterne lügen nicht. Weil nämlich die «ursa major» (die Große Bärin) über das Schicksal ihrer Artverwandten wacht.

Widder

Element: Feuer
Planeten: Mars, Pluto

Der Teddybär, der unter dem Zeichen des Widders geboren wurde, ist ein sehr aktiver Teddy. Er ist ständig in Bewegung und ein hervorragender Reisebegleiter, da er das Abenteuer liebt. Wenn man diesem Bären keine Abwechslung bietet, läuft man Gefahr, ihn bald zu verlieren. Denn es gibt nichts, was Widderteddys mehr verabscheuen als Langeweile. Sie tun fast alles, um ihr zu entgehen. So gehört dieser Teddy auch zu denen, die sich oft neue Lebenspartner suchen.

Leider denkt er auch meist nicht über seine Handlungen nach und gerät dadurch ständig in Schwierigkeiten.

Er gehört zu den Teddys, die aus Autos fallen, in Bäche stürzen, von Katzen verschleppt werden oder auf Flugreisen verlorengehen. Es ist also sehr wichtig, daß Sie immer ein Auge auf ihn haben, um ihn vor Unheil zu bewahren.

Wenn Sie sportliche Interessen haben, sollten Sie Ihren Bären stets mitnehmen. Er liebt es, auf hohe Berge zu klettern oder über stürmische Seen zu segeln. Halten Sie ihn bei guter Laune, indem Sie ihn nie zur Ruhe kommen lassen und ihm stets Neues bieten.

Stier

Element: Erde
Planet: Venus

Wer einen Teddy besitzt, der unter dem Zeichen des Stiers geboren wurde, muß ihm ein ruhiges und beständiges Heim bieten. Er eignet sich hervorragend als Sofateddy, der seinen Stammplatz hat und regelmäßig seinen Honig bekommt. Um dieses Ziel zu erreichen, ist ihm kein Weg zu schwer, und hat er es schließlich erreicht, kann ihn nichts mehr davon wegbringen. Er wird einem Menschen auf ewig treu bleiben und ihm immer seine Sorgen abnehmen. Doch Vorsicht! Ein Stierteddy neigt zu rasender Eifersucht. Sie sollten ihm nie einen Grund dazu geben. Also halten Sie Abstand von überraschenden Neuanschaffungen, auch wenn der süße Teddy auf dem Flohmarkt nur 50 Pfennig kostet. Ihr Bär ist im Grunde seines Herzens ein Einzelteddy, der keine Konkurrenz liebt.

Wenn Sie Ihren Stierteddy keinen extremen Veränderungen aussetzen, wird er es Ihnen mit viel Liebe und Treue danken.

Zwilling

Element: Luft
Planet: Merkur

Unter dem Zeichen des Zwillings geborene Teddybären sind sehr intellektuelle Teddys, die großen Wert auf Bildung legen. Sie sollten darauf achten, daß diese Teddys immer viel Gesellschaft haben, die ihnen neue Denkimpulse geben. Der Zwillingsteddy ist ein äußerst charmanter Bär, der es spielend schafft, seinen Menschen um die Pfote zu wickeln.

In ihm wohnen zwei gegensätzliche Charaktere. Der eine Charakter sehnt sich nach Sicherheit und Nähe, der andere strebt nach Unabhängigkeit und Freiheit. Es fällt dem zwillingsgeborenen Teddy oft schwer, diese Gegensätze miteinander in Einklang zu bringen. Sie sollten nie versuchen, Ihren Teddy zu irgend etwas zu zwingen, denn er haßt alle Zwänge und Konventionen.

Sie brauchen sich um diesen Bären keine Sorgen zu machen, wenn er immer genügend Interessengebiete hat. Wenn ihm aber mal etwas schiefläuft, müssen Sie aufpassen, daß er nicht in eine Depression fällt. Bieten Sie ihm dann neue Ziele und Ideen, und er wird bald wieder auf dem Damm sein.

Krebs

Element: Wasser
Planet: Mond

Der Krebsteddy ist ein sehr gefühlsbetonter Teddybär. Er braucht die emotionale Sicherheit einer Gemeinschaft, um zu existieren. Dieser Teddy liebt es, wenn er eine ganze Teddyfamilie hat, die er lieben und umsorgen kann. Für ein harmonisches Zusammenleben mit dem Krebsteddy ist es wichtig, sein Vertrauen zu erringen, weil er sich sonst in die Einsamkeit zurückzieht. Er neigt auch dazu, sich schmollend in eine Ecke zu verkriechen, wenn er sich verletzt fühlt. Trösten Sie ihn dann mit viel Einfühlsamkeit.

Trotz dieser Schwierigkeiten ist es aber wunderbar, von einem Krebsteddybär geliebt zu werden.

Er ist unglaublich warmherzig und treu in seiner Liebe. Sie können ihn zwar sehr leicht verletzen, doch er wird niemals aufhören, Sie zu lieben. Wenn Sie einen Bären suchen, mit dem Sie angenehme Mußestunden beim gepflegten Schachspiel verbringen wollen, ist der Krebsteddy genau der Richtige für Sie. Versuchen Sie aber nie, ihn mit harten Worten zu etwas zu zwingen, denn dann wird er regungslos verharren. Mit freundlichen Worten und verständnisvollen Argumenten erreichen Sie fast alles bei ihm.

Löwe

Element: Feuer
Planet: Sonne

Der unter dem Zeichen des Löwen geborene Teddybär ist ein sehr ichbezogener Teddy. Er hat die Neigung zur Selbstdarstellung und Übertreibung. Aber in seinem ganzen Handeln strahlt er soviel Wärme und Großzügigkeit aus, daß man ihn einfach lieben muß. Er liebt es, im Mittelpunkt zu stehen und von allen bewundert zu werden. Doch wer ihm mit falschem Herzen schmeichelt, wird schnell durchschaut und lernt das Temperament eines Löwenteddys kennen. Es ist also anzuraten, sich niemals gegen einen Teddy zu stellen, der im Zeichen des Löwen geboren wurde, weil er in seinen Wutausbrüchen sehr zerstörerisch sein kann. Will man ihn von einer Meinung überzeugen, sollte man sie ihm als seine eigene Idee unterjubeln. Der Löwebär wird dann felsenfest davon überzeugt sein, daß er wieder mal eine großartige Idee hatte. Dieser Bär ist ein sehr beliebter Ausstellungsteddy, weil er mit seinem inneren Glanz jeden Betrachter verzaubert. Außerdem kommt dies seinem Selbstdarstellungsbedürfnis entgegen.

Sie sollten Ihren Löweteddy niemals in einer Ecke verstauben lassen, sonst verliert er seinen Charme und Glanz.

Jungfrau

Element: Erde
Planet: Merkur

Der Jungfrauteddybär mag auf einige Menschen einen etwas steifen und formellen Eindruck machen. Er ist aber doch im Innersten seiner Seele ein unglaublich liebevoller Bär. Auch wenn er seine Mitbären und -menschen mit seiner Direktheit manchmal vor den Kopf stößt, will er im Grunde den anderen doch nur helfen. In seinen Augen ist es eine große Hilfe, wenn er einen Freund auf seine Fehler hinweist, damit der sich bessern kann. Daß er andere damit verletzt, erkennt ein Jungfraubär oft leider nicht.

In allem, was dieser Teddy macht, strebt er Vollkommenheit an. Sie können Ihren Teddy fürchterlich unglücklich machen, wenn Sie ihn in ein halbfertiges, provisorisches Kleid stecken. Dann schon lieber gar keines.

Mit einem Jungfrauteddy können Sie wunderbar stundenlange, philosophische Gespräche über Gott und die Welt führen. Es wird Ihnen niemals langweilig werden mit diesem Bären.

Waage

Element: Luft
Planet: Venus

Man kann sich kaum einen charmanteren Teddybären vorstellen als den unter dem Zeichen der Waage geborenen. Innerhalb kürzester Zeit hat er jedes Herz in seiner Umgebung für sich gewonnen. Er ist ein ausgesprochen ästhetischer Bär, der das Schöne in jeder Form liebt. Sie können ihn sehr glücklich machen, wenn Sie mit ihm in Museen und Galerien gehen und seine Umgebung mit schönen Dingen dekorieren.

Aber streiten Sie sich niemals mit ihm oder in seiner Nähe, das kann er überhaupt nicht vertragen. Er wird jede Möglichkeit nutzen, um einem Streit aus dem Weg zu gehen. Doch als Streitschlichter eignet er sich hervorragend, da er großes diplomatisches Geschick besitzt. Setzen Sie ihn zwischen zwei Bären, die sich nicht leiden können, und er wird den Konflikt innerhalb kürzester Zeit gelöst haben.

Nur Entscheidungen, die ihn selber betreffen, kann er nicht fällen. Da wägt er stundenlang die Vor- und Nachteile dieser oder jener Handlung ab und vergißt darüber total, wirklich zu handeln.

Skorpion

Element: Wasser
Planeten: Mars, Pluto

Unter dem Zeichen des Skorpions geborene Teddybären sind sehr geheimnisvolle Partner. Sie sind schwer zu durchschauen und fast gar nicht zu verstehen. Sie tun es selber nicht! Ein Skorpionteddy scheint sich ständig in einem Kampf zu befinden. Er ist von dem unbändigen Drang besessen, alles, was er anfaßt, perfekt zu machen.

Wenn er merkt, daß jemand Hilfe braucht, ist er sofort zur Stelle. Doch sobald er denkt, daß der Betreffende wieder auf eigenen Füßen stehen kann, wendet er sich anderen Dingen zu. Es kann leicht passieren, daß man sich etwas vernachlässigt vorkommt. Doch Sie dürfen ihm nicht böse sein. Vielleicht ist er gerade damit beschäftigt, die okkulten Mächte nach Ihrer Zukunft zu befragen.

Wenn Sie einen einfachen und ruhigen Teddybären suchen, lassen Sie die Finger von den Skorpionen. Das Zusammenleben mit diesem Bären mag zwar nicht einfach erscheinen, aber es bereichert den Alltag doch ungemein. Man ist sehr schnell von dieser ausdrucksstarken Persönlichkeit gefangen.

Schütze

Element: Feuer
Planet: Jupiter

Ein Schützeteddy ist unter dem Zeichen der Offenheit und Freiheitsliebe geboren. Er liebt seine Freiheit und Unabhängigkeit über alles. Ein Schützeteddy ist in seinem ganzen Tun und Denken sehr zielstrebig und unbeirrbar, und durch diesen unbeirrbaren Glauben an sich selbst erreicht er all seine Ziele.

Sie werden vielleicht glauben, Sie hätten sich Ihren Teddybär ausgesucht. Irrtum! Ihr Teddy weiß ganz genau, was er will, und er hat Sie ausgesucht! Einen Schützeteddy kann man nicht einfach kaufen, er sucht seine Lebenspartner immer genau aus. So kann es geschehen, daß man sich plötzlich mit einem Teddybären im Arm wiederfindet, obwohl man eigentlich nur Strümpfe kaufen wollte.

Mit diesem Teddybären werden Sie noch viele Abenteuer bestehen. Er ist in seiner Aktivität durch nichts zu bremsen und wird Sie sehr schnell mit sich reißen.

Ein Schützeteddy kann sehr verletzend sein, weil er seine Meinung immer geradeheraus sagt, sei sie positiv oder negativ. Diplomatie ist nicht seine Stärke. Doch weil er eigentlich immer sehr gerecht handelt, kann man ihn nicht als herzlos bezeichnen. Er setzt sich mit seiner ganzen Energie für die unterdrückten Teddys ein und erringt damit jede Sympathie.

Steinbock

Element: Erde
Planet: Saturn

Einen Teddybären, der unter dem Zeichen des Steinbocks geboren wurde, darf man nicht in ein Regal setzen und dann vergessen. Er braucht eine Aufgabe, eine Verpflichtung, der er sich widmen kann. Und Sie können sicher sein, daß er das tut!

Diese Bären sind hervorragend aufgehoben bei der Organisation, die an Kinder in Krankenhäusern Teddybären verschenkt. Dort kann ein Steinbockteddy seine Kraft dafür einsetzen, daß das Kind schnell wieder gesund wird.

Doch auch für den gewöhnlichen Teddybärliebhaber ist er ein geeigneter Partner, vorausgesetzt, er ist bereit, den Anordnungen seines Bären Folge zu leisten. Denn dieser wird innerhalb kürzester Zeit einen Weg finden, den Haushalt viel effektiver zu gestalten.

Der Steinbockteddy hat ein großes Bedürfnis nach Sicherheit, die für ihn in erster Linie mit Geld und Besitz verbunden ist. Wenn niemand versucht, ihm diese Sicherheit zu nehmen, ist er ein wunderbarer Zeitgenosse.

Wassermann

Element: Luft
Planet: Uranus

Ein Teddybär, der unter dem Zeichen des Wassermannes das Licht des Lebens erblickte, ist so etwas wie ein Weltveränderer. Er strebt ständig nach neuen Idealen des Lebens, scheitert aber meist schon in der Theorie. Er scheint alles zu kennen und alles zu wissen. Oft hat er aber das Gefühl, daß keiner ihn wirklich versteht.

Doch er ist niemals wirklich einsam. Ein Wassermannteddy versteht es wie kein anderer, Freunde zu gewinnen.

Mit ihm können Sie nächtelang über die Einsteinsche Theorie oder die Ideologie von Karl Marx diskutieren. Er wird stets voll neuer ungeahnter Ideen stecken und Sie immer wieder aufs neue verblüffen.

Sie werden mit diesem Bären viele wunderbare Stunden verbringen, doch hüten Sie sich davor, besitzergreifend zu werden. Ein Wassermannteddy beschränkt sich niemals auf eine einzige Person.

Fische

Element: Wasser
Planet: Neptun

Wenn Sie sich einen Fischeteddy ins Haus geholt haben, müssen Sie sich auf einiges gefaßt machen.

Diese Bären sind etwas ganz Besonderes, und der richtige Umgang mit ihnen erfordert viel Sensibilität.

Ein Fischeteddy schwebt ständig in irgendwelchen anderen Welten. Er baut tausend Luftschlösser und hat Millionen Erfolge – in seinen Träumen. Doch in der Realität ist er oft unfähig, eine konkrete Entscheidung zu treffen, weil es ihn immer in zwei verschiedene Richtungen drängt.

Diesen Teddy sollten Sie nur als einzigen Teddybär bei sich haben, denn der Fischeteddy neigt stark zur Eifersucht. Sie müssen ihm immer das Gefühl geben, er sei das Wichtigste in Ihrem ganzen Leben.

Ein Fischeteddy hat oft starke Gefühlsschwankungen – von himmelhochjauchzend bis zu Tode betrübt. Mit diesen Extremen müssen Sie rechnen und sich liebevoll um ihn bemühen.

Sollte es Ihnen dann einmal schlechtgehen, finden Sie keinen besseren Trostspender als Ihren Fischeteddy.

Ein ganz gewöhnlicher Teddybär

Mira Lobe

Ihr müßt zugeben: es ist langweilig, wenn man genauso heißt und genauso aussieht wie zwanzig andere, die neben einem sitzen ...

Alle zwanzig hießen mit Vornamen «Teddy» und mit Familiennamen «Bär»; alle zwanzig hatten das gleiche braune Zottelfell und innen das gleiche gelbe Sägemehl; alle zwanzig hatten die gleichen blanken schwarzen Äuglein – und wenn man sie auf den Bauch drückte, dann brummten alle zwanzig mit der gleichen tiefen Brummstimme.

Wirklich, es war sterbenslangweilig für den kleinen Teddybären, der im Regal der Spielzeugabteilung neben neunzehn anderen kleinen Teddybären hockte und gern etwas erleben wollte.

«Mir ist langweilig!» brummte er und gähnte. Dabei gab es in der Spielzeugabteilung viel zu sehen: Puppen, Autos, Eisenbahnen, Flugzeuge – und gleich im Regal nebenan alle möglichen Gummitiere. Gegenüber fuhr der Warenhausaufzug hinauf und hinunter, Leute stiegen aus, kamen in die Spielzeugabteilung und kauften ein. Manchmal kauften sie sogar einen Teddybären. Dann zitterte der kleine Bär vor Aufregung.

Mich! Mich! dachte er und blickte die Verkäuferin flehentlich an, damit sie ihn herausholen sollte. Aber weil er ziemlich weit hinten saß, mußte er jedesmal zusehen, wie ein anderer Bär in die Schachtel mit Seidenpapier gepackt wurde.

«Du lieber Himmel», brummte der kleine Bär, «wie lange soll ich denn noch hier bleiben?»

«Noch lange!» schnatterte nebenan eine Ente aus Gummi. «Jetzt fängt der Sommer an, und im Sommer kaufen die Leute nur Gummitiere und keine Teddybären.»

«Quak!» machte der Gummifrosch. «Da haben die Leute recht! Denn Gummitiere sind etwas Besseres als Teddybären.»

«So?» brummte der kleine Bär ärgerlich. «Warum denn?»

«Weil wir mit Luft gefüllt sind und ihr nur mit Sägemehl!» quakte der Frosch.

«Jawohl», schnatterte die Ente. «Luft ist viel praktischer. Wer benützt denn heutzutage Sägemehl? Das ist altmodisch! Nicht einmal zum Matratzenfüllen nimmt man heute noch Sägemehl . . .»

Der kleine Bär war gekränkt. Niemand läßt sich gerne sagen, er sei altmodisch. «Ihr Gummitiere seid eine aufgeblasene Gesellschaft», brummte er.

«Brumm!» machten alle andern Bären, das hieß so viel wie: «Sehr richtig!»

«Nicht einmal eine Stecknadel kann man in euch hineinstechen», sagte der kleine Bär. «Beim winzigsten Loch seid ihr erledigt!»

«Brumm!» machten die Bären.

Der Frosch und die Ente platzten fast vor Zorn. Sie quakten und schnatterten empört und hielten eine große Rede darüber, was für vorzügliche Tiere sie seien: daß sie flach in der Lade liegen und dann wieder auf dem Wasser schwimmen könnten.

Der kleine Bär hob die Nase hoch und sagte: «Ihr könnt reden, was ihr wollt – für mich seid ihr Luft!»

«Brumm!» machten alle anderen Bären und hoben ebenfalls die Nasen.

Der Rächer

Pauline Macaulay

Harald hatte mehrere Tage tot in der Wohnung gelegen, bevor seine Leiche, die auf dem Wohnzimmerboden lag, von einem Fensterputzer entdeckt wurde. Dies wurde mir berichtet, als man mich schließlich an einer Konferenz in Manchester aufspürte. Unter der fälschlichen Annahme, ich sei Haralds Cousin, hatte ein Polizist mir die traurige Nachricht überbracht. In Tat und Wahrheit hatte Harald keine Verwandten mehr, aber da ich zu den wenigen privilegierten Besuchern seiner Wohnung gehörte, hatte seine Hauswirtin vermutet, wir seien verwandt. Ich war sein ältester Freund.

Ja, wir kannten uns schon lange, Harald und ich. Von der Grundschule bis zur Uni und immer weiter. Wir trafen uns regelmäßig, gingen oft zusammen ins Konzert oder in die Oper ... und danach entweder in seine Wohnung oder in meine, um etwas Chinesisches oder Italienisches, das wir uns unterwegs besorgt hatten, zu verspeisen.

«Was ist denn passiert?» fragte ich. «Wie ist Harald gestorben?»

«Es gab keine verdächtigen Spuren», informierte mich der Polizist. «Es war ein Unfall. Die Todesursache war eine Gehirnblutung, die der Herr erlitt, als er stürzte und mit dem Kopf gegen den Heizkörper fiel.»

«Er stürzte?» Harald stürzte normalerweise nicht. Er war erst vierzig ... kaum ein geriatrischer Fall, und das sagte ich dem Polizisten auch. «Wie ist er gestürzt?»

«Wir vermuten, daß er gestolpert ist. Auf dem Fußboden lag ein Bär, Sir.»

«Ein was?»

«Ein Bär ... einer von diesen Teddys.»

«Ja, aber sicher ... Harald ist bestimmt nicht umhergestolpert. Er gehörte zu den Menschen, die schauen, wo sie hintreten.»

«Er war unsicher auf den Beinen, Sir.»

«Wollen Sie damit sagen, daß er betrunken war?»

«Bestimmt, Sir. Ganz eindeutig.»

«Aber Harald hat nicht getrunken!» Ich brüllte es fast.

Schweigen. Der Polizist sah mich mitleidig an, als hätte er es mit einem geistig Zurückgebliebenen zu tun.

Es hatte allerdings einmal eine Zeit gegeben – vor Jahren in Cambridge –, als Harald tatsächlich ein schwerwiegendes Alkoholproblem hatte ... was dazu führte, daß ihm das einzige Mädchen, das er jemals heiraten wollte, davonlief. Danach hatte er sich den Anonymen Alkoholikern angeschlossen und dem Alkohol für immer entsagt.

Die Redewendung «einmal Alkoholiker, immer Alkoholiker» klang mir in den Ohren. Es war ganz klar, was der Polizist dachte. Das sagte er natürlich nicht, sondern: «Es tut mir sehr leid, Sir.» Und nachdem ich ihm versichert hatte, ich würde mich um alles Notwendige kümmern, verschwand er.

Ich hatte also einen lieben Menschen verloren und mit ihm meinen besten Freund.

Natürlich kümmerte ich mich um die Beerdigung. Es gab sonst niemanden, der es getan hätte. Es kamen nur wenige Leute: seine Hauswirtin, ein mausgraues Mädchen aus seinem Büro, sein Rechtsanwalt und ich. Kein großartiger Abschied, aber Harald wäre ein stilles Begräbnis sowieso lieber gewesen.

Wenig später hörte ich von seinem Rechtsanwalt, Harald habe ein Testament hinterlassen und ich sei der einzige Erbe. Nicht, daß seine Hinterlassenschaft von Bedeutung gewesen wäre. Es war tatsächlich recht wenig – ein Sparkonto, ein paar Wertpapiere und die Einrichtung seiner Wohnung. Aber ich war sehr gerührt. Schließlich wappnete ich mich und ging mit Erlaubnis des Rechtsanwalts in sein Apartment.

Es lag etwas unaussprechlich Trauriges darin, wieder an dem Ort zu sein, wo ich so viele gesellige Abende verbracht und so viele anregende Gespräche über Kunst geführt hatte. Besonders über Musik, die wir beide liebten. Jetzt lag etwas Trostloses über allem, obwohl die Wohnung für einen anderen sicher nicht ohne Charme gewesen wäre. Das Einzimmer-Apartment bestand aus Wohnraum, Balkon, Küchenecke und Bad. Das einladende

Wohnzimmer war mit einem Schreibtisch, zwei Sesseln, einer Kommode und einem Bettsofa möbliert. Auch eine phantastische Stereoanlage stand da, sie war Haralds ganzer Stolz gewesen. Ich beschloß, zu Ehren meines lieben verstorbenen Freundes Mozarts Requiem aufzulegen.

Auf Haralds Bett sitzend, zündete ich mir eine Zigarette an, ein Laster, das wir gemeinsam hatten, aber unter Kontrolle zu halten versuchten, und lauschte der Musik. Wo sollte ich beginnen? Die Sachen eines toten Freundes zu ordnen, ist eine schmerzliche Angelegenheit. Während mein Blick durchs Zimmer schweifte, entdeckte ich den Bär, der, wie der Polizist es beschrieben hatte, in unmittelbarer Nähe des abscheulichen Heizkörpers lag. Haralds Bär. Ich wußte natürlich, daß er einen hatte. Ich kannte ihn noch von früher, als ich als Kind zum Tee in sein Elternhaus kam. Bruin, wie er ihn nannte, hatte immer einen Platz am Tisch gehabt. Er war eigentlich bei fast allen unseren Unternehmungen mit dabeigewesen ... nur als Zuschauer, versteht sich.

Jetzt lag er wie ein verwundeter Soldat auf dem Rükken. Er hatte nämlich einen Verband um den Kopf. Mir kam der absurde Gedanke, der Bär könnte zuerst gefallen sein und sich den Kopf aufgeschlagen haben und Harald könnte ihn verbunden haben. Nur hätte er ihn dann sicher nicht zurück auf den Boden gelegt. Je mehr ich über Haralds Unfall nachdachte, desto unsinniger fand ich die Vorstellung. Aber das lag wohl daran, daß ich einfach nicht akzeptieren konnte, daß Harald betrunken gewesen sein sollte.

Harald trank nicht! Als ich dann jedoch in der Wohnung herumlief, sah ich mit eigenen Augen den gegenteiligen Beweis. Auf dem Küchentisch stand eine leere Whiskyflasche ... eine andere mit einem kläglichen Rest stand auf dem Boden neben der Toilette, und ein schmutziges Whiskyglas lag umgekippt auf dem Teppich. Das war es also. Nach jahrelanger Abstinenz hatte Harald plötzlich die Kontrolle verloren. In einem Anfall von Depression? Das Merkwürdige war, daß er früher nie Whisky getrunken hatte. Damals in Cambridge war es immer Bacardi-Rum gewesen. Er hatte mir einmal erzählt, daß ihn ein alter Seebär darauf gebracht hatte, auf einem Segeltörn vor der Küste von Cornwall.

Nun, der Geschmack der Menschen ändert sich. Ich räumte die Wohnung ein wenig auf, und dann wollte ich mir noch den Schreibtisch vornehmen, obwohl mir der Gedanke, in Haralds Papieren herumzuwühlen, eigentlich zuwider war.

Trotzdem mußte es erledigt werden, und nachdem ich die erste Schublade geöffnet hatte, wußte ich, daß es nicht allzu schlimm werden würde. Alles war so ordentlich und sauber, wie es eben seiner Art entsprach. Rechnungen, die offensichtlich pünktlich bezahlt worden waren, und aufgehobene Quittungen, Büroklammern, Reißzwecken, Gummibänder usw. – alles in geeigneten Behältnissen. Als ich dann die Schublade herauszog, die Haralds Briefpapier enthielt, fand ich einen Brief an mich. Aus einem völlig unerklärlichen Grund hob ich den Kartondeckel der Briefpapierschachtel hoch. Und da lag er ... eigentlich kein richtiger Brief, nur ein paar Zeilen: «Lieber Alan, ruf mich bitte gleich an, wenn Du wieder da bist. Ich brauche Hilfe. Ich bin verzweifelt. Harald.»

Hilfe womit? Ich zerbrach mir den Kopf. Verzweifelt, weil er wieder zu trinken begonnen hatte? Aber Harald war ein standhaftes Mitglied der AA gewesen und hatte seit Jahren an ihren Treffen teilgenommen. An sie hätte er sich gewandt, nicht an mich, wenn er deswegen verzweifelt gewesen wäre. Und warum hatte er den Brief nicht abgeschickt? Umschläge und Briefmarken waren vorhanden. Und hätte er seine Meinung geändert, dann wäre doch der Brief im Papierkorb gelandet. Vielleicht war er nicht weitergekommen, weil er unterbrochen wurde. Bevor er den Umschlag beschriften konnte, hatte er Besuch gekriegt. Vielleicht hatte es an die Tür geklopft . . . und er tat, was wir alle in so einem Fall tun – wir machen den Deckel zu und schließen die Schublade.

«Wir werden es nie erfahren, nicht wahr, Bruin?» sagte ich zu dem Bär, dem einzigen, der mit mir im Zimmer war. Er sah mich mit seinen glänzenden braunen Augen an und sagte nichts. Bestimmt wußte er mehr als alle anderen.

Ein paar Tage später bekam ich Besuch von einer Miss Spencer. Sie hatte angerufen und gefragt, ob sie mich sprechen dürfe. Es habe mit Mr. Riley zu tun, sagte sie. Harald war Mr. Riley. Wie sich herausstellte, war sie das mausgraue Mädchen von der Beerdigung, und der zweite Eindruck war noch mausiger als der erste.

Wir tranken eine Tasse Tee und aßen ein Stück Marmorkuchen, Haralds Lieblingsgebäck, was deshalb angemessen schien. Miss Jennifer Spencer oder Miss Maus war erst zwei- oder dreiundzwanzig. Sie war klein und trug ein beiges Kostüm mit cremefarbener Bluse, beigen Strümpfen und braunen Pumps. Ihr hellbraunes Haar war zu einem Pagenkopf geschnitten, und sie hatte eine runde Brille auf. Sie war so offensichtlich schüchtern und ein bißchen verlegen, daß mir schnell klar war, es würde eine Weile dauern, bis das, was sie auf dem Herzen hatte, zur Sprache käme. Ich hoffte, daß es sich nicht um unerwiderte Liebe handelte.

Es kam ganz anders. Nachdem sie eine Weile vom Büro erzählt hatte, räusperte sie sich und sagte: «Ich glaube, Mr. Riley fürchtete sich vor etwas.»

«Etwas oder jemand?» fragte ich skeptisch.

«Jemand. Er glaubte, jemand sei hinter ihm her.»

«Hinter Harald? Warum denn?»

Miss Maus nippte an ihrem Tee. Dann entstand eine lange Pause, in der sie ein paar Kuchenkrümel vom Rock zupfte.

«Ich erzähle Ihnen lieber, was passiert ist, Mr. Hooper.»

«Bitte.» Ich füllte ihre Teetasse nach und reichte ihr den Zucker.

«Sie wissen, daß unsere Firma eine Zweigstelle in East Croydon hat?»

Ich wußte es nicht. Ich wußte, daß Harald für eine Reederei in der City von London arbeitete, so wie Harald gewußt hatte, daß ich Dozent für mittelalterliche Geschichte war, aber wir hatten selten über unsere Arbeit gesprochen. Um Zeit zu sparen, nickte ich.

«Also», fuhr Miss Maus fort, «Mr. Riley mußte von Zeit zu Zeit unser Büro dort aufsuchen, und als seine Stenotypistin bin ich meistens mitgefahren.»

«Ja?»

«Unser letzter Besuch fand vor ein paar Wochen statt. Wir waren abends nach unserer Rückkehr gerade aus dem Zug gestiegen, als Mr. Riley stehen blieb, um etwas aus seinem Aktenkoffer zu nehmen. Plötzlich sagte er: ‹O mein Gott, was hab ich denn jetzt bloß wieder gemacht, Jennifer?›»

«Und was hatte er gemacht?»

«Er hatte den falschen Aktenkoffer mitgenommen. Der Zug war so voll», fuhr Miss Maus fort, «mit Pendlern, wissen Sie. Wie Sardinen ... Mr. Riley hatte offenbar nicht aufgepaßt. Jedenfalls müsse er herausfinden, wem er gehöre, sagte er, und sehen, wer seinen habe. Ich fragte: ‹Soll ich das für Sie tun, Mr. Riley?›, aber er entgegnete, ich solle nach Hause gehen, er würde sich selbst drum kümmern. Danach schien alles schiefzulaufen.»

«Wieso?»

«Mr. Riley bekam seinen Aktenkoffer zwar zurück. Er kam per Taxi in sein Büro. Aber als ich ihn fragte, ob er den Eigentümer des anderen, den er aus Versehen mitgenommen hatte, ausfindig gemacht habe, sagte er: ‹Ja – und, bei Gott, ich wünschte, ich hätte das nicht getan.›» Miss Maus schwieg lange, während sie ein neues Stück Kuchen in winzige Stücke zerteilte.

«Hat er noch mehr erzählt?» fragte ich.

«Nein. Es schien, als wolle er nicht weiter darüber reden. Er war sogar ziemlich abweisend.»

«Und dann?»

«Zuerst fiel mir auf, daß er in der Mittagspause nicht mehr rausging. Mr. Riley aß sonst immer in einem kleinen Restaurant ein paar Straßen weiter. Italienisch . . . eine Menge Leute aus dem Büro gehen dort hin. Ich dachte . . . na ja, vielleicht macht er eine Diät oder was, obwohl er eigentlich schlank war, nicht wahr? Aber dann fing er an, sich komisch zu verhalten, und fragte mich, ob ich mal ans Fenster gehen könnte, um nachzusehen, ob jemand das Büro beobachte. ‹Aber warum sollte das jemand tun, Mr. Riley?› fragte ich. Und er sagte, es sei ihm schon jemand aufgefallen. Also bin ich natürlich ans Fenster gegangen, mehrmals am Tag. Schließlich hab ich ja für ihn gearbeitet, nicht wahr?»

«Und haben Sie jemanden gesehen?»

«Ja, ich glaube schon. Spät am Nachmittag, kurz vor Büroschluß. Ich dachte, ich hätte jemanden gesehen.»

«Der zum Büro hinaufblickte?»

«Na ja, der sich vor dem Gebäude herumdrückte. Als ich es Mr. Riley sagte, schaute er selbst schnell hinaus, und dann sagte er: ‹Das ist er, derselbe Typ, der mir nach Hause gefolgt ist. Und ich sag Ihnen was, Jennifer, es ist wegen dem verdammten Aktenkoffer!› Bevor er noch mehr sagen konnte, kam Mr. Hanson, das ist Mr. Rileys Vorgesetzter, herein und bat ihn in sein Büro, um was zu trinken und ein bißchen zu plaudern.»

Das war alles, was Miss Maus von dieser geheimnisvollen Affäre wußte, weil sie Harald nie wieder sah und auch niemanden herumlungern sah, als sie das Gebäude verließ. Am folgenden Tag erfuhr sie, daß Mr. Riley ein paar Tage frei nähme, weil es ihm nicht so gut ginge. Aus diesem Grund hatte er auch mit Mr. Hanson sprechen wollen.

«Glauben Sie, daß er Mr. Hanson vom vertauschten Koffer und dem Typ erzählt hat?»

«Wenn er es ihm erzählt hätte, hätte ich es höchstwahrscheinlich von Mr. Hansons Sekretärin erfahren.»

«Und als Sie schließlich von Mr. Rileys tragischem Tod hörten – haben Sie etwas gesagt?»

«Nein.»

«Warum nicht?»

Miss Maus setzte eine sture Miene auf. «Weil ich dachte, wenn Mr. Riley gewollt hätte, daß sie es erfahren, hätte er es ihnen selbst gesagt.»

Bravo, Miss Maus! Ich betrachtete sie mit neuem Respekt. «Das war sehr loyal von Ihnen, Miss Spencer.»

Offensichtlich war ich für diese vertraulichen Mitteilungen ausgewählt worden, weil ich nicht zum Büro gehörte und weil sie dort vielleicht auch gar nicht ernst genommen worden wäre. Ich dankte ihr und versuchte sie aufzumuntern.

«Es ist möglich, daß jemand Mr. Riley einschüchtern wollte», sagte ich. «Das soll vorkommen. Ich bin sicher, daß zwischen dieser Sache und seinem tragischen Unfall kein Zusammenhang besteht.» Das war überhaupt nicht das, was ich dachte, aber die Erleichterung auf ihrem Gesicht war die Lüge wert.

«Ist Ihnen übrigens aufgefallen», sagte ich, als ich sie

zur Tür begleitete, «daß Mr. Riley trank? Ich meine, hat er in seinem Schreibtisch eine Flasche Schnaps oder etwas Ähnliches aufbewahrt?»

«O nein», erwiderte Miss Maus. «Ich habe Mr. Riley immer nur Kaffee trinken sehen.»

«Was hältst denn du davon, Bruin?» fragte ich den Bär, als ich mich wieder in Haralds Wohnung aufhielt. «Sollen wir zur Polizei gehen?» Der Bär blickte mich mit seinem leicht grimmigen Gesichtsausdruck an. Er antwortete nicht, aber er reagierte ja nie auf das, was ich zu ihm sagte. Mit Harald hatte er sich wahrscheinlich in all den Jahren, in denen sie miteinander gelebt hatten, besser verstanden.

Während ich Haralds Bücher, Schallplatten und CDs in Kartons packte, dachte ich bei mir, daß die Polizei wahrscheinlich wenig Interesse an der Story mit dem Herumtreiber hätte. In London gab es überall Leute, die herumlungerten. Außerdem war Harald in ihren Augen ein Trinker und konnte deshalb auch rosa Mäuse, Elefanten oder geheimnisvolle Individuen gesehen haben, die sich auf dem Pflaster die Füße vertraten. Die Tatsache, daß Haralds Stenotypistin auch einen Mann gesehen hatte, würde keinen Unterschied machen. «Wahrscheinlich ein Blitzer, Sir», würden sie sagen, «der auf die jungen Büromädchen lauert.» Und die Sache mit dem Aktenkoffer? Ein ziemlich häufiges Vorkommnis in vollen Pendlerzügen. Der andere hat sich geärgert? Wer kann's ihm verdenken. Aber was ist mit dem Brief an mich? «Ich bin verzweifelt.» Verzweifelt, weil er mit dem Trinken aufhören wollte, wäre die Erklärung der Polizei. Ich mußte mehr erfahren, um Licht in diese Angelegenheit zu bringen. Ich setzte meine Aufräumarbeiten fort, suchte nach irgendeinem Hinweis, den Harald hinterlassen haben könnte ... aber bis jetzt – nichts.

Die meisten Möbel müßten versteigert werden, doch die Stereoanlage und die CD-Sammlung würde ich behalten, weil Harald es so gewollt hätte. Auch seine teure Kamera.

Es war ziemlich spät, als ich beschloß, für heute Schluß zu machen. Ich hatte einen anstrengenden Tag hinter mir und wollte nur noch schnell etwas essen, bevor ich zu Bett ging. Ich sagte Bruin gute Nacht und beschloß, einer plötzlichen Eingebung folgend, ihn mitzunehmen. Schließlich gehörte er jetzt mir, und ohne Harald mußte er sich doch einsam fühlen.

Ich stopfte ihn einfach in eine Plastiktüte, knipste das Licht aus, verschloß die Tür und ging. Ich wohnte nur wenige Straßen weiter, aber um mir das Kochen zu ersparen, beschloß ich, mir aus dem kleinen chinesischen Imbiß, bei dem Harald und ich gute Kunden waren, etwas mitzunehmen.

Es war eine ziemlich kühle Nacht und wenig Betrieb auf der Straße, aber ich merkte plötzlich, daß mir jemand folgte. Ich blieb abrupt stehen und gab vor, mich für die beleuchteten Schaufenster einer Herren-Boutique zu interessieren. Die Schritte hinter mir verstummten auch, und da wußte ich es mit Sicherheit . . . ich wurde verfolgt. Ich ging schneller, und die Schritte hinter mir wurden ebenfalls schneller. Ich blickte mich nicht um, schoß aber wie ein geölter Blitz zum Chinesen hinein. Ich gab meine Bestellung auf und bat den Besitzer, mit dem ich mich gut verstand, mir ein Taxi zu rufen. Ich wartete drinnen, bis es kam. Mein Essen und den Bär unterm Arm stieg ich ein. Es war niemand in der Nähe, und auf der kurzen Fahrt zu meinem Haus fragte ich mich, ob diese Sache mit Harald nicht vielleicht meine Phantasie beeinflußte. Ich vermißte ihn schrecklich.

In meinen eigenen vier Wänden fühlte ich mich wohler ... und noch wohler nach dem Essen. Ich nahm mir vor, die Mahlzeit erst ein bißchen zu verdauen, bevor ich zu Bett ging, machte mir eine Tasse Kakao, setzte mich in meinen Sessel und zündete mir eine Zigarette an.

Ich hätte mich auf die Vorlesung konzentrieren sollen, die ich am folgenden Morgen zu halten hatte ... statt dessen ging ich im Kopf noch einmal die Ereignisse durch, die zum Tod meines Freundes geführt hatten. Ich war völlig überzeugt, daß es kein Unfall gewesen war. Immer wieder mußte ich an die Bemerkung denken, die Harald zu Miss Maus gemacht hatte, als sie ihn fragte, ob er den Besitzer des Aktenkoffers gefunden habe. «Ja ... und, bei Gott, ich wünschte, ich hätte das nicht getan.» Die Antwort schien der Schlüssel zu dieser mysteriösen Geschichte zu sein.

Von diesem Augenblick an war Harald bei der Arbeit nervös und unruhig gewesen, hatte keine Mittagspause mehr gemacht und war überzeugt gewesen, daß ihm jemand folgte. Natürlich, wenn er wieder zum Alkohol gegriffen hätte, könnte man an Wahnvorstellungen denken, aber dafür hatte es im Büro keine Anzeichen gegeben, und außerdem war auch Miss Maus jemand aufgefallen, der sich «herumzudrücken» schien. Für all dies konnte es meiner Meinung nach nur eine Erklärung geben: In dem Aktenkoffer befand sich etwas Verdächtiges. Und als Harald den Besitzer suchte, wußte er, was es war – und damit hatte er sein eigenes Todesurteil unterschrieben!

Aber warum war er nicht zur Polizei gegangen? Weil er sich selbst schuldig gemacht hatte, indem er etwas genommen hatte, was ihm nicht gehörte, und etwas gesehen hatte, was nicht für seine Augen bestimmt war. Und Harald war keine «Petze». Ich weiß noch, wie er und ich in der Schule einen Jungen beim Abschreiben erwischt hatten. Ich wollte ihn gleich beim Direktor anschwärzen, aber Harald sagte: «Nein, er weiß, daß wir es wissen, das ist Strafe genug.» Er glaubte daran, daß man schlafende Hunde ruhen lassen und dem anderen immer noch eine Chance geben sollte.

Harald war ein Gentleman. Was immer er in diesem Aktenkoffer gefunden hatte, wäre – wenn es sich nicht gerade um eine Sache von nationaler Bedeutung gehandelt hätte – bei ihm sicher gewesen. Er hätte niemandem davon erzählt. Er hätte es nicht einmal mir erzählt, da bin ich ganz sicher.

Der Besitzer des Aktenkoffers und vielleicht auch andere interessierte Personen waren da jedoch nicht so sicher gewesen. Es mußten also Schritte unternommen werden ... Zuerst ein Anruf bei Harald. Eine verbindliche anonyme Stimme am Ende der Leitung. «Mr. Riley, was würden Sie zu einem netten neuen Nummernkonto in der Schweiz sagen?» Worauf Harald entschieden «nein, danke» erwidert hätte. Denn unter keinen Umständen hätte er sich von jemandem bestechen lassen. «Sie haben mein Wort als Gentleman», hätte Harald gesagt, «das muß Ihnen genügen.»

Aber für die betroffene Person, oder die Personen, hätte das Wort eines Gentleman nicht genügt. Es hätte ihnen nichts bedeutet, da sie wahrscheinlich Schurken oder Ganoven oder beides waren. Also wurden Befehle erteilt. Harald wurde verfolgt, und als die Gelegenheit günstig schien, wurden die Befehle ausgeführt ... möglicherweise am selben Abend, als Harald mir diesen Brief schrieb.

«Hat es an der Tür geklingelt?» fragte ich den Bär. «Oder öffnete sie sich lautlos ... wurde Harald überrumpelt?» ... «War es ein Mann oder waren es zwei?» Es müssen zwei gewesen sein, überlegte ich, da Bruin mich nicht aufklärte, und sie hatten den Whisky mitgebracht.

«Trinken wir doch was zusammen, Mr. Riley. Setzen Sie sich und nehmen Sie 'nen Schlummertrunk zu sich, bevor Sie ins Bett steigen.»

Und wenn er die Aufforderung ausschlug?

«Ich fürchte, wir bestehen darauf.»

Also trank Harald wohl oder übel ein Glas und noch eins, und noch eins und danach noch eins. Alle Gläservoll, die er in all den Jahren seiner Abstinenz nicht getrunken hatte. Aber es war kein Bacardi-Rum ... es war Whisky, den sie ihm in den Rachen schütteten, und wenn ein bißchen was danebenlief ... «macht nichts, wir haben noch eine Flasche.» – «Reicht's jetzt? Dann stehen wir doch mal auf – die Party ist vorbei. Stellen Sie sich da drüben hin, Mr. Riley, vor den Heizkörper, bitte schön. Wir zeigen Ihnen, wo ... nur ein paar Schritte nach links. Schon besser. Nur für eine Minute, Mr. Riley, dann können Sie sich hinlegen. Wir helfen Ihnen dabei ... gleich ist alles vorüber.» Und es war vorüber. Jeder ließ einen Arm los, und jeder umklammerte einen Fußknöchel. Mit einer einzigen raschen Bewegung holten sie Harald von den Beinen, und sein Kopf schlug beim Fallen hart gegen den Heizkörper.

Sie blieben noch eine Weile da ... falls er sich erheben sollte. Als sie ganz sicher waren, daß er nie wieder aufstehen würde, schmiß ihm einer den Bär hin, und dann gingen sie. Risiko ausgeschaltet!

«War es so, Bruin?» Ich bekam keine Antwort auf meine Frage. Der Bär lag still auf dem Rücken, ein Arm und eine Pfote hinterm Kopf, und sagte nichts. In all den Jahren mußte er Haralds Geheimnisse gehört haben ... all seine Sorgen und Wünsche. Ein aufmerksamer Zuhörer, der niemals einnickte, der nie seinen Senf dazugab, sich niemals stritt und nie widersprach. Für Harald mußte er der perfekte schweigsame Freund gewesen sein. Jetzt war er mein Freund.

Wie alt er wohl war? Vielleicht war er ein Steiff-Bär und sehr wertvoll? Ich würde mich trotzdem nicht von ihm trennen, aber es wäre interessant zu wissen. Dafür müßte man die Ohren untersuchen und nach dem Knopf schauen. «Und um das herauszufinden», sagte ich zu ihm, «müssen wir dir den Verband abnehmen.»

Vorsichtig wickelte ich das etwas angeschmutzte Stück Krepp ab und sah sofort, warum es angebracht worden war. Der Kopf des Bären war wie der eines Boxers ... ziemlich ramponiert ... und aus beiden Ohren fiel Stroh und Sägemehl. «Ich hoffe, daß ich dir nicht weh tue», sagte ich, «aber wenn wir deinen Stammbaum erforschen wollen, muß ich weitersuchen.» Vorsichtig steckte ich meinen Finger möglichst weit ins linke Ohr hinein ... mehr Stroh und Sägemehl ... sonst nichts. Aber im rechten Ohr stieß ich auf Widerstand ... und als ich weiterbohrte, spürte ich einen Gegenstand, der sich wie ein kleiner Zylinder anfühlte. Behutsam zog ich ihn raus. Ich sah gleich, mit Steiff hatte das nichts zu tun. Es war eine Filmspule.

Harald mag ein Gentleman gewesen sein – aber ein vorsichtiger. Er hatte fotografiert, was er im Aktenkoffer gefunden hatte, aber ganz sicher nicht mit der Absicht, es sich zunutze zu machen, sondern als eine Art Absicherung, falls die Dinge sich zum Schlechten wendeten ... was sie ja auch taten.

Ich überlegte mir: Der andere hatte erwartet, daß Harald fotografierte, was er im Aktenkoffer fand. Und daß er anschließend seinen Anteil einforderte. Das wäre ein Verhalten, das sie verstanden. Aber wenn Harald tatsächlich ihr Schweigegeld mit der Erklärung, ein Gentleman zu sein, abgelehnt hatte, so hätten sie sich doch sehr gewundert und ziemlich unbehaglich dabei gefühlt. Versuchte dieser Typ vielleicht, seinen Anteil zu erhöhen, indem er ihr eigenes Spiel spielte? Also, das wollten sie nicht riskieren!

Ich seufzte. Was das Drehbuch auch vorgesehen haben mochte – für Harald war es jedenfalls zu spät. Aber nicht für mich. Den Film würde ich gleich am nächsten Morgen entwickeln lassen. Wir würden sehen, was wir sehen würden. Geschäftsgeheimnisse? Ich kam ins Grübeln. Unsittliche Entblößung einer bekannten Persönlichkeit schien wahrscheinlicher. Es würde erklären, warum Harald nicht darüber reden wollte.

Nun, ich hatte die Originale nicht gesehen und kannte keine Skrupel. «Du behältst das für heute nacht, Bruin», sagte ich, steckte die Filmspule vorsichtig ins Ohr des Bären zurück und wickelte den Verband wieder um seinen Kopf. «Morgen gehen wir zur Polizei, und dann werden wir Harald rächen.»

Erst als ich auf die Uhr sah und feststellte, wie spät es schon war, merkte ich, daß ich hundemüde war. Es war höchste Zeit fürs Bett. Ich zog mich aus, putzte die Zähne und schlug die Decke zurück. Den Bär legte ich neben mein Kopfkissen. Ich schob die Vorhänge beiseite, knipste das Licht aus und blickte auf die Straße hinunter. Still wie auf einem Friedhof ... keine Menschenseele weit und breit ... kein Herumstreicher in Sicht. Halbwegs erleichtert kletterte ich ins Bett. Der blasse Schein der Straßenlaterne reichte aus, um die braunen Augen des Bären zu erkennen, der neben mir lag. «Gute Nacht, Bruin», sagte ich und schlief sofort ein.

War es zwei Uhr oder drei, als sie kamen ... meine ungeladenen Gäste? Kein Geräusch ... kein zerbrochenes Glas ... kein Splittern von Holz, absolut fachmännisch ... nur ein leichtes Klicken, als sie die Nachttischlampe anknipsten – und da standen sie, zwei Männer in

Regenmänteln und Lederhandschuhen, einer rechts, einer links neben dem Bett.

«Tut mir leid, Sie stören zu müssen, Mr. Hooper», sagte eine Stimme.

Ich setzte mich auf und sah, daß einer einen Revolver hatte.

«Ihr seid die Männer, die Harald Ripley ermordet haben!»

«Legen Sie sich hin, wir sind nicht hier, um uns miteinander bekanntzumachen.» Mit je einer Hand stießen sie mich aufs Kissen zurück. Ich zog die Decke hoch. Vielleicht sollte ich mich dumm stellen.

«Den linken Arm auf die Decke!»

«Wozu?»

Sie taten es für mich.

«Die Whiskytherapie auch für mich? Ich könnte einen Schluck vertragen.»

Sie lächelten beide. «Wir wiederholen uns nie», sagte der mit dem Revolver. Der andere zog eine Spritze aus der Regenmanteltasche.

Also das hatten sie mit mir vor. Aus mir sollte eine Überdosis werden – deprimiert über den Tod meines lieben Freundes.

«Ich weiß nichts», sagte ich, «auch wenn ich Harald Ripleys bester Freund war.»

«Mag schon sein, Mr. Hooper.» Der Mann mit der Spritze schob den Ärmel meines Pyjamas hoch. «Aber Sie sind das, was wir eine lockere Verbindung nennen. Wir gehen lieber auf Nummer Sicher.»

Ich versuchte, mich dagegen zu wehren, aber der andere drückte mich ins Kissen.

«Ich finde keine Vene», sagte der Mann mit der Spritze und schlug mir auf den Unterarm. «Ich muß mit irgend was abschnüren.»

Sein Blick fiel auf den Bär. Er nahm ihn auf und wikkelte den Verband ab. Sägemehl sickerte auf mein Kopfkissen.

«So wird's gehen.» Er wickelte den Stoff fest um meinen Arm, wogegen ich noch einmal vergeblich ankämpfte.

Der Mann mit der Spritze lächelte wie ein mitfühlender Zahnarzt. «Sie werden nichts spüren», sagte er und stach sie mir in die Vene, «gar keinen Schmerz, das verspreche ich Ihnen.»

Er zog die Spritze heraus und ließ sie zu Boden fallen.

Er hatte recht, was den Schmerz betraf. Es gab keinen . . . nur Benommenheit und das Gefühl zu schweben. Die Männer in den Regenmänteln verabschiedeten sich nicht, aber sie waren auf einmal nicht mehr da, und sie mußten die Nachttischlampe ausgeknipst haben, bevor sie gingen, weil das Zimmer sich verdunkelt hatte. Meine Augen funktionierten nicht mehr richtig, aber ich konnte Bruin noch tröstlich nahe neben mir liegen sehen. Mir schien, als blicke er jetzt gar nicht mehr so grimmig. Mitleid lag in seinem Ausdruck und die Spur einer Träne in den klaren braunen Augen. Ich wollte mit ihm reden, aber es kamen keine Worte. Ich war unglaublich müde und wußte, daß ich schnell einschlafen würde. Ich war eigentlich ganz zufrieden.

Bevor ich die Augen endgültig schloß, war mein letzter Gedanke: der Bär weiß alles. Er wahrt das Geheimnis, und eines Tages wird er uns rächen.

«Wer hat Doodum geteddynappt?»

ABIGAIL HARMAN

Theodor fiel um. Schon wieder.

Ich seufzte, kam hinter meinem Stativ hervor und half ihm auf. Nachdem ich ihn abgestaubt und genauso hingestellt hatte wie vorher, eilte ich zu meiner Nikon zurück, um abzudrücken. Gerade, als ich ihn perfekt im Bild hatte, rutschte er wieder. Langsam und majestätisch neigte er sich vor und fiel aufs Gesicht. Gereizt brüllte ich ihn an, was ihn aber überhaupt nicht rührte. Und bis ich ihn von neuem auf die Füße gestellt hatte, war die Sonne hinter einer Wolke verschwunden, und das Licht hatte sich völlig verändert.

Ich hatte ein paar Fotos von Theodor und Lucy im Garten machen wollen, bei natürlicher Beleuchtung und mit Pflanzen und Büschen als Hintergrund.

Ich sah Theodor finster an, weil ich aber eine Dame bin, verkniff ich es mir, das rücksichtslose Schw--- leise zu verfluchen. Er starrte mit arrogantem, nonchalanten Blick zurück, während Lucy wie immer leer in meine Richtung schaute. Ich schüttelte den Kopf, um meiner Frustration Luft zu machen. Es ist zum Wahnsinnigwerden, wenn Fotomodelle sich nicht benehmen können und wie diese beiden für die Probleme des Fotografen absolut kein Verständnis aufbringen.

Ich wartete eine Weile, und dann – gerade, als ich zum Haus zurückstapfen wollte – schob sich die Sonne hinter einer Wolke hervor. Ich konnte sehen, daß sie nicht lange draußen bleiben würde, und beugte mich schnell zum Sucher hinunter, stellte rasch die Blende ein, prüfte noch einmal die Schärfe und – sah, wie Theodor angesäuselt zur Seite rutschte und auf Lucy fiel. Beide rollten in hemmungsloser Umarmung ins Gras und landeten unter dem Lorbeerbusch.

Jetzt hatte ich genug; ich packte die Kamera und das Stativ und marschierte mit Theodor und Lucy unterm Arm zum Haus zurück.

Nein, Theodor ist kein versoffenes Fotomodell in Miniaturausgabe und Lucy nicht seine nichtsnutzige Freundin. Und es sind auch keine berufsmäßig nervenden Kindermodelle. Theodor und Lucy sind Teddybären, und wenn Sie glauben, es sei ein leichtes, sich mit dem Fotografieren von Teddys sein Brot zu verdienen, täuschen Sie sich gewaltig.

Teddys knipsen ist kein Honigschlecken.

Seit ungefähr zwölf Jahren verdiene ich mir meinen Lebensunterhalt als Berufsfotografin, und wie alle Professionellen kann ich über die Menschen, die ich fotografiert habe, unzählige Geschichten erzählen. Die meisten Fotografen empfinden für ihr Gegenüber eine Art Haß-Liebe, und komischerweise ist es mit Teddybären nicht anders.

Ich liebe Teddybären, habe sie immer geliebt, seit ich ein kleines Mädchen war. Sie sind weich und knuddelig, immer zum Schmusen da und stets bereit, sich unser Jammern und Stöhnen anzuhören. Ein Teddybär hat immer eine pelzige Schulter, an der man sich ausweinen kann. Sie unterbrechen einen nicht, sagen einem nicht, man solle sich gefälligst zusammenreißen, und bringen nie eine von diesen unausgegorenen, neunmalklugen Lösungen für all unsere Probleme an. Sie sind mitfühlend und still und verschwinden nie, um etwa den ganzen Tag lang Golf zu spielen. Aber es besteht überhaupt kein Zweifel, wenn es ums Fotografieren geht, können sie aufreizend, unbeholfen, unkooperativ und oft ganz einfach gemein sein. Genau wie Menschen.

Zu Beginn meiner Karriere habe ich Menschen fotografiert. Oder genauer gesagt: menschliche Teile.

Meinen ersten professionellen Job hatte ich als medizinische Fotografin in einer großen Universitätsklinik, wo die Chirurgen der bizarren Leidenschaft frönten, lebenswichtige Organe von Menschen herauszuschneiden und dann jemanden wie mich zu beauftragen, Bilder davon zu machen. Hunderte von Bildern, alle in Farbe und aus jedem denkbaren Winkel. Der Himmel weiß, warum.

Später war ich Kunstfotografin in einem Museum, wo ich unschätzbare Kunstwerke fotografierte. Bei diesem Job blinzelte und zuckte nicht das Motiv, sondern die Fotografin. Jedes Mal, wenn ich eine Ming-Vase hochheben mußte, deren Wert einer Summe entsprach, die mehr Nullen hatte als Bilder auf einem Film sind, begannen meine Handflächen zu schwitzen, und ich zitterte wie Espenlaub.

Mit diesem fotografischen Background standen meine Chancen gut, an einen eher ungewöhnlichen Job zu geraten. In Anbetracht meiner früheren Tätigkeit hätte man fast erwarten können, daß ich im British Museum landete und Mumien fotografierte. Doch ich bekam ein eigenes Atelier und knipse jetzt Teddys.

Dazu kam es, als ich mich selbständig machte und mich auf die Herstellung von Glückwunschkarten spezialisierte. Ich begann mit Schwarzweißfotos von Cambridge und den umliegenden Dörfern. Später knipste ich ländliche Szenen mit Lämmern und Pferden und alten landwirtschaftlichen Geräten. Die Karten waren beliebt. Eines Tages fiel mir der Teddybär einer Freundin auf, der sich in eine Ecke des Wohnzimmersofas kuschelte. Ein hübsches Kerlchen, das mich an Georgie erinnerte.

Georgie war mein Teddybär, als ich klein war, und ich liebte ihn über alles in der Welt. Er war etwa 35 cm groß und hatte bewegliche Beine und ziemlich lange Arme, die sich zum Bauch hin bogen, und ein drolliges, leicht eingedrücktes Gesicht. Sein Fell, das sandfarben war und sich rauh anfühlte, war an manchen Stellen von zu viel Liebe fast kahl. Er war nicht der bestaussehendste Bär der Welt, aber er hatte Charakter. Und er war mein Bär.

Tragischerweise verschwand Georgie am Tag, als mein Mann und ich in unser jetziges Haus zogen, und ward nie mehr gesehen. Irgendwo zwischen unserem alten Haus und dem neuen verschwand Georgie für immer aus meinem Leben. Es ist keine ungewöhnliche Geschichte, aber trotz allem eine traurige. Selbst nach all den Jahren vermisse ich ihn und frage mich manchmal, ob nicht irgendwo ein riesiges Lagerhaus der Umzugsfirmen voller Teddybären steht.

Als ich den Bär meiner Freundin betrachtete, fielen mir die Schwarzweißaufnahmen ein, die ich zum Ausgleich für das Knipsen von Nierensteinen und Dickdarmstükken von Georgie gemacht hatte. Ich erinnerte mich, wie ich es geschafft hatte, daß er auf fast jedem Bild anders aussah, und wie es mir gelungen war, daß Georgie bestimmte Stimmungen ausdrücken, verschiedene Dinge «sagen» konnte.

Ich fragte meine Freundin, ob ich ihren Teddy fotografieren und das Bild vielleicht auf einer meiner Glückwunschkarten verwenden dürfte.

Danach machte ich zwei Feststellungen. Erstens: Die Teddykarte wurde eine der beliebtesten. Die Leute schienen Teddybärfotos zu mögen. Zweitens: Als ich das Bild mit meinem «Modell» verglich, sah ich, wie viel vom «Charakter» des Teddys auf das Zelluloid gebannt war.

Ich hatte eine Schwarzweißaufnahme gemacht. Farbe eignet sich am besten für Ereignis- oder Landschaftsfotos. Deshalb sind Urlaubsfotos immer besser in Farbe. Schwarzweiß hält dagegen Eindrücke, Gefühle fest, hebt Abstufungen und Schatten von Licht und Dunkel hervor.

Teddybären sind Persönlichkeiten. Und Geschöpfe mit Launen. Unseren Launen. Immer wieder sind sie Empfänger unserer Gefühle – sie tanzen fröhlich in unseren Armen im Zimmer herum, wenn wir glücklich sind, saugen gelassen unsere Tränen in ihrem Fell auf, wenn wir traurig sind, wachen still über uns, wenn wir schlafen. Sie übernehmen unsere Launen und werden zu Persönlichkeiten, und als ich die Aufnahme vom Teddy meiner Freundin machte, entdeckte ich, daß die Schwarzweißfotografie das ideale Medium zum Einfangen des spezifischen Charakters der Teddybären ist.

Nachdem meine Teddykarten so großen Anklang fanden, «lieh» ich mir einen zottigen, abgewetzten Teddy aus; er gehört meinem Mann seit seiner Kindheit, und er nennt ihn Doodum. (Nein, fragen Sie nicht.) Obwohl mein Mann behauptet, er empfinde weder Interesse noch Zuneigung für dieses arme zerknitterte Wesen, stelle ich fest, daß Doodum in seinem Arbeitszimmer auf dem Regal über dem Computer einen Ehrenplatz einnimmt. Leider vergaß ich, meinem Mann zu sagen, daß ich mir Doodum auslieh. Als er entdeckte, daß der Bär weg war, konnte ich ihn nur mit Mühe daran hindern, die Polizei, Interpol, das Innenministerium und den Generalstabschef zu alarmieren. Jeder Polizist oder Regierungsbeamte, dem dieser in Panik geratene Ehemann mittleren Alters «jemand hat meinen Doodum geteddynappt» entgegengeschrien hätte, hätte ihn unverzüglich für eine lange lange Zeit in eine schön gepolsterte Zelle transportieren lassen. Erst nach ein paar doppelten Brandys und einer rührenden Wiederzusammenführung mit Doodum, den ich dann schließlich doch noch fotografieren durfte, konnte ich ihn beruhigen. Aus diesem Vorfall hätte ich einiges über die Einstellung der Menschen zu ihren Teddys, die man ihnen zum Fotografieren wegnimmt, lernen können.

Doodums Bild wurde nicht nur eine beliebte Glückwunschkarte, sondern ich stellte auch erneut fest, daß die Fotografie den verkommenen, liederlichen, aber höchst attraktiven Charakter des Bären richtig zur Geltung brachte.

Danach lieh ich mir für eine Serie von Bären-Fotos jede Menge Teddys von meiner Familie aus. Ich machte die Erfahrung, daß – wie bei den Menschen – nicht alle Bären fotogen sind. Zwar sahen manche in Fleisch und Blut – oder soll ich sagen «im Fell»? – gut aus, konnten ihre Ausstrahlung aber nicht auf das Zelluloid übertragen. Es handelte sich hier meist um die neueren Bären. Die heutigen Teddys, von denen viele in speziellen Teddybärläden verkauft werden, sind zwar sehr attraktiv, werden sie aber fotografiert, wirken sie flach und charakterlos. Die interessantesten und fotogensten Bären sind fast immer die älteren – die mit Geschichte.

Vielleicht haben ältere Bären eine ganz besondere Ausstrahlung. (Wie ältere Männer?) Oder liegt es vielleicht daran, daß sie von so vielen für eine so lange Zeit geliebt worden sind? Viele Teddys sind, seit sie neu waren, in der gleichen Familie geblieben und werden von Generation zu Generation weitergereicht, ziehen behütet von einem Haus zum nächsten, reisen mit ihren Besitzern zu den entferntesten Teilen des Globus und kriegen mit ihrem abgewetzten Fell, ihren schlecht wiederangenähten Armen und ihrer klumpigen Füllung unendlich viel Zärtlichkeit. Andere, wie jene, die bei einem Umzug verlorengehen, wechseln von einer Familie zu einer anderen, wo sie, wie ich mir gern ausmale, genauso geliebt und geknuddelt werden.

Wie dem auch sei – Teddybären speichern riesige Mengen an Liebe, während sie die Schläge erdulden, die das Leben austeilt, und stumm unsere Freuden und Leiden beobachten, die tagtäglich vor ihren Glasaugen vorbeiziehen. Diese älteren Teddys haben seit Jahrzehnten Trost und Freude bereitet. Sie sind Zeugen der Geschichte. Und das sieht man ihnen an. Es zeigt sich in ihren Gesichtern – manche sind fröhlich, manche klagend, manche traurig, manche komisch. Fast alle menschlichen Empfindungen lassen sich in einem Teddybärgesicht irgendwo wiederfinden und mit dem richtigen Licht und Arrangement aufs Bild bannen.

Allmählich, nach vielen Versuchen, habe ich ziemlich

gut gelernt, im voraus zu erkennen, welche Bären sich als Modelle eignen. Ich fand heraus, daß die wirklich fotogenen eine Minderheit darstellen und daß sie, weil sie älter sind, meist die teuersten und kostbarsten Bären sind. Meist – aber nicht immer. Einige meiner besten Bären wurden nach jahrelanger Einzelhaft auf staubigen Dachböden von Leuten gerettet, die vergessen hatten, daß sie existierten. Es ist ein schöner Gedanke, daß meine Arbeit zumindest ein Gutes hat: einige Teddybären sind so zurück ans Licht gebracht worden.

Der Mangel an guten, fotogenen Bären bedeutete jedoch, daß der Vorrat meiner Familie bald aufgebraucht war. Ich begann, enge Freunde und Nachbarn zu fragen, ob ich mir ihre Bären ausleihen durfte. Jeder half gerne aus, obwohl natürlich alle wußten, daß ich Bilder von ihren Teddys produzieren wollte, die sich als Glückwunschkarten verkaufen ließen. Sie fühlten sich geschmeichelt, daß ich ihre Bären so fotogen fand. Als es sich herumsprach, was ich machte, verlangte mir mein Job dann auch einiges Taktgefühl ab. Nachbarn und sogar vollkommen Fremde tauchten mit ihren Bären auf und fragten, ob ich sie fotografieren wollte. Manche Bären waren hinreißend, aber andere – also, was soll ich sagen? Niemand möchte hören, daß sein Teddy zu monströs, zu gebeutelt oder zu doof aussieht, um ein gutes Bild abzugeben. Es ist, als ob man einer Mutter sagt, ihr Kind sei häßlich. Meist kniff ich, machte rasch ein paar Aufnahmen und schenkte sie dem Besitzer. Eine teure Lösung, aber der Preis der Diplomatie war wohl schon immer hoch.

Wenn Fotografen Menschen aufnehmen und diese Bilder verkaufen wollen, zahlen sie normalerweise ein Honorar, oder sie bitten die Leute, die zufällig auf dem Foto erscheinen, ein Freigabeformular zu unterzeichnen. Damit erhält der Fotograf die Erlaubnis, die Abbildung der Person auf einem Foto zu verwenden, das verkauft werden könnte. Bis jetzt mußte ich noch keine «Bärenfreigabe» vorlegen. Die meisten Leute sind sehr entgegenkommend, wenn es darum geht, ihre Bären für einen «Schnappschuß» auszuleihen, doch es gibt auch ängstlich besorgte.

Nach dem Vorfall mit Doodum stieß ich erneut auf dieses Phänomen, als eine Nachbarin, von der ich mir einen süßen kleinen Horst geliehen hatte, mich am frühen Abend anrief mit der Bitte, ihr den Bär zurückzugeben. Ich erklärte, ich hätte ihn noch nicht fotografiert, worauf sie antwortete, ihr Bär könne «unmöglich die ganze Nacht über wegbleiben». Da sie so freundlich war, mir ihren Bär zu leihen, brachte ich ihn heim und holte ihn pflichtbewußt am nächsten Morgen wieder ab. Seine Besitzerin kam mit und sah nervös zu, wie ich ihn im Gewächshaus für ein paar Aufnahmen an einen Terrakottatopf lehnte.

Sie war nicht die einzige Besitzerin, die mich ängstlich beobachtete, während ich die Aufnahmen sorgfältig vorbereitete, den Bär in die richtige Stellung brachte und dann wie wild drauflos knipste. Eine war besonders ängstlich darauf bedacht, daß ihr Bär, den ich behalten wollte, bis das Licht für die Aufnahme, die mir vorschwebte, genau richtig war, nicht mit den anderen Bären in meiner Obhut in Berührung kam, «damit er sich nicht irgendwas einfängt».

Der schlimmste und peinlichste Vorfall – er rief in unserem Dorf einen mittelschweren Skandal hervor – geschah, als ich mir einen wunderschönen kleinen Bruin-Teddy auslieh. Da fast alle Bären, mit denen ich zu tun habe, entschieden «männlich» sind, freute ich mich, daß dieser «weiblich» war. Ich hob ihre Weiblichkeit noch hervor, indem ich an ihrem Fell in Ohrnähe eine Schleife befestigte und ihr einen kleinen Schleier übers Haupt stülpte, bevor ich ein paar Hochzeitsfotos machte, auf denen sie mit einem ziemlich gutaussehenden Steiffbären posierte. Sie waren das ideale Paar, und nach den Hochzeitsfotos kam mir die Idee, sie zusammen im Bett zu fotografieren. Nichts Obszönes oder Gewagtes, nur ein paar Schnappschüsse unschuldiger Zärtlichkeit. Ich wartete, bis die frühe Morgensonne in Streifen über die Steppdecke schien, glich dies mit etwas Zusatzlicht aus und machte ein paar herrliche Aufnahmen. Das schöne pelzige Paar lag Seite an Seite halb aufgerichtet in den Kissen, die Arme umeinander geschlungen. Es sah so wunderbar warm, kuschelig und unschuldig aus.

Mein erster Fehler war, daß ich die Bilder der Besitzerin der kleinen Bärenfrau zeigte. Sie war entsetzt. Sie hätte ihre Bärin nie weggegeben, sagte sie gekränkt, wenn sie gewußt hätte, daß sie unartig sein würde. Ich war bestürzt. Zum ersten Mal war jemand über eins meiner Bilder verärgert. Ich lief Gefahr, eine Freundin und gute Nachbarin zu verlieren. Der nächste Fehler war, daß ich es meinem Mann erzählte.

Mein Mann ist Schriftsteller und arbeitet wie ich zu Hause. Es klappt gut: das Haus ist groß genug, so daß wir nicht dauernd übereinander stolpern und uns stundenlang nicht begegnen. Er ist ein wunderbarer Mensch, und ich bin froh, ihn um mich zu haben. Nur macht er mich die meiste Zeit rasend. Wie die meisten Schriftsteller hat er ein feines Gespür für Worte und absolut keines für die gesellschaftlichen Feinheiten. Die Sache mit den Bären im Bett fand er zum Totlachen und sagte, ich sei der einzige Mensch auf der Welt, der Teddybären in Pandas verwandeln könne.

Ich hatte keine Ahnung, was er damit meinte. Er erklärte, ich hätte mich definitiv des «Pandering» schuldig gemacht, was im Englischen bedeutet, daß man bei einer unerlaubten sexuellen Handlung als Kuppler fungiert. Es galt einmal als schwerwiegendes Verbrechen, und in einigen Teilen Amerikas ist es das noch immer. (Verstehen Sie, was ich meine? So ein Quatschkopf ist mein Mann, daß er mitten in einer verzweifelt ernsten Krise einen solch ausgemachten Blödsinn zitiert.) Um alles noch schlimmer zu machen, erzählte er seinen Saufkumpanen, ich würde ein Bordell für Teddybären betreiben. In der Folge warfen mir die Nachbarn zum Teil sehr merkwürdige Blicke zu.

Die Angelegenheit wurde schließlich bereinigt, als die Besitzerin des Bärenmädchens erfuhr, daß der gutaussehende Steiff-Teddy, mit dem ihre Bärin im Bett fotografiert worden war, der Lady . . . gehörte, einem Mitglied des örtlichen Landadels. Das Wissen, daß ihre Bärin *in flagranti* mit einem Bär aus dem Adelsstande ertappt worden war, besänftigte sie etwas, obwohl es noch eine ganze Weile dauerte, bis sich unsere Beziehung normalisierte und sie mir die Kuppelei verzieh. Selbst jetzt noch, Monate nach diesem Vorfall, erzählt mein Mann unseren Dinnergästen amüsiert die Geschichte von den unartigen Teddybären, während ich es immer noch nicht über mich bringe, eine Karte mit diesem Bild zu machen.

Der Aufnahmeort, auch wenn es ein Bett ist, ist bei der Teddybär-Fotografie sehr wichtig, und ich versuche, meine Bären – für Innen- und Außenaufnahmen – an möglichst unterschiedlichen Orten zu fotografieren. Dies ist besonders wichtig geworden, seit ich für die Kartenfirma «Athena» viele verschiedene Glückwunschkarten mit Teddy-Sujets herstelle.

Ganz am Anfang fand ich zuerst den Bär und stellte dann das Bild zusammen. Jetzt bekomme ich einen Auftrag mit vorgegebenem Thema und muß den passenden

Bär finden – wie ein Produzent, der für einen Film den richtigen Schauspieler finden muß. Bären auf Glückwunschkarten müssen aufmerksam gucken und doch entspannt aussehen – so, als ob sie schwer arbeiteten, aber sicher seien, ihre gesteckten Ziele zu erreichen. Glückliche Bären passen für «Gut gemacht!»-Karten, während die traurigen sich gut für «Ich vermisse Dich!»-Karten eignen.

Erst wenn ich den passenden Bär gefunden habe, kann ich mich für den richtigen Standort entscheiden. Ich habe Teddybären an der Küste fotografiert, die einer Fähre nachwinken, und am Ende des Rollfelds eines Flughafens, wo sie den Jumbo-Jet verabschieden. Einige meiner Teddybärbilder wurden im Universitätsgelände von Cambridge oder im Botanischen Garten aufgenommen, andere in Herrschaftshäusern oder vor malerischen Kirchen. Viele Bilder mache ich noch immer zu Hause: in meinem Fotoatelier, im Garten und im Gewächshaus.

Außer einer Schleife, die ich einem Bär um den Hals oder ins Haar binde, bekommen die Teddys nichts weiter angezogen. Kleider verstecken den Bär und verhüllen seinen Charakter, genau das, was ich einzufangen versuche. Requisiten sind dagegen unerläßlich. Eine Brille oder Sonnenbrille, ein kleiner Hut, ein Blumensträußchen, ein paar Zentimeter Spitze als Brautschleier – das trägt zur Atmosphäre des Bildes und zum Charakter des Bären bei.

Ein etwas komplizierterer Auftrag war die Herstellung eines Bildes für einen «Glückwunsch zur bestandenen Fahrprüfung». Der Designer und ich suchten ewig nach einem Spielzeugauto, das groß genug war, damit zwei Teddybären darin Platz hatten. Schließlich fanden wir eins: ein Handwerker hatte es für seine Kinder gebaut, und es fuhr nicht mit Pedal-, sondern mit Batterie-Antrieb. Das Auto war phantastisch: es hatte hinten sogar einen «Notsitz», auf dem ein dritter Teddy sitzen konnte, und sah aus wie einer von diesen alten Bentleys.

Außer dem Auto brauchte ich noch ein paar Luftballons, L-Schilder, Blumen, eine altmodische Fahrerkappe und Autobrillen. Nachdem ich alle Requisiten und die drei Teddys ausgesucht hatte, beschloß ich, die Szene vor dem alten schmiedeeisernen Tor unweit unseres Hauses aufzunehmen. Da die Stromquelle nicht weit war, benutzte ich meine tragbaren Lampen, um die natürliche Beleuchtung zu verstärken.

Sieben Stunden lang arrangierte ich dann die Teddys im Auto und stellte sie in verschiedenen Posen immer wieder um. Ich machte insgesamt vierzig Aufnahmen. Eine wurde genommen.

Manchmal ist es schwierig, Teddybären in die Positur zu bringen, die ich haben möchte. Und da sie geliehen sind, muß ich sehr aufpassen, daß ihnen nichts passiert. Es kann Stunden dauern und eine Menge Geduld erfordern, bis die Teddys so sitzen oder stehen, wie ich es mir vorstelle – bis sie die Köpfe im genau richtigen Winkel halten, die Arme die richtige Stellung haben, die Schleifen ganz richtig gebunden sind. Um die beste Wirkung zu erzielen, muß ich zugegebenermaßen ihre Köpfe oder Arme manchmal mit Zwirn in die für das Foto nötige Stellung binden. Tesafilm ist auch ein nützliches und unschädliches Fixiermittel, gut sind auch Hafties, mit denen man Teddys prima still- und festhalten kann.

Damit habe ich schließlich auch Theodor gebändigt. Als ich ihn und Lucy endlich im Garten fotografierte, klebte ich ihm zwei Klumpen unter die Sohlen, damit er auf den Füßen blieb. Es wirkte Wunder, aber um sicherzugehen, daß er nicht in seine alten Tricks zurückfiel und im kritischen Augenblick umkippte, steckte ich außerdem ein Stöckchen hinter ihm in die Erde und klemmte es ihm unter den Hintern. Es funktionierte bestens. Theodor, die zurückhaltende Lucy brav an seiner Seite sitzend, stand groß und aufrecht da, ohne sich auch nur ein einziges Mal zu rühren.

Ich könnte schwören, daß dieses selbstgefällige hochnäsige Grinsen in seinem Gesicht wie weggewischt war.

Pu der Bär

A. A. Milne

Pu der Bär wird bums, bums, bums von Christoph Robin die Treppe heruntergeschleift. Soviel der kleine Bär weiß, kann man nur auf diese Art eine Treppe hinunterkommen. Aber manchmal scheint ihm, als ob es doch noch eine andere Möglichkeit gäbe, wenn er nur einen Augenblick zu bumsen aufhören und nachdenken könnte. Jedenfalls ist er endlich am Fuß der Treppe angelangt und bereit, euch vorgestellt zu werden:

Winnie der Pu.

Als ich seinen Namen zum ersten Mal hörte, fragte ich, ebenso wie ihr fragen werdet: «Aber ich habe ihn doch für einen Jungen gehalten?»

«Ich auch», erklärte Christoph Robin.

«Dann kannst du ihn nicht Winnie nennen. Winifred ist doch ein Mädchenname.»

«Das tu' ich ja auch nicht.»

«Aber du hast doch gesagt . . .»

«Er heißt Winnie *der* Pu. Weißt du denn nicht, was ‹der› bedeutet?» wandte Christoph Robin ein.

«Ja, natürlich weiß ich es», erwiderte ich schnell, «und ich hoffe, ihr habt es ebenfalls begriffen: Pu der Bär ist also Winnie der Pu.»

Manchmal spielt Winnie der Pu gerne, wenn er die Treppe heruntergekommen ist, mit andern, manchmal aber sitzt er behaglich vor dem Kaminfeuer und hört einer Geschichte zu. Heute abend . . .

«Wie ist es mit einer Geschichte?» fragte Christoph Robin.

«Was meinst du damit?» erkundigte ich mich.

«Würdest du so gut sein und Pu etwas erzählen?» forderte mich Christoph Robin auf.

«Das wäre schon möglich», antwortete ich. «Was für Geschichten hört er denn gerne?»

«Aus seinem Leben, er ist nun einmal ein sehr gescheiter Bär», erklärte Christoph.

«Ach so!»

«Würdest du also so gut sein und beginnen?»

«Ich will es versuchen», sagte ich zustimmend und begann meine Erzählung.

Vor langen, langen Zeiten, ungefähr am vorigen Freitag, wohnte Winnie der Pu unter dem Namen «Sanders» ganz allein in einem Wald.

«Was bedeutet das, ‹unter dem Namen›?» fragte Christoph Robin neugierig.

«Es bedeutet, daß der Name in goldenen Buchstaben über seiner Tür stand und er darunter wohnte.»

Eines Tages also, als Pu im Walde umherspazierte, kam er zu einer Lichtung. In der Mitte dieser Lichtung stand eine große Eiche, und vom Wipfel des Baumes hörte er lautes Summen. Winnie der Pu setzte sich am Fuße des Baumes nieder, stützte seinen Kopf in die Tatzen und begann nachzudenken.

Zuerst sagte er zu sich selbst: «Dieses Gesumme bedeutet gewiß etwas. Es gibt kein Geräusch, das immerfort summt, ohne eine bestimmte Bedeutung zu haben. Wenn man Summen hört, dann muß auch jemand summen. Das kann nur eine Biene sein.»

Er dachte lange Zeit nach und meinte: «Die Biene aber lebt doch ausschließlich, um Honig zu machen.»

Dann stand er auf und sagte zu sich: «Dieser Honig dient wohl nur dazu, von mir gegessen zu werden.» Daher begann Pu den Baum zu erklettern.

Er kletterte und kletterte und kletterte, und dabei sang er sich ein Liedchen vor:

Was es doch nicht alles gibt.
Seht, wie Pu den Honig liebt!
Sum, sum, sum,
ich wüßte gern, warum?

Dann kletterte er ein Stück höher ... und noch ein wenig höher ... und noch höher. Inzwischen hatte er sich ein neues Lied ausgedacht:

Wenn der Bär ein Bienchen wär',
was gäb' es da zu machen?

Er müßte niemals klettern mehr,
weil sein Nest am Boden wär!
Wie würde ich wohl lachen!

Inzwischen war Pu ziemlich müde geworden und hatte darum dieses zweite Liedchen vor sich hingebrummt.

Er befand sich indessen ganz oben auf dem Baum, doch wenn er noch auf diesen Zweig tritt . . . «Krach, knacks!» hörte man vom Wipfel herab.

«Hilfe!» rief Pu, als er drei Meter tiefer auf dem nächsten Ast Halt zu finden hoffte.

«Wenn ich nur nicht . . .», jammerte er, als er sechs Meter tiefer auf einen weiteren Zweig aufschlug.

«Ich wollte nämlich», wimmerte er, als er Hals über Kopf auf den übernächsten Ast, der sich volle zehn Meter tiefer befand, herunterkrachte, «ich wollte nämlich nur . . .»

«Natürlich war es ziemlich . . .», gab er kleinlaut zu, als er ungemein schnell durch weitere Zweige hindurchrutschte.

«Ich glaube», stellte er fest, als er sich vom letzten Zweig blaugeschlagen verabschiedete, sich dann noch dreimal um sich selbst drehte und schließlich in einem Ginsterbusch landete, «es kommt alles davon, daß man so gerne Honig nascht. Hilfe!» Pu krabbelte mühsam aus dem Buschwerk heraus, entfernte sich die Stacheln von der Schnauze und begann nachzudenken. Seine ersten Gedanken galten Christoph Robin.

«Bin ich es gewesen, an den du zuerst dachtest?» unterbrach Christoph Robin mit ehrfürchtiger Stimme die Erzählung.

«Ja, das bist du gewesen!» bestätigte Pu.

Christoph Robin sagte nichts mehr, aber seine Augen wurden größer und größer und sein Gesicht immer röter.

«Bitte, erzähle doch weiter!»

Winnie der Pu begab sich sogleich zu seinem Freunde Christoph Robin, der in einem andern Teil des Waldes hinter einer grünen Tür lebte.

«Guten Morgen, Christoph Robin», grüßte er beim Eintreten.

«Guten Morgen, Winnie der Pu», erwiderte dieser.

«Ich möchte wissen, ob du vielleicht zufällig so etwas Ähnliches wie einen Ballon hast?»

«Einen Ballon? Wozu brauchst du einen Ballon?» fragte Christoph Robin.

Winnie der Pu sah sich zunächst um, ob niemand horche, legte dann die Tatzen auf den Mund und flüsterte:

«Honig!»

«Bekommst du denn Honig mit einem Ballon?»

«Gewiß», nickte Pu. «Du warst gestern zu einer Kindergesellschaft bei deinem Freund Ferkel eingeladen, und dort hat es Luftballons gegeben. Du erhieltest einen großen grünen Ballon. Einer von Kaninchens Freunden oder Verwandten, der noch viel zu klein war, um überhaupt auf solche Kindergesellschaften zu gehen, bekam einen großen blauen Ballon und mußte ihn zurücklassen. So brachtest du den grünen und den blauen mit nach Hause.»

«Richtig, welchen möchtest du lieber haben?» fragte Christoph seinen Freund Pu.

Dieser stützte seinen Kopf in die Tatzen und dachte nach.

«Das ist eine schwierige Sache», antwortete er. «Wenn man sich Honig mit Hilfe eines Ballons verschaffen will, ist es die Hauptsache, daß die Bienen einen nicht bemerken. Nimmt man nun einen grünen Ballon, halten sie diesen vielleicht für Blätter und bemerken einen nicht; nimmt man dagegen einen blauen Ballon, sehen sie möglicherweise den Ballon für ein Stück Himmel an und bemerken einen auch nicht! Die Frage ist nur: Welcher von den beiden Ballons ist besser?»

«Werden die Bienen dich denn nicht unter dem Ballon entdecken?» erkundigte sich Christoph Robin.

«Vielleicht, vielleicht auch nicht», antwortete Winnie der Pu. «Bei Bienen kann man nie wissen», fügte er hinzu, überlegte dann einen Augenblick und sagte schließlich: «Ich will versuchen, wie eine kleine schwarze Wolke auszusehen, darauf werden sie gewiß hereinfallen.»

«Dann nimmst du besser den blauen Ballon», antwortete Christoph Robin, und damit war der Fall entschieden.

Sie gingen alle beide mit dem blauen Ballon fort. Christoph nahm für alle Fälle sein Schießgewehr mit, wie er es immer tut. Winnie der Pu lief zu einer Pfütze und rollte sich darin herum, bis er ganz schwarz aussah. Als Christoph den Ballon so groß wie nur möglich aufgeblasen hatte und er mit Pu gemeinsam die Schnur hielt, ließ Christoph den Bindfaden plötzlich los, Pu der Bär stieg langsam in die Lüfte hinauf, hielt dann in gleicher Höhe mit dem Baum, ungefähr sechs Meter weit von ihm entfernt.

«Hurra!» rief Christoph Robin.

«Fein was?» schrie Pu zu ihm hinunter. «Wie sehe ich aus?»

«Wie ein Bär, der sich an einem Ballon festhält», gab der Freund zurück.

«Was», fragte Pu ängstlich, «. . . nicht wie eine kleine schwarze Wolke am blauen Himmel sehe ich aus?»

«Nicht sehr ähnlich.»

«Nun, vielleicht sieht es von unten anders aus. Wie ich schon gesagt habe, bei Bienen kann man nie wissen, was sie denken.»

Es war ganz windstill, und kein Lüftchen brachte Pu näher an den Baum heran. Er blieb also stets an der gleichen

Stelle. Der Bär erspähte sogleich den Honig, er roch ihn auch, aber er kam leider nicht nahe genug an diesen köstlichen Leckerbissen heran. Nach einer Weile rief er hinunter:

«Christoph Robin!» schrie er laut.

«Hallo!»

«Ich glaube, die Bienen schöpfen Argwohn!»

«Was schöpfen sie?» erkundigte sich Christoph.

«Ich weiß nicht, aber ich glaube Argwohn!» meinte Pu.

«Vielleicht denken sie, daß du ihnen ihren Honig wegnehmen willst?»

«Kann sein, bei Bienen kann man nie wissen!»

Pu schwieg eine Weile, dann rief er wieder hinunter:

«Christoph Robin!»

«Ja?»

«Hast du vielleicht zu Hause einen Regenschirm?»

«Ich glaube.»

«Ach, könntest du ihn holen und mit ihm auf und ab gehen, dann hin und wieder zum Himmel hinaufsehen und rufen: ‹Ei, ei, ei, es sieht aber ganz nach Regen aus.› Du hilfst mir damit sicher, die Bienen zu täuschen, denn diese lieben Regen und Kälte nicht!»

Christoph lachte über den einfältigen Bären. Aber er sagte es nicht laut, denn er hatte ihn lieb. Dann lief Christoph nach Hause, um einen Regenschirm zu holen.

«Ach, da bist du ja wieder», rief Winnie der Pu hinunter, sobald Christoph Robin zurückgekehrt war. «Ich bekam schon Angst. Ich habe nämlich entdeckt, daß die Bienen jetzt wirklich einen Verdacht hegen.»

«Soll ich meinen Regenschirm aufspannen?» erkundigte sich Christoph Robin.

«Ja, aber warte einen Augenblick, wir müssen richtig und schlau handeln. Die wichtigste Biene, die man täuschen muß, ist die Bienenkönigin. Kannst du von unten feststellen, welche die Bienenkönigin ist?» wollte Pu wissen.

«Nein.»

«Schade! Nun, dann geh einfach mit deinem Regenschirm auf und ab und sage: ‹Ei, ei, es sieht gerade so aus, als ob es gleich regnen wollte.› Ich werde auch tun, was ich kann, und ein kleines Wolkenlied singen, eines, wie es vielleicht eine kleine Wolke singen würde . . . Los!»

Während Christoph auf und ab schritt und nach dem Himmel sah, als ob es regnen wollte, sang Winnie der Pu sein Lied:

Wie schön ist es, eine Wolke zu sein,
zu schweben über der Welt allein,
zu segeln dort, wo der Himmel blaut,
darum singt jede Wolke laut:

Wie schön ist es, eine Wolke zu sein,
zu fliegen ins Paradies hinein,
wenn die Sonne uns umschwärmt
und mit ihren Strahlen wärmt.

Doch die Bienen summten diesmal so mißtrauisch wie vorher. Ein paar verließen ihr Nest und flogen um die Wolke, als diese den zweiten Vers ihres Liedes begann. Eine andere Biene setzte sich für einen Augenblick der Wolke auf die Schnauze und flog dann wieder davon.

«Christoph – au! – Robin!» rief die Wolke.

«Ja?»

«Ich habe eben nachgedacht und bin zu einer sehr wichtigen Erkenntnis gekommen. Es sind die falschen Bienen.»

«Wirklich?» fragte Christoph erstaunt.

«Ja, die falsche Sorte. Ich glaube, diese machen gar keinen Honig.»

«Was du nicht sagst!»

«Ich glaube, es ist besser, wenn ich hinunterkomme.»

«Wie willst du das tun?» erkundigte sich Christoph Robin.

Darüber hatte Winnie der Pu nicht nachgedacht. Wenn er die Schnur losließ, würde er – plumps – hinunterfallen; doch diese Möglichkeit liebte er nicht. Er dachte also lange nach und brummte dann:

«Christoph Robin, du mußt mit deinem Gewehr ein Loch in den Ballon schießen. Hast du dein Gewehr bei dir?»

«Natürlich», antwortete dieser. «Aber wenn ich das tue, ist der Ballon kaputt.»

«Und wenn du es nicht tust», jammerte Pu, «muß ich den Ballon loslassen, und dann gehe ich kaputt.»

Als er das sagte, erkannte Christoph, wie es um seinen Freund stand. Christoph zielte sehr sorgfältig auf den Ballon und gab dann Feuer.

«Au!» rief Pu.

«Habe ich nicht getroffen?» fragte Christoph Robin bestürzt.

«Getroffen hast du schon», antwortete Pu, «aber nicht den Ballon.»

«Das tut mir leid», bedauerte Christoph, und dann hat er noch einmal geschossen. Diesmal traf er den Ballon, und die Luft strömte langsam aus. Winnie der Pu schwebte sachte auf die Erde hinunter.

Da er sich die ganze Zeit über an der Schnur des Ballons festgehalten hatte, waren seine Arme so steif, daß sie eine Zeitlang nach oben gerichtet blieben. Wenn eine Fliege sich auf seiner Schnauze niederließ, mußte er sie fortpusten. Ich glaube, deshalb wird er – aber ich weiß es nicht ganz genau – Pu genannt. Damit ist diese Geschichte zu Ende, aber es gibt noch eine andere.

«Über Pu und mich?» erkundigte sich Christoph.

«Ja und über Ferkel und Kaninchen und über euch alle. Erinnerst du dich nicht mehr daran?»

«Ich entsinne mich dunkel, aber wenn ich versuche, daran zu denken, vergesse ich den Anfang der Erzählung wieder.»

«Erinnerst du dich nicht mehr an den Tag, wo Pu und Ferkel versuchten, den Heffalump zu fangen?»

«Aber sie haben ihn doch nicht gefangen?» wandte Christoph ein.

«Nein.»

«Pu konnte es natürlich auch nicht, denn er besitzt zu wenig Geschick. Habe ich ihn eigentlich damals gefangen?»

«Das sollst du aus der nächsten Geschichte erfahren.»

Christoph nickte zustimmend und hörte aufmerksam zu.

«Ja, ich erinnere mich jetzt langsam», meinte Christoph, «nur Pu weiß die Sache nicht mehr, er hat ein auffallend schlechtes Gedächtnis, wie alle Tiere, darum hat er es besonders gern, wenn man ihm seine eigenen Erlebnisse immer wieder erzählt!»

Christoph Robin seufzte tief, ergriff seinen Bären beim Bein und ging zur Tür, Winnie den Pu hinter sich herschleifend. Dort drehte er sich um und fragte: «Kommst du zu mir, wenn ich bade?»

«Vielleicht», antwortete ich.

«Es tat dir doch nicht weh, als ich auf dich geschossen habe, nicht wahr, Pu?»

«Nein, nicht ein bißchen.»

Christoph nickte und ging hinaus. Einen Augenblick später hörte man, wie Winnie der Pu – bums, bums, bums – hinter Christoph her die Treppe hinaufpolterte und sich ins Badezimmer begab.

Tao Te Puh

Benjamin Hoff

«Was schreibst du da?» fragte Puh und kletterte auf den Schreibtisch.

«Das Tao Te Puh», erwiderte ich.

«*Was* für ein Puh?» staunte Puh und verschmierte ein Wort, das ich gerade geschrieben hatte.

«Das *Tao* von Puh», antwortete ich und piekste mit dem Bleistift nach seiner Tatze.

«Hört sich mehr wie das *Au!* von Puh an», sagte Puh.

«Ist es aber nicht», entgegnete ich kurz.

«Worüber ist es denn?» fragte Puh weiter, wobei er sich vorbeugte und noch ein Wort verschmierte.

«Darüber, wie man unter allen Umständen ruhig und vergnügt bleibt!» schrie ich.

«Hast du es gelesen?» fragte Puh.

Das war, nachdem wir im kleinen Kreis über die großen Weisen dieser Welt gesprochen hatten und jemand behauptete, sie wären alle aus dem Osten gekommen, woraufhin ich sagte, ein paar aber nicht, doch er hörte gar nicht wieder auf, genau wie dieser Satz, und gab überhaupt nicht acht, bis ich mich entschloß, etwas von der Weisheit des Westens vorzutragen, um zu beweisen, daß die Welt mehr als nur eine Halbkugel ist, und so las ich vor:

«Wenn du morgens aufwachst, Puh», sagte Ferkel schließlich, «was sagst du dann als erstes zu dir selbst?»

«Was gibt's zum Frühstück?» meinte Puh. «Und was sagst du, Ferkel?»

«Ich sage: Was mag wohl heute Aufregendes geschehen?»

Puh nickte gedankenvoll.

«Ist doch dasselbe», sagte er.

«Was ist das?» fragte der Zweifler Puh.

«Die Weisheit eines Taoisten aus dem Westen», erwiderte ich.

«Klingt wie etwas aus *Puh der Bär*», bemerkte er.

«Ganz richtig», sagte ich.

«Das handelt aber nicht vom Taoismus», fing er wieder an.

«Aber sicher», sagte ich.

«O nein», beharrte er.

«Was meinst du denn, wovon es handelt?» fragte ich ihn.

«Es handelt von diesem pummeligen kleinen Bären, der herumwandert, dumme Fragen stellt, Lieder erfindet und alle Arten von Abenteuern besteht, ohne je auch nur das Geringste dazuzulernen oder seinen einfältigen Frohsinn zu verlieren. Davon handelt es.»

«Ist doch dasselbe», sagte ich.

Eines Abends waren wir noch spät dabei, den Begriff Weisheit zu definieren, und gerade, als wir von alledem schläfrig wurden, ließ Puh die Bemerkung fallen, sein Verständnis für taoistische Prinzipien sei ihm von gewissen ehrwürdigen Ahnen überliefert worden.

«Wie wer zum Beispiel?» fragte ich ihn.

«Wie Puh Tao-tse, der berühmte chinesische Maler», antwortete Puh.

«Das ist *Wu* Tao-tse.»

«Und wie steht's mit Li Puh, dem berühmten taoistischen Dichter?» fragte Puh sachte.

«Du meinst Li *Po*», warf ich ein.

«Oh», ließ sich Puh vernehmen und sah dabei auf seine Füße hinunter.

Dann kam mir ein Gedanke. «Das ist im Grunde auch einerlei», sagte ich, «denn einer der wichtigsten taoistischen Grundsätze ist nach dir benannt.»

«Wirklich?» fragte Puh und blickte etwas hoffnungsvoller drein.

«Na klar – *P'u,* der unbehauene Klotz.»

«Hatte ich ganz vergessen», murmelte Puh.

Wir waren gerade dabei, uns über die Ode *An die Freude*, den Schlußchor aus Beethovens Neunter Symphonie, zu unterhalten.

«Eins meiner Lieblingsstücke», sagte Puh.

«Ganz meinerseits», stimmte ich zu.

«Meine Lieblingsstelle», fuhr Puh fort, «ist die, wo sie singen: «Hoch soll er leben!

Der Bär, er lebe hoch!»

«Aber –»

«Ein Hoch für einen Bären! Ein Hoch für einen Puh!»

«Aber sie singen doch –»

«Hoch! Der Bär, er lebe hoch!»

«Meine Lieblingsstelle», betonte Puh nochmals.

«Aber sie singen doch gar nicht ‹Hoch! Der Bär, er lebe hoch!› in der Ode *An die Freude*!» rief ich.

«Nicht?»

«Nein.»

«Warum denn nicht?»

«Nun, vermutlich haben sie nicht daran *gedacht*.»

«Sie haben *was*?»

«Weder Ludwig van Beethoven noch der Mann, der den Text von *An die Freude* geschrieben hat, haben irgend etwas von Bären hineingebracht.»

«Oh. Ich muß wohl an Ludwig van Bärhoven gedacht haben.»

«Puh, es gibt keinen Ludwig van Bärhoven. Du hast das Lied selbst gemacht.»

«Habe ich das?»

«Allerdings.»

«Oh, also *da* habe ich es schon gehört», sagte Puh.

Das Picknick

William Trevor

«Ich kann es einfach nicht glauben», sagte Edwin. «Erwachsene Menschen?»

«Ja, jetzt erwachsen, Liebling. Wir waren ja nicht immer erwachsen.»

«Aber Teddybären, Dorothea?»

«Ich hab's dir sicher schon ein dutzendmal erzählt.»

Edwin schüttelte den Kopf und sah seine Frau stirnrunzelnd an. Sie waren seit sechs Monaten verheiratet. Er war neunundzwanzig und machte als Börsenmakler Karriere. Dorothea war sechsundzwanzig und wollte als Sekretärin weiterarbeiten, bis sich ein Kind anmeldete. Sie wohnten in Wimbledon, in einem Appartementhaus, das sich *The Zodiac* nannte.

«Ich sag dir eins», drohte Edwin, «ich werde ganz bestimmt nicht dabei sein.»

«Aber Liebling –»

«Ach, sei doch nicht so albern, Dorothea.»

Edwins Mutter hatte Dorothea «ein hübsches kleines Ding» genannt und damit für jene, die es heraushören wollten, einen gewissen Vorbehalt mitschwingen lassen. Edwin selber hatte sie ihre Meinung in einem Gespräch unter vier Augen, das sie führten, nachdem er erklärt hatte, daß er und Dorothea heiraten wollten, offen kundgetan. «Denk dran, mein Lieber», so hatte sich Mrs. Chalm damals ausgedrückt, «sie wird nicht immer ein hübsches kleines Ding bleiben. Dies ist wirklich kein sehr vernünftiger Entschluß, Edwin.»

Mrs. Chalm war als eine Frau bekannt, die nicht um den heißen Brei herumredete, wenn es um das Leben ihrer Kinder ging. Da wurde nicht lange gefackelt, was sie oft genug betonte. Ihr Mann dagegen hielt sich aus allem raus.

Trotzdem hatten Edwin und Dorothea schließlich an einem Dienstagnachmittag im Dezember geheiratet, und Mrs. Chalm beschloß, das Beste daraus zu machen. Sie gab Dorothea für dies und jenes gute Ratschläge und schenkte ihr Topfpflanzen für ihr neues Heim. Hätte Dorothea von den Zweifeln ihrer Schwiegermutter erfahren, wäre sie sehr überrascht gewesen.

«Aber wir haben es doch immer gemacht, Edwin. Wir alle.»

«Wer denn ‹alle› – zum Kuckuck?»

«Na, Angela jedenfalls. Und Holly und Jeremy natürlich.»

«Jeremy? Mein Gott!»

«Und Peter. Und Edith und Charlotte und Harriet.»

«Davon hast du mir noch nie ein Wort gesagt, Dorothea.»

«Aber ich bin ganz sicher, daß ich dir davon erzählt habe.»

Das Wohnzimmer, in dem dieses Streitgespräch stattfand, hatte ein einziges riesiges Fenster, von dem aus man in der Ferne den Wimbledon Court sehen konnte. Die Wände waren mit rostfarbenen Tapeten bespannt, auch der Teppich war rostfarben. Die jungen Chalms waren noch nicht vollständig eingerichtet – was da war, entsprach dem Stil der Zodiac-Architektur: Stahlrohr und Glas. Ein einziges Bild hing an der Wand, ein Distelfeld, das sich bei näherer Betrachtung als Foto erwies. Alkoholische Getränke standen auf einem Glastisch. Die bunten Etiketten belebten diese Ecke. Was Dekoration und Mobiliar betraf, war es das, wofür sich Jungverheiratete entschieden, die ihren eigenen Stil noch nicht gefunden hatten.

«Du willst mir erzählen, daß ihr alle bei einem Picknick mit euren Teddys herumsitzt?» sagte Edwin. «Und mit achtzig macht ihr's dann auch noch?»

«Was meinst du mit achtzig?»

«Wenn ihr achtzig seid, verflixt noch mal. Du willst mir also erzählen, daß ihr immer noch in diesen Garten gehen werdet, wenn ihr alt und schwerhörig seid, eine Seniorengruppe, die mit ihren Teddybären im Gras hockt?»

«Davon habe ich nichts gesagt – wenn wir alt sind.»

«Du hast von einer Tradition geredet!»

Er goß sich Whisky ins Glas und spritzte aus einem Siphon Soda dazu. Normalerweise hätte er seiner Frau einen Gin mit trockenem Wermut eingeschenkt, aber an diesem Abend war er zu wütend, um sich die Mühe zu machen. Er hatte einen anstrengenden Tag hinter sich. Im Büro war mit den Aktien, die ein Kunde kaufen wollte, ein Fehler passiert, und er war nicht zum Essen gekommen, und als diese Sache geklärt war, hatte sich bereits die nächste Krise angekündigt, bei der es um Zuckerspekulationen ging. Es war schon fast acht, als er im *Zodiac* eintraf, und Dorothea hatte am Telefon gesessen und mit ihrer Freundin Angela über Teddybären gequasselt, statt für ihn zu kochen.

Edwin war ein aufgeweckter junger Mann mit kurzem blonden Haar und einem Gesicht, das etwas von einem Windhund hatte. Er war vital und athletisch, Spitze auf dem Tennisplatz, spielte gern Squash und seit kurzem auch Golf. Seine Mutter hatte einmal gesagt, daß Edwin ein schlechter Verlierer sei und vor nichts zurückschrecke, um zu gewinnen. Auch zu ihrem Mann hatte sie gesagt, sie hoffe, diese Eigenschaft würde nicht irgendwann einmal zu Schwierigkeiten führen, aber ihr Mann hatte erwidert, daß es wahrscheinlich genau das sei, was ein Börsenmakler brauche. Mrs. Chalm hatte eher an persönliche Beziehungen gedacht, wo man auch lernen mußte zu verlieren. Das war es ja, worauf sich ihre Zweifel bezogen hatten. Daß Dorothea ein hübsches kleines Ding war, war es nicht allein – es war die Kombination von beidem, die sie beunruhigte.

«Zufällig habe ich noch nicht einmal zu Mittag gegessen», sagte Edwin jetzt bissig. «Ich habe einen langen unangenehmen Tag hinter mir, und ich komme nach Hause –»

«Es tut mir leid, Schatz.»

Dorothea erhob sich sofort vom Sofa und ging in die Küche, wo sie aus einer Tüte zwei Schweinekoteletts nahm und unter den Grill des Elektroherds legte. Außerdem holte sie eine Packung gefrorenen Brokkoli aus der Tiefkühltruhe und zwei Schokoladeneis zum Dessert. Beim Briefetippen am Nachmittag hatte sie sich vorgenommen, zu den Koteletts und dem Brokkoli zur Abwechslung Bratnudeln zu servieren. Vor einer Woche hatten sie in dem neuen mexikanischen Restaurant, das sie entdeckt hatten, Bratnudeln gegessen, und Edwin hatte gesagt, sie schmeckten vorzüglich.

Sie stellte Wasser für den Brokkoli auf, obwohl die Koteletts noch eine Weile dauern würden. Sie goß Öl in eine Pfanne für die Nudeln und hoffte, daß es die richtige Methode war. Sie konnte nicht verstehen, warum Edwin, nur weil Angela angerufen hatte, so ein Theater machte, und schob es auf seinen leeren Magen.

Im Wohnzimmer stand Edwin an dem riesigen Fenster und betrachtete die Baumspitzen des Parks in der Ferne. Sie mußte mindestens anderthalb Stunden mit Angela telefoniert haben, wahrscheinlich länger. Er hatte versucht, sie anzurufen und zu sagen, daß er später käme, aber es war immer besetzt gewesen. Er dachte angestrengt nach, ging in Gedanken die drei Jahre durch, die er Dorothea kannte, aber daß ein Teddybär-Picknick erwähnt worden wäre, daran konnte er sich nicht erinnern. Er hatte ganz fest behauptet, sie habe es nie erwähnt, aber er hatte es im Zorn gesagt, nur um seinen Standpunkt klarzustellen. Als er sich nun die vielen Gespräche ins Gedächtnis zurückrief, merkte er, daß er recht gehabt hatte, und frohlockte. Natürlich hätte er sich an so eine Sache erinnert, jeder Mann hätte sich daran erinnert.

Weit unten bog ein Auto in den großen Hof ein, ein Rover, wie es schien, in einem dezenten Grün. Nicht mehr lang, und sie würden selbst einen Rover fahren, auch wenn die Kinder, die sie sich erhofften, bald eintreffen würden. Edwin hatte nichts dagegen gehabt, daß Dorothea nach der Hochzeit weiterarbeitete, aber ihr Familienleben würde natürlich viel geordneter werden, wenn sie zu Hause blieb. Irgendwann würden sie in ein Haus mit Garten ziehen, weil Dorothea sich das sicher wünschte, und er hatte nicht die Absicht, dagegen zu sein.

«Und noch was», sagte er und ging vom Fenster zur Küchentür. «Wieso habt ihr in all den Jahren, seit wir uns kennen, kein Treffen veranstaltet? Wenn es eine jährliche Sache ist –»

«Es ist keine jährliche Sache, Edwin. Wir hatten seit 1975 kein Picknick mehr, und davor hatten wir es 1971. Wir machen es nur, wenn jemand Lust dazu hat. Es soll ja nur ein bißchen Spaß sein, Liebling.»

«Sich mit Teddybären hinsetzen, nennst du ein bißchen Spaß? Erwachsene?»

«Ich wünschte, du würdest nicht dauernd auf dem Erwachsensein herumreiten. Ich weiß, daß wir erwachsen sind. Das ist es ja gerade. Als wir klein waren, schworen wir uns –»

«Lieber Gott!»

Er drehte sich um und goß sich noch einen Drink ein. Sie hatte es nie erwähnt, weil sie wußte, daß es albern war. Sie schämte sich, und sie würde es begreifen, wenn sie ein bißchen reifer wurde.

«Du weißt, ich habe Binky», sagte sie und folgte ihm zu den Flaschen, wo sie sich Gin eingoß. «Ich habe dir schon hundertmal erzählt, daß ich ihn überall mit hinnahm. Wenn du ihn im Schlafzimmer nicht magst, leg ich ihn weg. Ich wußte nicht, daß du ihn nicht magst.»

«Das habe ich nicht gesagt, Dorothea. Du redest von etwas ganz anderem. Das ist privat. Ich meine, es ist dein Teddybär, und du hast mir erzählt, wie gern du ihn gehabt hast. Das ist etwas ganz anderes, als sich mit einem Haufen Idioten hinzusetzen –»

«Es sind keine Idioten, Edwin.»

«Es kommt mir aber so vor. Willst du mir vielleicht erzählen, daß Jeremy und Peter mit ihren Teddybären unterm Arm daherkommen, sich ins Gras setzen und dann so tun, als ob sie sie mit Kekskrümeln füttern? Jeremy ist Arzt!»

«Es wird sich niemand ins Gras setzen, weil das Gras wahrscheinlich feucht ist. Das letzte Mal haben alle Dekken mitgebracht. Es ist eigentlich mehr wegen dem Garten, weißt du. Es ist wahrscheinlich der schönste Garten in South Bucks, und dann sind da ja auch noch die Ainley-Foxletons. Sie mögen das doch so sehr.»

In diesem Garten war er sogar schon gewesen, und die Ainley-Foxletons hatte er auch schon kennengelernt. An einem Samstagnachmittag, als sie noch verlobt waren, hatten sie auf dem Rasen Tee getrunken. Goldregen und Ginster blühten, überall Massen von Gelb. Ganz nette alte Leutchen, diese Ainley-Foxletons – aber keiner von beiden hatte etwas von einem Teddybär-Picknick erwähnt.

«Ich glaube, sie hat davon gesprochen», behauptete Dorothea leise. «Ich erinnere mich, weil ich sagte, es sei noch gar nicht so lange her seit dem letzten Mal. Es war, glaube ich, vor achtzehn Monaten, als ich dich zu ihnen mitnahm? 1975 war dann noch nicht so lange her, und sie sagte, es komme ihr wie Äonen vor. Ich erinnere mich, daß sie es gesagt hat, ich erinnere mich an ‹Äonen› und daß ich dachte, wie typisch für sie, ein Wort zu brauchen, das heute keiner mehr benutzt.»

«Und es ist dir überhaupt nicht eingefallen, mir den berühmten Picknickplatz zu zeigen? Stundenlang sind wir im Garten herumgelaufen, und trotzdem bist du nie auf den Gedanken gekommen –»

«Wir sind nicht stundenlang herumgelaufen. Es tut mir leid, daß du dich gelangweilt hast, Edwin.»

«Ich habe nicht gesagt, daß ich mich gelangweilt habe.»

«Ich weiß, daß die Ainley-Foxletons nicht mehr so gut hören und daß einem das auf die Nerven geht, aber du sagtest, du wolltest sie gern kennenlernen –»

«Das habe ich nie gesagt. Du hattest mir ständig von diesen Leuten vorgeschwärmt, auch von ihrem Haus und ihrem Garten, aber ich kann dir versichern, ich habe mich nicht darum gerissen, sie kennenzulernen. Tatsächlich hätte ich an diesem Nachmittag lieber Tennis gespielt.»

«Das hast du damals nicht gesagt.»

«Natürlich nicht.»

«Eben.»

«Was ich dir klarzumachen versuche, ist, daß wir im Garten herumgelaufen sind, obwohl es zu regnen begann. Und nicht ein einziges Mal hast du gesagt: ‹Hier haben wir immer unser berühmtes Teddybär-Picknick abgehalten.›»

«Ich bin eigentlich sicher, daß ich es gesagt habe. Und berühmt ist es nicht. Ich wünschte, du würdest nicht dauernd sagen, daß es berühmt ist.»

Dorothea goß sich mehr Gin ein und fügte die gleiche Menge trockenen Wermut hinzu. Sie fand es ungehörig von Edwin, so im Zimmer herumzustolzieren, nur weil er einen schlechten Tag gehabt hatte, und sich selbst Drinks zu machen und ihr keinen einzuschenken. Wenn er die armen alten Ainley-Foxletons nicht mochte, hätte er es sagen können. Wenn er lieber Tennis gespielt hätte, hätte er auch das sagen können.

«Wie dem auch sei», sagte Edwin jetzt ziemlich herablassend, wie Dorothea fand, «ich habe nicht die Absicht, an diesem Unfug teilzunehmen.»

«Aber alle Ehemänner machen mit, und die Frauen auch. Es ist doch nur ein Spaß, Liebling.»

«Ach, hör doch auf mit deinem Spaß! Du redest wie ein Schwachkopf. Und in der Küche riecht was.»

«Das finde ich nicht sehr nett, Edwin. Ich verstehe nicht, warum du mich einen Schwachkopf nennst.»

«Jetzt hör mal zu – ich habe einen äußerst unangenehmen Tag hinter mir –»

«Ach, laß mich mit deinem blöden Tag in Frieden.»

Sie nahm ihr Glas mit in die Küche und holte die Koteletts vom Herd. Sie sahen ziemlich schwarz aus, und das geschah ihm ganz recht – sie so aufzuregen! Warum in aller Welt mußte er so ein Theater machen? Warum konnte er nicht wie die anderen sein? Es war doch ein Vergnügen – mußte man alles so ernst nehmen? Ein einziger Sonntagnachmittag, an dem sie sowieso nichts unternahmen. Sie ließ eine Handvoll Nudeln ins heiße Öl gleiten und dann noch eine.

Im Wohnzimmer klingelte das Telefon, gerade als Edwin sich wieder Soda ins Glas spritzte. «Ja?» sagte er, und Angelas Stimme zwitscherte in der Leitung. Sie sagte, sie wolle Dorothea nicht stören, aber der Tag sei jetzt fest abgemacht – der 17. Juni. «Ehrlich, du wirst dich königlich amüsieren, Edwin.»

«Ja, schön, ich sag ihr Bescheid», erwiderte er so kühl er konnte und legte grußlos auf. Er hatte Angela und ihr gönnerhaftes Getue noch nie leiden können.

Dorothea wußte, daß es Angela war, und sie wußte, daß sie Edwin das Datum nannte, das sie mit Charlotte und Peter vereinbart hatte, die sich wegen des ersten, von Jeremy vorgeschlagenen Termins, nicht einig werden konnten. Angela hatte gesagt, sie würde mit dieser Auskunft zurückrufen, aber als sich die Chalms an den Tisch setzten, um ihre Koteletts, ihren Brokkoli und ihre Nudeln zu verspeisen, hatte Edwin noch nichts erwähnt.

«Was ist denn das?» sagte er und stocherte mit der Gabel an einer braunen Nudel und dann an seinem verbrannten Kotelett herum.

«Die kleinen Dinger sind gebratene Nudeln, die dir neulich so gut geschmeckt haben. Das größere Ding ist ein Schweinekotelett, das nicht verkohlt wäre, wenn du keinen Streit angefangen hättest.»

«Ach, um Himmels willen!»

Er schob seinen Stuhl zurück und stand auf. Er ging ins Wohnzimmer zurück, und Dorothea hörte das Spritzgeräusch des Soda-Siphons. Sie erhob sich ebenfalls, folgte ihm ins Wohnzimmer und goß sich selbst noch einen Gin mit Wermut ein. Keiner sagte ein Wort. Dorothea ging in die Küche zurück und aß ihren Brokkoli. Aus dem Wohnzimmer war der Fernseher zu hören. «Hör zu, Alter, gibst du dem Typ nun die Knete oder nicht?» schrie eine Stimme. «Okay, ich geb ihm die Knete», schrie eine zweite.

Sie hatten sich schon öfters gestritten, völlig grundlos in den Flitterwochen in Griechenland. Sie hatten sich gestritten, weil sie die Zündung im Auto angelassen hatte und die Batterie dann leer war. Sie hatten sich kurz vor Weihnachten wegen Ediths langweiliger Party gestritten. Der augenblickliche Streit war wieder so eine Sache. Dorothea wußte, Edwin würde sich hinsetzen und schmollen, sie würde das Geschirr abwaschen und sich elend fühlen, und das Kotelett und den Brokkoli würde er essen, wenn alles kalt war. Daß er die Nudeln nicht mochte, konnte sie ihm nicht verdenken. Sie hatte wohl doch etwas falsch gemacht. Dann dachte sie: Was, wenn er nicht mitkommt? Was, wenn er so stur bleibt? Das wäre ihm zuzutrauen. Alle würden Bescheid wissen. «Wo ist Edwin?» würden sie fragen, und sie würde ihnen eine Lüge erzählen, und alle würden wissen, daß es eine Lüge war – und alle würden wissen, daß es mit ihnen nicht klappte.

Nach nur sechs Monaten, würden alle sagen, macht er einen kleinen Spaß nicht mit.

Aber zu Dorotheas Erleichterung kam es anders. Später am Abend aß Edwin die kalten Schweinekoteletts. Er aß sie mit den Fingern, weil die Gabel nicht durchging. Er aß auch den kalten Brokkoli, aber die Nudeln ließ er stehen. Sie machte ihm Tee und gab ihm ein Stück Blätterteiggebäck, und am Morgen sagte er, daß es ihm leid tue.

«Also, wenn es geht – das wäre herrlich», sagte Dorothea am Telefon im Büro. Sie hatte ihrer Mutter erzählt, daß es wieder ein Teddybär-Picknick geben würde, Angela und Jeremy hätten es hauptsächlich arrangiert, und die Ainley-Foxletons würden sich natürlich riesig freuen, es wäre ja vielleicht ihr letztes.

«Mein Liebes, ihr seid natürlich immer willkommen.» Die Stimme von Dorotheas Mutter kam die ganze Strecke von South Bucks, aus dem Dorf, wo Haus und Garten der Ainley-Foxletons standen, wo Dorothea und Angela, Jeremy, Charlotte, Harriet, Edith, Peter und Holly Kinder gewesen waren. Sie hatten verabredet, daß Edwin und Dorothea das Wochenende vom 17. Juni mit Dorotheas Eltern verbringen würden, und ihre Mutter hatte sogar versprochen, Edwin zuliebe am Samstag ein bißchen Tennis einzuplanen. Dorothea selbst spielte nicht besonders gut.

«Danke, Mami», konnte Dorothea gerade noch anfügen, als ihr Chef von der Mittagspause kam.

«Nein, wir bleiben das ganze Wochenende», informierte Edwin seine Mutter. «Dorothea muß noch zu dieser Teddybärsache gehen.»

«Was denn für eine Teddybärsache?»

Edwin erklärte ihr ausführlich, wie die Kinder, die vor

bald zwanzig Jahren in einem Dorf miteinander befreundet gewesen waren, sich ab und zu trafen und – weil sie es früher getan hatten – ein Teddybär-Picknick veranstalteten.

«Aber jetzt sind doch alle erwachsen!» bemerkte Mrs. Chalm.

«Ja, ich weiß.»

«Na, ich hoffe, du amüsierst dich gut, mein Lieber.»

«Bestimmt.»

«Merkwürdig – als Erwachsene.»

Unter sich schnitten Edwin und Dorothea das Thema nicht mehr an. Als sie sich stritten, war Edwin etwas ratlos gewesen, hatte nicht so recht gewußt, wie er das Gespräch fortsetzen sollte, und er hoffte, daß er in Zukunft besser mit so etwas klarkäme. Es machte ihn wütend, wenn er nicht klarkam, und er war immer noch verärgert. Andererseits waren sechs Monate keine lange Zeit für eine Ehe, die, wie er hoffte, ewig dauern würde. Ihre Ehe hatte noch keine Chance gehabt, die passende Form anzunehmen, genauso wenig, wie er und Dorothea noch keine Zeit gehabt hatten, in Sachen Möbel und Einrichtung einen eigenen Geschmack zu entwickeln. Probleme und Unsicherheiten konnten nicht ausbleiben.

Was Dorothea anging – sie wußte nichts von Ehen, die eine passende Form anzunehmen hatten, sie hatte keine Ahnung, daß Regeln und stillschweigende Übereinkünfte, Systeme des Gebens und Nehmens nötig waren, um eine Ehe zu führen, wenn der erste Lack einmal ab war. Für Dorothea war die Ehe die Fortsetzung einer Liebesaffäre, und bis jetzt hatte sie kaum etwas zu beklagen. Sie wußte, daß auch Streit sein mußte.

Sie hatten sich auf einer Party kennengelernt. Edwin hatte sich aus einer Gruppe von Leuten gelöst und war durchs Zimmer auf ihre Ecke zugeschritten, wo sie ein

Mann, der mit Computern zu tun hatte, langweilte. «Hallo», hatte Edwin einfach gesagt. Alle drei hatten sie Paella gegessen.

Weil sie lieber über die Vergangenheit nachdachte, als sich über die Zukunft Gedanken zu machen, erinnerte sie sich oft an jenen Augenblick: Edwins scharfgeschnittene Züge, wie er sie anlächelte, der entgeisterte Computermann, der saure Beigeschmack der Paella. «Sind Sie nicht Fionas Schwester?» hatte sich Edwin erkundigt, und als sie ihn viel, viel später gefragt hatte, wer denn Fiona sei, hatte er ihr gestanden, sie nur erfunden zu haben. «Von diesem Zeug da würde ich nichts mehr essen», hatte er gesagt und ihr die Paella aus der Hand genommen. Das hatte Dorothea beeindruckt. Sie und der Computermann hatten mit den Gabeln darin herumgestochert, beide zu höflich, um zu sagen, daß etwas nicht stimmte. «Was machen Sie?» hatte Edwin sie gleich darauf gefragt, was mehr war, als der Computermann wissen wollte.

In den folgenden Wochen erzählten sie sich alles von sich selbst, von ihren Eltern und den Häusern, in denen sie als Kinder gelebt, den Schulen, die sie besucht, den Freundschaften, die sie geschlossen hatten. Edwin war ein wagemutiger Mensch, er war erfolgreich, nahm die Dinge gern selbst in die Hand. Ohne angeberisch zu klingen, erzählte er ihr Episoden aus seiner Kindheit, von Wagnissen, die er in der Schule eingegangen war. Einmal hatte er das Bett des alten Musiklehrers so zerlegt, daß es zusammengebrochen war, als er sich niederlegte. Vom Auto eines anderenLehrers hatte er den Vergaser abmontiert. Aus einem Eisenwarenladen hatte er einen Schneebesen gestohlen. Das waren alles Mutproben gewesen, und am Ende seiner Schulzeit hatte er den Ruf gehabt, furchtlos zu sein – es gab nichts, sagten die Leute, was er nicht täte.

Es fiel Dorothea leicht, ihn zu lieben, und alles, was er ihr – mit leichtem Selbstvorwurf – erzählte, war ganz sicher die Wahrheit. Und Dorothea fragte sich in ihrer Verliebtheit natürlich nicht, wie dieser Charakterzug Edwins sich auf ihre Ehe auswirken würde, und erst recht nicht, wie er sich mit zunehmendem Alter weiterentwickeln mochte. Sie konnte sich nichts Schöneres vorstellen, als ihn jeden Tag um sich zu haben, und in keiner Weise fühlte sie sich in den Flitterwochen in Griechenland oder von den paar Fehlstarts mit Wohnungen, bevor sie im Haus Zodiac 23 landeten, enttäuscht. Edwin ging jeden Tag in sein Büro, und Dorothea ging in ihres. Daß er ihr mehr über Aktienpreise erzählte als sie ihm über die Briefe, die sie für ihren Chef tippte, lag daran, daß Aktienpreise wichtiger waren. Es stimmte, oft hätte sie ihm gern ein paar Einzelheiten über dieses oder jenes mitgeteilt, zum Beispiel über den Schriftwechsel mit Flitts, Hay und Co. wegen der fast achtzehntausend defekten Stuhllaufrollen. Der Briefwechsel war interessant, weil er schon zwei Jahre dauerte und unverschämt geworden war. Aber als sie es Edwin gegenüber erwähnte, nickte er nur freundlich. Da war auch die Sache mit Miß Royals Kratzern, über die jeder im Büro Mutmaßungen anstellte – wie um alles in der Welt hatte sich eine Frau wie Miß Royal zwischen Montag abend siebzehn Uhr dreißig und neun Uhr dreißig am folgenden Morgen vier lange Kratzer im Gesicht und am Hals zugezogen? «O ja?» hatte Edwin gesagt und weiter über Investitionsgeschäfte geredet.

Dorothea vermochte diese verräterischen Zeichen nicht zu deuten. Sie erinnerte sich nicht, daß Edwin, als sie und er sich über ihre Kindheit unterhielten, manchmal nur gelächelt hatte, als ob seine Gedanken ganz woanders wären. Es war nur eine kleine Enttäuschung, daß er nichts über Flitts, Hay und Co. und Miß Royals Kratzer wissen wollte: sich darüber aufzuregen, wäre doch Unsinn gewesen. Dorothea hielt ihren albernen Streit über das Picknick der Teddybären für unbedeutend. Sie begriff nicht, daß es mit Freunden zu tun hatte, die die ihren waren und nicht die seinen. Und es kam ihr auch nicht in den Sinn, daß es Edwin war, der die Entscheidungen traf, als sie die Möbel für ihre Wohnung gekauft hatten. Sie taten alles gemeinsam, hätte Dorothea gesagt. Und schließlich würden sie trotz des Streits zusammen zum Teddybär-Picknick gehen. Edwin liebte sie und war freundlich und wirklich ganz wunderbar. Schließlich opferte er ja ihretwillen ein ganzes Wochenende.

Als sie an einem warmen Freitagnachmittag in ihrem Saab von London losfuhren, war Dorothea glücklich. Sie hörte Edwin zu, der ihr von einem Mann namens Dupree erzählte, der durch den Verkauf seines gesamten Asphalt-Bestands ein Bombengeschäft gemacht hatte. «James James Morrison Morrison Weatherby George Dupree», sagte sie.

«Was ist denn das?»

«Es ist von A.A. Milne, dem Mann, der *Pu der Bär* geschrieben hat. Der arme Pu!»

Edwin sagte nichts.

«Jeremy seiner heißt Pu.»

«Ich verstehe.»

Auf dem Rücksitz des Autos, in eine Ecke gelehnt, saß der blaue Teddy mit Namen Binky, den Dorothea hatte, seit sie ein Jahr alt war.

Im Garten der Ainley-Foxletons blühte der Rhododendron, allerdings wegen des strengen Winters spät in diesem Jahr. Auch der Goldregen, an den sich Edwin erinnerte, und der Ginster und einige gelbe Azaleen. «Mein Lieber, wir freuen uns so sehr», sagte die alte Mrs. Ainley-Foxleton und küßte ihn, weil sie dachte, er sei einer von den Kindern aus ihrer Vergangenheit. Ihr Mann, der auf dem Rasen umherwankte, hatte inzwischen das Zittern. «Meine Lieben, Mrs. Bright hat das Tischtuch für uns gebügelt!» verkündete Mrs. Ainley-Foxleton strahlend.

Sie teilte diese Tatsache mit, weil Mrs. Bright, die Haushälterin der Ainley-Foxletons, gerade mit dem gebügelten Tischtuch überm Arm aus dem Haus trat. Sie trug ein Tablett, auf dem Glaskrüge mit Orangensaft und Limonade standen, ein Krug mit Milch, Gläser und zwei Teller mit Sandwiches in Briefmarkengröße. Sie ging über die Steinstufen von einem Rasen hinunter auf einen noch größeren, überquerte diesen und verschwand im Gebüsch. Während alle mit den Ainley-Foxletons plauderten – niemand half, die Picknicksachen auszubreiten, weil das nicht zum Programm gehörte –, tauchte Mrs. Bright wieder auf, ging ins Haus zurück und machte den Weg noch einmal, das Tablett diesmal mit Kuchen und Keksen beladen.

Vor dem Mittagessen hatte Edwin lange mit Dorotheas Vater in der Laube gesessen und getrunken. Das war etwas, was sich ihr Vater sonntags vormittags gönnte. Er erlaubte sich einen dösigen Schwips, der erst bemerkt wurde, wenn beim Lunch zwei Flaschen Claret konsumiert wurden. Heute war Edwin seinem Beispiel gefolgt. Er war zweimal aufgestanden, um ihre Gläser neu zu füllen, und hatte es während des Essens sogar geschafft, in die Laube zu flüchten, um sich einen kräftigen Schluck Whisky zuzuführen, der sich recht gut mit dem Claret vertrug. Er konnte sich nicht vorstellen, sich in einem anderen Zustand mit einem Teddybär, den Dorotheas Mutter ihm aufgedrängt hatte, im Garten der Ainley-Foxletons zu präsentieren. «Lieber du als ich, mein Junge», hatte Dorotheas

Vater nach dem Essen gesagt und war mit einem feinen Gurgeln in den Sessel gesunken. Vor der Abfahrt war Edwin schnell noch einmal in die Laube gehuscht. Weil die Gläser schon eingesammelt waren, trank er aus dem Verschluß der Whiskyflasche. Als Mrs. Ainley-Foxleton ihn geküßt hatte, mußte er wie eine Destille gerochen haben, aber es machte ihm nichts aus.

«Nun, hier sind wir also», sagte Jeremy in der Lichtung, in der das Picknick 1957 zum ersten Mal stattgefunden hatte. Er saß im Schneidersitz auf einem Plaid am Kopfende des Tischtuchs. Er trug eine Brille und war stämmig. Peter am anderen Ende schien in den dazwischenliegenden Jahren nicht viel gewachsen zu sein, aber Angela war wie eine Stockrose in die Höhe geschossen und sah auch wie eine aus. Edith war plump, Charlotte beinahe schön, Harriet hatte vorstehende Zähne, Holly war überschwenglich. Jeremys Frau und Peters Frau und Charlottes Mann – einer mit Shell-Aktien – ließen sich von der Stimmung des Treffens mitreißen.

Wie sie alle dasaßen, jeder mit einem Teddybär, der einen Namen hatte, im Arm! Angela legte auf Mrs. Ainley-Foxletons altem Grammophon eine Schallplatte auf. «Oh, geh heute nicht in den Wald», krächzte eine Stimme, «ohne mich vorher zu fragen . . .» Mr. und Mrs. Ainley-Foxleton sollten, wie es der Tradition entsprach, später auftauchen, offenbar mit Schokolade und Butterblumensträußchen für die Bären.

«Danke, Edwin», flüsterte Dorothea, während die Musik spielte. Sie wollte, daß er sich an den Streit über das Picknick erinnerte; sie wollte ihn wissen lassen, daß sie ihm ehrlichen Herzens vergeben hatte und sich freute, daß er einsah, welchen Spaß es machte.

«Ich muß mal aufs Klo», sagte Edwin. «Entschuldigt mich eine Minute.» Niemand außer Dorothea schien zu bemerken, daß er sich entfernte, weil sich alle so angeregt unterhielten und Neuigkeiten austauschten.

Die Wut, die Edwin nach dem Streit mit sich herumgeschleppt hatte, war noch nicht verraucht. Verärgert hatte er seine Mutter angerufen, und noch ärgerlicher war er geworden, als sie sagte, sie hoffe, er würde sich gut amüsieren. Was sie gemeint hatte, war, sie habe es doch gleich gesagt – heirate ein hübsches kleines Ding und bevor du bis drei zählen kannst, sitzt du schon mit Teddybären beim Tee! Du bist ein Dummkopf, daß du dich mit solchem Blödsinn abgibst, hatte Dorotheas Vater gemeint, als er «lieber du als ich» sagte.

Edwin hatte genug Verstand, und er wußte das schon lange. Es war seine Klugheit, die sich wegen dieser Peinlichkeit beleidigt fühlte, dieser albernen Scheußlichkeit im Garten eines alten Ehepaars. In der Schule hatte er es immer gehaßt, wenn sie sich verkleiden mußten. Es war ihm sogar peinlich gewesen, Gedichte aufsagen zu müssen. Was Edwin bewunderte, war Solidität. Er mochte Westminster und die City, er mochte Bahnen, die ruhig fuhren, Anzüge und saubere Hemden. Als er Dorothea geheiratet hatte, wußte er – ohne es von seiner Mutter gesagt bekommen zu müssen –, daß sie kein gescheiter Mensch war, aber seiner Meinung nach war eine gescheite Ehefrau überflüssig. Er hatte sich eine Zukunft vorgestellt, in der Kinder geboren und ausgebildet wurden, in der Dorothea Koch- und andere hausfrauliche Künste entwickeln würde, in der sie gemeinsam schöne Dinner-Partys gaben. Statt dessen, nach nur sechs Monaten, diese groteske Absurdität! Edwin betrank sich nur sehr selten – er trank, wenn er wütend war, wie an dem Abend, als sie sich stritten.

Mr. Ainley-Foxleton schwankte mit seinem Stock auf

dem oberen Rasen entlang, aber Edwin achtete nicht auf ihn. Der alte Mann schien etwas zu suchen. Sein Kopf schob sich auf dem mageren Hals vor, die Augen hinter der Brille schauten prüfend ins Gras. Edwin ging an ihm vorbei ins Haus. Hinter einer geschlossenen Tür konnte er die Stimmen von Mrs. Ainley-Foxleton und Mrs. Bright hören, die über Butterblumen sprachen. Er öffnete eine weitere Tür und betrat das Eßzimmer. Auf dem Sideboard standen Karaffen.

Edwin mußte feststellen, daß es nicht leicht war, aus einer Karaffe zu trinken, aber er schaffte es trotzdem. Wieder packte ihn die Wut. Es schien unglaublich, daß er ein Mädchen geheiratet hatte, das nicht richtig erwachsen geworden war. Keiner von denen war erwachsen geworden, keiner wollte zur Erwachsenenwelt gehören, nicht einmal die Ehemänner und Ehefrauen, die eigentlich gar nichts damit zu tun hatten. Hätte Dorothea ihm damals, als sie dieses Haus besuchten, von all dem erzählt, wer weiß, ob er sie überhaupt geheiratet hätte.

Den Stöpsel zwischen den Zügen, die er nahm, immer wieder auf die Karaffe steckend – falls plötzlich jemand auftauchte! – brachte er es trotz allem nicht fertig, sich einzugestehen, daß er mit Dorothea einen Fehlgriff getan hatte. Er liebte sie, er hatte nie eine andere geliebt, und er bezweifelte, jemals eine andere lieben zu können. Oft – in einem ruhigen Moment zwischen Kauf und Verkauf im Büro – dachte er an sie, sah sie in ihren verschiedenen Kleidern und manchmal sogar ohne Kleider. Wenn er nach Hause kam, umarmte er sie und ließ sie manchmal erst wieder los, wenn er sie sanft aufs Bett gelegt hatte. Und auch sie liebte ihn über alles, das sagte sie oft.

Und doch: es war äußerst verdrießlich, daß der Streit ihn so verunsichert hatte. Diesen Unsinn hätte er sofort beenden sollen. Er verdiente den Hohn seiner Mutter, und den seines Schwiegervaters verdiente er auch. Daß er Dorothea, die ihn doch so sehr liebte, nicht klarmachen konnte, wie albern sie sich benahm, war auch nach erst sechsmonatiger Ehe absurd. Und es war absurd, hier betrunken herumzustehen.

Das Eßzimmer der Ainley-Foxletons, voll Silber, polierter Möbel und düsterer Ölgemälde, verschwamm vor seinen Augen. Aus der einen Reihe Karaffen wurden zwei und dann wieder eine. Der mit schweren Teppichen belegte Fußboden neigte sich, senkte sich erst nach links und dann nach rechts. Dorothea hatte ihn im Stich gelassen. Sie hatte ihn hierhergeschleppt, so daß er Angela und Jeremy und Charlotte, Harriet, Holly, Edith, Peter und den Ehemännern und Ehefrauen vorgeführt werden konnte. Sie wollte ihnen zeigen, daß sie nur mit dem kleinen Finger zu wackeln brauchte, daß seine Klugheit nichts war im Vergleich zu seiner Liebe zu ihr. Die Wut hämmerte jetzt auf ihm herum, tat ihm fast weh. Er wollte aufbrechen, den Saab nach London zurückfahren, und sollte Dorothea ihm folgen, müßte er ganz kategorisch erklären, wenn sie die Absicht hätte, sich wie ein Dummkopf zu benehmen, dann käme nur noch eine Scheidung in Frage. Das aber käme einem Eingeständnis gleich, versagt zu haben. Es war absurd, daß die Ehe, für die er sich entschieden hatte, wegen einer Albernheit enden sollte, bevor sie richtig angefangen hatte.

Edwin nahm einen letzten Mundvoll Whisky und setzte den Glasstöpsel auf den Karaffenhals. Er dachte an eine andere Party, die Jahre zurücklag, und dabei fielen ihm bestimmte Ähnlichkeiten mit der heutigen auf. Leute hatten zugunsten irgendeiner wohltätigen Sache, die seine Mutter unterstützte, ein Gartenfest gegeben, zu dem er, sein Bruder, seine Schwester und sein Vater mitgeschleppt worden waren. Es war ein unerträglich heißer und langweiliger Nachmittag geworden. Er hatte seinen baumwollenen Schlapphut, den er haßte, und einen scheußlichen khakifarbenen Sommeranzug tragen müssen. Sie hatten stundenlang herumstehen müssen, während seine Mutter sich mit Leuten unterhielt und manchmal langsam Rezepte diktierte, die sie sich notierten. Edwins Bruder und Schwester schien es nichts auszumachen; sein Vater tat, was man von ihm verlangte. Edwin hatte sich davongemacht und war in ein Haus gegangen, das noch größer und schöner als das der Ainley-Foxletons war. Er hatte in den unteren Räumen herumgeschnüffelt, in der Küche Marmelade genascht und war dann zu den Schlafzimmern nach oben gegangen. Er hatte dort Schubladen und Schränke geöffnet und war anschließend über eine Holztreppe in die Mansarde gestiegen. Von hier aus war er aufs Dach geklettert. Edwin hatte das alles fast vergessen, aber jetzt erinnerte er sich mit einer Lebhaftigkeit, die ihn überraschte.

Er verließ das Eßzimmer. In der Eingangshalle konnte er immer noch die Stimmen von Mrs. Ainley-Foxleton und Mrs. Bright hören. Niemand hatte sich damals um ihn gekümmert; seine Mutter, deren Liebling er immer gewesen war, hatte ihn sogar ungeduldig abgewiesen, als er über Zahnschmerzen klagte. Niemand war es aufgefallen, daß er sich davonschlich. Aber auf der Brüstung des Daches war alles anders. Die Gesichter der Leute waren helle Punkte, die alle gleich aussahen und zu ihm hochstarrten. Die Farben der Frauenkleider vermischten sich zwischen den Blumen. Arme fuchtelten wild. Jemand brüllte etwas, befahl ihm, herunterzukommen.

Auf dem oberen Rasen untersuchte der Alte immer noch das Gras. Sein Kopf war noch immer nach unten gereckt, sein Stock stocherte im Gras herum. Von der Lichtung, wo das Picknick stattfand, kam ein kurzer Applaus, als ob jemand gerade eine Rede gehalten hätte. «... heute ist Teddybär-Picknick», sang die krächzende Stimme aus der Ferne.

Ein leichter Wind hatte Edwins sonnenverbrannte Arme gekühlt, als er auf der Brüstung entlangkroch. Er ahnte, daß seine Mutter jetzt wußte, daß er es war, daß sein Bruder und seine Schwester weinten. Er sah, wie sein Vater aus dem Auto geholt wurde, wo er ein Nickerchen gemacht hatte. Edwin hatte seine Arme ausgebreitet und balancierte wie ein Seiltänzer. Die ganze Langeweile, die brütende Hitze, der Baumwollhut und -anzug waren nicht mehr wichtig. Innerhalb von Minuten war es sein Tag geworden.

«Schönes Wetter heute», sagte Edwin zu dem alten Mann.

«Wie?»

«Das Wetter ist schön», brüllte er. «Ein schöner Tag.»

«Im Gras ist Pilz, wissen Sie. Voll davon.» Mr. Ainley-Foxleton untersuchte die kleinen schwarzen Flecken mit seinem Stock. «Hab nie gewußt, daß hier Pilz ist», sagte er.

Sie standen am Rand des Rasens. Unter ihnen breitete sich ein Steingarten voller Ehrenpreis und Strand-Lichtnelken und Thymian aus. Der Steingarten war in einem Halbkreis um eine Sonnenuhr angeordnet.

«Sieht auch wie Pilz aus», sagte Edwin und deutete auf den größeren Rasen, der unterhalb des Steingartens begann.

«Wie?» Der alte Mann guckte über den Rand und wußte nicht, wonach er schauen sollte, weil er nicht richtig verstanden hatte. «Wie?» sagte er wieder, und Edwin stieß ihm den Ellbogen in die Seite. Der Stock flog durch die Luft, der Kopf des Alten schlug mit einem scharfen kurzen Knacken gegen die Kante der Sonnenuhr. «Oh, geh heute nicht in den Wald», begann die Stimme wieder, durch den Sonnenschein über den duftenden Garten schwebend. Edwin blickte schnell zu den Fenstern des Hauses und prüfte, ob sich irgendwo ein Gesicht zeigte. Nicht, daß es einen Unterschied gemacht hätte – aus dieser Entfernung hätte niemand eine so leichte Bewegung mit dem Ellbogen erkennen können.

Sie aßen Bananen-Sandwiches und Ei-Sandwiches und Plätzchen mit Zuckerguß, Schokoladenkuchen und Kaffeekuchen. Die Schnauzen der Teddybären wurden an die Gläser gepreßt. Jeder Teddy wurde mit Namen angeredet. Edwins Bär hieß Tomkin.

«Könnt ihr euch an das Gewitter erinnern?» fragte Edith und verzog das Gesicht auf die ihr eigene Art, fast schon ein Tick, dachte Edwin. Vielleicht war das damals gewesen, als er auf der Brüstung balancierte? Er lächelte, weil es irgendwie amüsant war. Auch Angela lächelte und Jeremy und Edith, Charlotte, Harriet und Holly, Peter und die Ehemänner und Ehefrauen. Dorothea lächelte am meisten. Als Edwin vom einen zum anderen blickte, dachte er an die Gesichter, die von weit unten zu ihm hochgeschaut hatten – nur hatte es damals Panik gegeben und kein Lächeln.

«Erinnert ihr euch an den Sirup?» sagte Angela. «Der arme Algernon mußte ein gräßliches Bad nehmen.»

«War es nicht Horatio?» fragte Dorothea.

«Ja, es war Horatio», bestätigte Edith und balancierte Horatio zu aller Belustigung auf den Schultern.

«Heute ist Teddybär-Picknick», sangen plötzlich alle gemeinsam mit der Grammophonstimme. Edwin lächelte und sang selbst ein bißchen mit. Auf der Heimfahrt zum Haus von Dorotheas Eltern würde die Stimmung bedrückt sein. «Der arme alte Kerl wurde einfach übersehen», würde er wahrscheinlich erklären, «bei all dem Trubel.» Und im Haus Zodiac 23 würde die Stimmung auch bedrückt sein. «Du solltest ihn wegschmeißen», würde er vorschlagen und einwerfen, daß der blaue Teddy für immer an den Vorfall erinnern würde.

Dorothea, die das Geschehnis ein bißchen reifer gemacht hätte, würde ihm natürlich beipflichten. Wie alles andere mußte auch die Ehe die passende Form annehmen.

Charlotte erzählte ein Abenteuer, das ihr Mikey erlebt hatte, als sie ihn ins Internat mitnahm und ein Mädchen ihn mit einem Fleischspieß durchbohrte. Holly erzählte, wie sie ihren Parzival vor dem Ertrinken retten mußte, als er aus einem Motorboot purzelte. Jeremy zog das Grammophon auf, und das Geplauder nahm kein Ende. Die Ehemänner und Ehefrauen schienen genauso viel Spaß zu haben wie die alten Freunde. Harriet sagte, daß sie früher mal nur Peter heiraten wollte und Peter unbedingt Dorothea. «Oh, geh heute nicht in den Wald», begann die Stimme von neuem, und dann hörten sie Mrs. Ainley-Foxletons Schrei.

Alle rannten davon, ließen die Teddybären, wo sie waren, und das Grammophon spielte weiter. Edwin beugte sich als erster über die dahingestreckte Gestalt. Er erklärte, daß Mr. Ainley-Foxleton tot sei, und dann nahm er die Dinge in die Hand.

Das Mädchen und der kleine Bär

Sigrid Heuck

In einem Wald, in dem die Bäume besonders dicht standen und es immer ein bißchen dämmrig war, wohnte einmal eine Bärenfamilie. «Sei nicht so vorwitzig und bleib immer schön hinter mir!» sagte Mutter Bär zu ihrem Bärenkind, wenn sie zusammen durch den Wald streiften.

Zuerst war der kleine Bär auch ganz brav. Aber als er größer wurde, hörte er nur noch mit *einem* Ohr auf die Worte der Mutter, dann nur noch mit einem *halben* und schließlich mit *keinem* mehr. «Ich wüßte zu gern», brummte er zu sich selbst, «wie es hinter den Bäumen aussieht.»

Und eines Tages, als Vater Bär und Mutter Bär nicht so gut aufpaßten, lief der kleine Bär davon. Er lief durch den Wald, über Wiesen und Felder. Weil er schon ein bißchen müde war, blieb er vor einem Haus stehen, das von einem kleinen Garten umgeben war. Auf einer Bank saß ein Mädchen und weinte. «Niemand spielt mit mir!» schluchzte es. Die Tränen liefen ihm dabei über die Wangen.

Das Bärenkind sah das kleine Mädchen an. «Wie gerne würde ich mit ihm spielen», dachte es. «Wenn du möchtest», brummte er, «dann können wir uns ein bißchen schubsen.»

«Wie geht das?» fragte das Mädchen neugierig.

«Du schubst mich mit dem kleinen Finger und ich dich mit meiner Nase, und wer dabei grob wird, der hat verloren.» Damit war das Mädchen einverstanden.

Das Bärenkind kletterte über den Zaun, und sie spielten Schubsen, bis ihnen die Lust dazu verging.

Später zeigte das Mädchen dem kleinen Bären seine Schaukel. Sie schaukelten, spielten Ball und lachten zusammen. Am Abend, als es an der Zeit war, ins Bett zu gehen, durfte der kleine Bär im Puppenwagen schlafen. Die Mutter des Mädchens deckte ihn wie ihr eigenes Kind zu.

In der Nacht träumte das Bärenkind vom Wald, von Vater Bär und Mutter Bär. Sie weinten, weil ihr Kind davongelaufen war.

Als der kleine Bär am nächsten Morgen aufwachte, war er krank. Er schlotterte an allen Tatzen. «Was fehlt dir?» fragte ihn das kleine Mädchen. «Mich friert's», brummte das Bärenkind unglücklich. «Aber du hast doch einen dikken Pelz. Wie kannst du da frieren?» – «Mich friert's unter dem Pelz», jammerte der Bär. «Irgendwie inwendig.»

Da rief das Mädchen seine Mutter, und die Mutter rief den Vater. Alle beratschlagten, was man für das Bärenkind tun könne. «Ich glaube, es ist Heimweh», sagte der Vater auf einmal.

Und weil er ein kluger Mann war und wußte, wo die Bären wohnen, nahm er das kleine Bärenkind huckepack und trug es zurück in den großen Wald. Er brachte es dorthin, wo die Bäume besonders dicht standen und wo es immer ein bißchen dämmrig war. Mutter Bär und Vater Bär freuten sich, als sie ihr Kind wiedersahen. Sie umarmten es, und der kleine Bär war gleich wieder gesund. Das Mädchen aber weinte, weil es das Bärenkind so gern behalten hätte.

Da setzte sich seine Mutter hin und nähte einen kleinen Stoffbären. Zuerst zerschnitt sie eine wuschelige Decke. Aus schwarzen Knöpfen machte sie Augen. Mund und Nase stickte sie mit braunem Garn.

«Er sieht genauso aus wie mein Bärenkind», sagte das kleine Mädchen und nahm den Teddy glücklich in die Arme. Am Abend legte es den Bären in den Puppenwagen und deckte ihn zu.

Als die Nachbarskinder den Stoffbären sahen, wollten sie auch mit ihm spielen. Damit es keinen Streit gab, nähte die Mutter für jedes Kind einen eigenen Teddybär. Sie nähte und nähte. Vielleicht näht sie heute noch.

Schneeweißchen und Rosenrot

Brüder Grimm

Eine arme Witwe, die lebte einsam in einem Hüttchen, und vor dem Hüttchen war ein Garten, darin standen zwei Rosenbäumchen, davon trug das eine weiße, das andere rote Rosen. Und sie hatte zwei Kinder, die glichen den beiden Rosenbäumchen, und das eine hieß Schneeweißchen, das andere Rosenrot. Sie waren aber so fromm und gut, so arbeitsam und unverdrossen, als je zwei Kinder auf der Welt gewesen sind; Schneeweißchen war nur stiller und sanfter als Rosenrot. Rosenrot sprang lieber in den Wiesen und Feldern umher, suchte Blumen und fing Sommervögel: Schneeweißchen aber saß daheim bei der Mutter, half ihr im Hauswesen oder las ihr vor, wenn nichts zu tun war. Die beiden Kinder hatten einander so lieb, daß sie sich immer an den Händen faßten, sooft sie zusammen ausgingen. Und wenn Schneeweißchen sagte: «Wir wollen uns nicht verlassen», so antwortete Rosenrot: «So lange wir leben nicht», und die Mutter setzte hinzu: «Was das eine hat, soll's mit dem andern teilen.»

Oft liefen sie im Wald allein umher und sammelten rote Beeren, aber kein Tier tat ihnen etwas zuleid, sondern sie kamen vertraulich herbei: Das Häschen fraß ein Kohlblatt aus ihren Händen, das Reh graste an ihrer Seite, der Hirsch sprang ganz lustig vorbei, und die Vögel blieben auf den Ästen sitzen und sangen, was sie nur wußten. Kein Unfall traf sie: wenn sie sich im Walde verspätet hatten und die Nacht sie überfiel, so legten sie sich nebeneinander auf das Moos und schliefen, bis der Morgen kam, und die Mutter wußte das und hatte ihretwegen keine Sorge. Einmal, als sie im Walde übernachtet hatten und das Morgenrot sie aufweckte, da sahen sie ein schönes Kind in einem weißen glänzenden Kleidchen neben ihrem Lager sitzen. Es stand auf und blickte sie ganz freundlich an, sprach aber nichts und ging in den Wald hinein. Und als sie sich umsahen, so hatten sie ganz nahe bei einem Abgrund geschlafen und wären gewiß hineingefallen, wenn sie in der Dunkelheit noch ein paar Schritte weitergegangen wären. Die Mutter aber sagte ihnen, das müßte der Engel gewesen sein, der gute Kinder bewache.

Schneeweißchen und Rosenrot hielten das Hüttchen der Mutter so reinlich, daß es eine Freude war hineinzuschauen. Im Sommer besorgte Rosenrot das Haus und stellte der Mutter jeden Morgen, ehe sie aufwachte, einen Blumenstrauß vors Bett, darin war von jedem Bäumchen eine Rose. Im Winter zündete Schneeweißchen das Feuer an und hing den Kessel an den Feuerhaken, und der Kessel war von Messing, glänzte aber wie Gold, so rein war er gescheuert. Abends, wenn die Flocken fielen, sagte die Mutter: «Geh, Schneeweißchen, und schieb den Riegel vor», und dann setzten sie sich an den Herd, und die Mutter nahm die Brille und las aus einem großen Buch vor, und die beiden Mädchen hörten zu, saßen und spannen; neben ihnen lag ein Lämmchen auf dem Boden, und hinter ihnen auf einer Stange saß ein weißes Täubchen und hatte seinen Kopf unter den Flügel gesteckt.

Eines Abends, als sie so vertraulich beisammen saßen, klopfte jemand an die Türe, als wollte er eingelassen sein. Die Mutter sprach: «Geschwind, Rosenrot, mach auf, es wird ein Wanderer sein, der Obdach sucht.» Rosenrot ging und schob den Riegel weg und dachte, es wäre ein armer Mann, aber der war es nicht, es war ein Bär, der seinen dicken schwarzen Kopf zur Türe hereinstreckte. Rosenrot schrie laut und sprang zurück: Das Lämmchen blökte, das Täubchen flatterte auf, und Schneeweißchen versteckte sich hinter der Mutter Bett. Der Bär aber fing an zu sprechen und sagte: «Fürchtet euch nicht, ich tue euch nichts zuleid, ich bin halb erfroren und will mich nur ein wenig bei euch wärmen.»

«Du armer Bär», sprach die Mutter, «leg dich ans Feuer, und gib nur acht, daß dir dein Pelz nicht brennt.» Dann rief sie: «Schneeweißchen, Rosenrot, kommt hervor, der Bär tut euch nichts, er meint's ehrlich.»

Da kamen sie beide heran, und nach und nach näherten sich auch das Lämmchen und das Täubchen und hatten keine Furcht vor ihm. Der Bär sprach: «Ihr Kinder, klopft mir den Schnee ein wenig aus dem Pelzwerk», und sie holten den Besen und kehrten dem Bär das Fell rein. Er aber streckte sich ans Feuer und brummte ganz vergnügt und behaglich. Nicht lange, so wurden sie ganz vertraut und trieben Mutwillen mit dem unbeholfenen Gast. Sie zausten ihm das Fell mit den Händen, setzten ihre Füßchen auf seinen Rücken und walgerten ihn hin und her, oder sie nahmen eine Haselrute und schlugen auf ihn los, und wenn er brummte, so lachten sie. Der Bär ließ sich's aber gerne gefallen, nur wenn sie's gar zu arg machten, rief er: «Laßt mich am Leben, ihr Kinder:

Schneeweißchen, Rosenrot,
schlägst dir den Freier tot.»

Als Schlafenszeit war und die andern zu Bett gingen, sagte die Mutter zu dem Bär: «Du kannst in Gottes Namen da am Herde liegen bleiben, so bist du vor der Kälte und dem bösen Wetter geschützt.» Sobald der Tag graute, ließen ihn die beiden Kinder hinaus, und er trabte über den Schnee in den Wald hinein. Von nun an kam der Bär jeden Abend zu der bestimmten Stunde, legte sich an den Herd und erlaubte den Kindern, Kurzweil mit ihm zu treiben, so viel sie wollten; und sie waren so gewöhnt an ihn, daß die Türe nicht eher zugeriegelt ward, als bis der schwarze Gesell angelangt war.

Als das Frühjahr herangekommen und draußen alles grün war, sagte der Bär eines Morgens zu Schneeweißchen: «Nun muß ich fort und darf den ganzen Sommer nicht wiederkommen.»

«Wo gehst du denn hin, lieber Bär?» fragte Schneeweißchen.

«Ich muß in den Wald und meine Schätze vor den bösen Zwergen hüten: im Winter, wenn die Erde hart gefroren ist, müssen sie wohl unten bleiben und können sich nicht durcharbeiten, aber jetzt, wenn die Sonne die Erde aufgetaut und erwärmt hat, da brechen sie durch, steigen herauf, suchen und stehlen; was einmal in ihren Händen ist und in ihren Höhlen liegt, das kommt so leicht nicht wieder an des Tages Licht.»

Schneeweißchen war ganz traurig über den Abschied, und als es ihm die Türe aufriegelte und der Bär sich hinausdrängte, blieb er an dem Türhaken hängen, und ein Stück seiner Haut riß auf, und da war es Schneeweißchen, als hätte es Gold durchschimmern gesehen: aber es war seiner Sache nicht gewiß. Der Bär lief eilig fort und war bald hinter den Bäumen verschwunden.

Nach einiger Zeit schickte die Mutter die Kinder in den Wald, Reisig zu sammeln. Da fanden sie draußen einen großen Baum, der lag gefällt auf dem Boden, und an dem Stamme sprang zwischen dem Gras etwas auf und ab, sie konnten aber nicht erkennen, was es war. Als sie näherkamen, sahen sie einen Zwerg mit einem alten verwelkten Gesicht und einem ellenlangen schneeweißen Bart. Das Ende des Bartes war in eine Spalte des Baums eingeklemmt, und der Kleine sprang hin und her wie ein Hündchen an einem Seil und wußte nicht, wie er sich helfen sollte. Er glotzte die Mädchen mit seinen roten feurigen Augen an und schrie: «Was steht ihr da! Könnt ihr nicht kommen und mir Beistand leisten?»

«Was hast du angefangen, kleines Männchen?» fragte Rosenrot.

«Dumme neugierige Gans», antwortete der Zwerg, «den Baum habe ich mir spalten wollen, um kleines Holz in der Küche zu haben; bei den dicken Klötzen verbrennt gleich das bißchen Speise, das unsereiner braucht, der nicht so viel hinunterschlingt als ihr grobes, gieriges Volk. Ich hatte den Keil schon glücklich hineingetrieben, und es wäre alles nach Wunsch gegangen, aber das verwünschte Holz war zu glatt und sprang unversehens heraus, und der Baum fuhr so geschwind zusammen, daß ich meinen schönen weißen Bart nicht mehr herausziehen konnte; nun steckt er drin, und ich kann nicht fort. Da lachen die albernen glatten Milchgesichter! Pfui, was seid ihr garstig!»

Die Kinder gaben sich alle Mühe, aber sie konnten den Bart nicht herausziehen, er steckte zu fest. «Ich will laufen und Leute herbeiholen», sagte Rosenrot.

«Wahnsinnige Schafsköpfe», schnarrte der Zwerg, «wer wird gleich Leute herbeirufen, ihr seid mir schon um zwei zu viel; fällt euch nichts Besseres ein?»

«Sei nur nicht ungeduldig», sagte Schneeweißchen, «ich will schon Rat schaffen», holte sein Scherchen aus der Tasche und schnitt das Ende des Bartes ab. Sobald der Zwerg sich frei fühlte, griff er nach einem Sack, der zwischen den Wurzeln des Baumes steckte und mit Gold gefüllt war, hob ihn heraus und brummte vor sich hin: «Ungehobeltes Volk, schneidet mir ein Stück von meinem stolzen Bart ab! Lohn's euch der Kuckuck!» Damit schwang er seinen Sack auf den Rücken und ging fort, ohne die Kinder nur noch einmal anzusehen.

Einige Zeit danach wollten Schneeweißchen und Rosenrot ein Gericht Fische angeln. Als sie nahe bei dem Bach waren, sahen sie, daß etwas wie eine große Heuschrecke nach dem Wasser zuhüpfte, als wollte es hineinspringen. Sie liefen heran und erkannten den Zwerg. «Wo willst du hin?» sagte Rosenrot, «du willst doch nicht ins Wasser?»

«Solch ein Narr bin ich nicht», schrie der Zwerg, «seht ihr nicht, der verwünschte Fisch will mich hineinziehen!»

Der Kleine hatte da gesessen und geangelt, und unglücklicherweise hatte der Wind seinen Bart mit der Angelschnur verflochten. Als gleich darauf ein großer Fisch anbiß, fehlten dem schwachen Geschöpf die Kräfte, ihn herauszuziehen. Der Fisch behielt die Oberhand und riß den Zwerg zu sich hin. Zwar hielt er sich an allen Halmen und Binsen, aber das half nicht viel, er mußte den Bewegungen des Fisches folgen und war in ständiger Gefahr, ins Wasser gezogen zu werden. Die Mädchen kamen zu rechter Zeit, hielten ihn fest und versuchten den Bart von der Schnur loszumachen, aber vergebens, Bart und Schnur waren fest ineinander verwirrt. Es blieb nichts übrig, als das Scherchen hervorzuholen und den Bart abzuschneiden, wobei ein kleiner Teil desselben verlorenging. Als der Zwerg das sah, schrie er sie an: «Ist das Manier, ihr Lorche, einem das Gesicht zu schänden? Nicht genug, daß ihr mir den Bart unten abgestutzt habt, jetzt schneidet ihr mir den besten Teil davon ab; ich darf mich vor den Meinigen gar nicht sehen lassen. Daß ihr laufen müßtet und die Schuhsohlen verloren hättet!» Dann holte er einen Sack Perlen, der im Schilf lag, und ohne ein Wort weiter zu sagen, schleppte er ihn fort und verschwand hinter einem Stein.

Es trug sich zu, daß bald hernach die Mutter die beiden Mädchen nach der Stadt schickte, Zwirn, Nadeln, Schnüre und Bänder einzukaufen. Der Weg führte sie über eine Heide, auf der hier und da mächtige Felsstücke zerstreut lagen. Da sahen sie einen großen Vogel in der Luft schweben, der langsam über ihnen kreiste, sich immer tiefer herabsenkte und endlich nicht weit bei einem Felsen niederstieß. Gleich darauf hörten sie einen durchdringenden, jämmerlichen Schrei. Sie liefen herzu und sahen mit Schrecken, daß der Adler ihren alten Bekannten, den Zwerg, gepackt hatte und ihn forttragen wollte. Die mitleidigen Kinder hielten gleich das Männchen fest und zerrten sich so lange mit dem Adler herum, bis er seine Beute fahren ließ. Als der Zwerg sich von dem ersten Schrecken erholt hatte, schrie er mit seiner kreischenden Stimme: «Konntet ihr nicht säuberlicher mit mir umgehen? Gerissen habt ihr an meinem dünnen Röckchen, daß es überall zerfetzt und durchlöchert ist, unbeholfenes und täppisches Gesindel, das ihr seid!» Dann nahm er einen Sack mit Edelsteinen und schlüpfte wieder unter den Felsen in seine Höhle. Die Mädchen waren an seinen Undank schon gewöhnt, setzten ihren Weg fort und verrichteten ihr Geschäft in der Stadt. Als sie beim Heimweg wieder auf die Heide kamen, überraschten sie den Zwerg, der auf einem reinlichen Plätzchen seinen Sack mit Edelsteinen ausgeschüttet und nicht gedacht hatte, daß so spät noch jemand daherkommen würde. Die Abendsonne schien über die glänzenden Steine, sie schimmerten und leuchteten so prächtig in allen Farben, daß die Kinder stehenblieben und sie betrachteten. «Wa steht ihr da und habt Maulaffen feil!» schrie der Zwerg, und sein aschgraues Gesicht ward zinnoberrot vor Zorn. Er wollte mit seinen Scheltworten fortfahren, als sich ein lautes Brummen hören ließ und ein schwarzer Bär aus dem Wald herbeitrabte. Erschrocken sprang der Zwerg auf, aber er konnte nicht mehr in seinen Schlupfwinkel gelangen, der Bär war schon in seiner Nähe. Da rief er in Herzensangst: «Lieber Herr Bär, verschont mich, ich will Euch alle meine Schätze geben, seht, die schönen Edelsteine, die da liegen. Schenkt mir das Leben, was habt Ihr an mir kleinem schmächtigen Kerl? Ihr spürt mich nicht zwischen den Zähnen: da, die beiden gottlosen Mädchen packt, das sind für Euch zarte Bissen, fett wie junge Wachteln, die freßt in Gottes Namen.»

Der Bär kümmerte sich um seine Worte nicht, gab dem boshaften Geschöpf einen einzigen Schlag mit der Tatze, und es regte sich nicht mehr.

Die Mädchen waren fortgesprungen, aber der Bär rief ihnen nach: «Schneeweißchen und Rosenrot, fürchtet euch nicht, wartet, ich will mit euch gehen.» Da erkannten sie seine Stimme und blieben stehen, und als der Bär bei ihnen war, fiel plötzlich die Bärenhaut ab, und er stand da als ein schöner Mann, und war ganz in Gold gekleidet. «Ich bin eines Königs Sohn», sprach er, «und war von dem gottlosen Zwerg, der mir meine Schätze gestohlen hatte, verwünscht, als ein wilder Bär in dem Wald zu laufen, bis ich durch seinen Tod erlöst würde. Jetzt hat er seine wohlverdiente Strafe empfangen.»

Schneeweißchen ward mit ihm vermählt und Rosenrot mit seinem Bruder, und sie teilten die großen Schätze miteinander, die der Zwerg in seiner Höhle zusammengetragen hatte. Die alte Mutter lebte noch lange Jahre ruhig und glücklich bei ihren Kindern. Die zwei Rosenbäumchen aber nahm sie mit, und sie standen vor ihrem Fenster und trugen jedes Jahr die schönsten Rosen, weiß und rot.

Kadett Edward Bär

MARY ROSS

Es war ein sehr heißer Tag, als der junge Kadett Edward Bär Ende Juli 1950 mit Soldbuch und schneidigem neuem Kampfanzug antrat, um seine Karriere in der Royal Military Academy Sandhurst zu beginnen – einer der berühmtesten Militärakademien der Welt, die z.B. auch ein gewisser Winston Spencer Churchill durchlaufen hat.

Jetzt ist der rangälteste Unteroffizier Edward Bär nach über vierzig Dienstjahren offiziell in den Ruhestand versetzt worden und ist im Hauptkorridor des Old College im Sandhurst-Museum permanent ansässig.

Kaum jemand auf dem Kontinent weiß, daß Edward Bär in Wahrheit der berühmteste Teddybär der britischen Armee ist, der zum offiziellen Symbol und Maskottchen des RMAS-Fallschirmspringerverbandes avancierte und als Kadett mit der längsten Dienstzeit gefeiert wird.*

Von Anfang an zeigte Edward Bär eine besondere Begabung für das Fallschirmspringen. Immer war er als erster aus dem Flugzeug. 1950, als er während der Fallschirmspringerkurse, die für die Kadetten in ihrer Freizeit organisiert wurden, regelmäßig sprang, wurde der Edward-Bär-Fallschirmspringer-Club gegründet.

Der Edward-Bär-Kurs war freiwillig, aber in den fünfziger Jahren meldeten sich so viele Kadetten, daß sich nur ein kleiner Teil einen Platz sichern konnte. Sie mußten acht Absprünge absolvieren, um sich zu qualifizieren. Danach durften sie auf dem linken Ärmel ihrer Dienstuniform das Fallschirmemblem tragen und die Edward-Bär-Club-Insignien – eine grüne Krawatte mit silbernen, an Fallschirmen hängenden Teddybären – entgegennehmen.

Von Anfang an hat Edward Bär voller Stolz den weißen Fallschirm am linken Ärmel getragen, was auf den erfolgreichen Abschluß des Lehrgangs verweist. In seiner Jugend war er vielleicht ein wenig unkonventionell, und manche Leute machten sogar Andeutungen, wonach Edward in dieser Zeit einmal desertiert sein soll.

Der rangälteste Unteroffizier Bär war mit seinen 45 Zentimetern der kleinste Kadett, der jemals in der Akademie aufgenommen wurde, doch sein Aufstieg zum Ruhm

* Unsere britischen Nachbarn sind ja bekannt für liebenswerte Skurrilitäten. Die «Memoiren des Kadetten Edward Bär», die wir hier auszugsweise abdrucken, verstehen sich ganz in dieser Tradition.

war spektakulär. Bis zum Jahr 1959 konnte er auf 120 erfolgreiche Absprünge zurückblicken und er wurde für seine gewagten Absprünge von anderen Militärakademien in Großbritannien, Frankreich und im Irak ausgezeichnet. Es wird sogar behauptet, daß er ein- oder zweimal ohne Fallschirm absprang und sich dabei keinerlei ernsthafte Verletzungen zuzog. Unverwundbar in der Tat. Es läßt sich jedoch nicht leugnen, daß er – vielleicht aufgrund dieser ungeplanten Landungen – hin und wieder mit einem Verband um den Kopf fotografiert worden ist.

1957 wollte sich die französische Militärakademie von Saint Cyr in einer Reihe von Übungen mit Sandhurst messen. Bei den Fallschirmspringern sprang der Edward-Bär-Club über der Bretagne ab, wo Kadetten von Saint Cyr sie erwarteten, um ihre Stellungen zu verteidigen. Sandhurst gewann natürlich.

Es wurden noch zwei weitere gemeinsame Manöver durchgeführt – eines 1958 und eines Anfang 1959 – mit ähnlichen Ergebnissen. Bei einem Fallschirmeinsatz in der Bretagne wurde Edward Bär von seiner Einheit getrennt, und man vermutete, daß er in Gefangenschaft geraten sei. Während einer anschließenden Konferenz wurde Saint Cyr jedoch von diesem Vorwurf freigesprochen, und nach einem Zeitungsbericht über den Vorfall tauchte Edward Bär wieder auf.

Als die Kadetten von Saint Cyr bei einem neuen Manöver über Salisbury Plain absprangen, wurde Edward Bär zu seinem großen Verdruß von ihnen gefangengenommen. Das britische Kontingent kämpfte tapfer weiter, aber – ich bedauere, es sagen zu müssen – ohne Edward Bär ging der Sieg diesmal an die Franzosen.

Bär geriet im Laufe seiner aktiven Fallschirmspringerkarriere mehrmals in Gefangenschaft. Erst wurde er von einem Rugbyteam gekidnappt, dann von der Mannschaft einer Technischen Hochschule und noch später vom RAF-College in Cranwell. Glücklicherweise gelang es ihm jedes Mal, unversehrt zur Basis zurückzukehren.

Während seines Aufenthalts im RAF-College nahm er an einem offiziellen Pilotenlehrgang teil, der sich aber kaum zu seinen Erfolgen zählen läßt.

Sein Fortschritt war «ungewöhnlich, aber interessant», und man war der Ansicht, daß er sich im Cockpit eines Flugzeugs nicht sehr wohl fühlte. Beim Fliegen schien er Schwierigkeiten mit der Koordination des Einsatzes von Händen und Stiefeln zu haben, und es wurde berichtet, daß er «den deutlichen Wunsch verspürte, das Flugzeug in 250 Meter Höhe zu verlassen» – was für einen Piloten sicher nicht die beste Empfehlung ist.

Im August 1959 beobachtete ein Reporter Edward Bär bei seinem 120. erfolgreichen Fallschirmabsprung, als er sich in einer Höhe von 300 Metern aus dem Flugzeug fallen ließ. Wie immer war Edward der erste – die Vorhut von 35 Kadetten, die bis Mitternacht eine offene Feldschlacht schlugen. Als das Manöver abgebrochen wurde, entdeckte man, daß Kadett Bär in einem Baum gelandet war und gerettet werden mußte.

Bär sprang regelmäßig bis zum Jahr 1975. Aufgrund seiner laufenden Beförderung durch alle Ränge war er jetzt der rangälteste Unteroffizier.

Den Rang eines Leutnants erreichte er allerdings nie. Der Grund dafür mag seine unerlaubte Entfernung von der Truppe gewesen sein. Für dieses Vergehen wurde er 1980 vors Disziplinargericht gestellt und entging nur um Haaresbreite der schwerwiegenden Anklage der Fahnenflucht. Er wurde zur Haft auf unbestimmte Zeit im «Bau» verurteilt, was in seinem Fall eine Vitrine im Sandhurst-Museum bedeutete.

Im Lauf seiner Karriere hat Edward Bär eine Reihe von

Verletzungen erlitten, die er mit Würde und Tapferkeit erduldete. Bei einem Absprung vor einigen Jahren büßte er sein linkes Auge ein und trägt jetzt eine Augenbinde, die aber seiner anziehenden Verwegenheit durchaus keinen Abbruch tut. Er hat außerdem seinen Nasenspitz eingebüßt und mußte sich von geschickten Chirurgen verschiedene Gliedmaßen ersetzen lassen.

Selbst mit diesen schrecklichen Verletzungen ist er immer noch erstaunlich fit und wurde noch 1971 beim Gewichtheben und bei Absprungübungen in der Sporthalle von Sandhurst fotografiert.

Das war kurz bevor er von seinen Kameraden für seinen 400. Absprung geehrt wurde. Die Offiziere erzählten begeistert von jenem Vorfall, als sich sein Fallschirm nicht öffnen wollte und er auf den Kopf fiel. Edward Bär dagegen verlor mit seiner üblichen aufrechten Haltung kein Wort über diesen Vorfall.

Wie ich aus glaubwürdiger Quelle erfahren habe, ist Edward Bär von nicht weniger als fünf Ländern geehrt worden. Major Watson, der Edward Bär seinerzeit in der Sporthalle drillte, sagte, er sei gut in Form gewesen und habe mitgeholfen, «die Akademie der Öffentlichkeit näherzubringen».

Einen Beweis seines Ansehens beim Volk und bei anderen Bären bot sein 21. Geburtstag, als Sandhurst mit Geburtstagskarten überflutet wurde. Allein aus Somerset gratuliertem ihm einhundertzwei Bären!

Edward Bärs letztes offizielles Auftreten war sein Absprung aus 60 Meter Höhe am 26. September 1984. Notiert wurde «ein guter Absprung und korrekte Haltung, gute Schirmkontrolle bis zum Ziel».

Aber es gab noch weitere inoffizielle Absprünge. Am 17. März 1989 wurde er zum wiederholten Mal gekidnappt – dieses Mal von den Royal Marines.

Um ehrlich zu sein – Edward Bär langweilte sich, sonst hätte er seinen Posten im Museum nicht verlassen und an einem solchen Manöver unerlaubt teilgenommen.

Man sprang vom Dach des Londoner Hilton-Hotels, Edward im Doppel mit einem der Royal Marines – zwei Sekunden im freien Fall aus 106 Meter Höhe, dann öffnete sich ein Pilotenfallschirm, Bär segelte an der Hausfront vorbei und landete auf einem Rasenstück vor dem Hotel.

Er hatte nichts von seinem Können eingebüßt, obwohl sein letzter Absprung schon geraume Zeit zurücklag, und anschließend gönnten er und die Jungs sich ein wohlverdientes Bier in Covent Garden.

Später verliehen ihm die Marines eine Auszeichnung, und er amüsierte sich so vortrefflich, daß er zwei weitere Tage mit ihnen verbrachte, bevor er nach Sandhurst zurückkehrte.

Aber nach mehr als 400 Absprüngen wurde es auch für Edward Bär Zeit, den Fallschirm an den Nagel zu hängen. Er war – und ist – schließlich der am längsten dienende Absolvent der Militärakademie von Sandhurst. Die Lücke, die er durch seine Pensionierung hinterließ, konnte allerdings nicht für immer unbesetzt bleiben. Es mußte irgendwo jemanden geben, der die Nachfolge einer so langen und ruhmreichen Karriere antreten konnte. Nach reiflichen Überlegungen wurde beschlossen, einen jungen Bären an seiner Stelle einzuarbeiten.

Ein schwieriges Unterfangen – aber bereits im Juni 1992 trat der Kadett Bär Junior seinen Dienst an.

Erinnerungen eines nicht mehr so jungen Bärensammlers

DAVID ELIAS

Ich bedauere noch heute, daß ich den Astronauten-Teddy im goldenen Raumfahrtanzug, der mit seinem kleinen pelzigen Gesicht ängstlich durchs Visier guckte, nicht gekauft habe. Er stand in einem Souvenirladen vor dem Kennedy-Space-Center in Florida, und obwohl er mir gefiel, dachte ich nur, schade, daß ich nicht so einen Raumfahrtanzug für meinen Teddy kaufen kann. Es kam mir damals nicht in den Sinn, den Bär zu kaufen und meine Teddysammlung so zu verdoppeln.

Vielleicht, weil ich mich als Kind fast ein wenig fürchtete vor meinem Teddy – einem riesigen Bär, den mir ein lieber Onkel schenkte. Er hatte eigens für mich den größten im Laden ausgewählt. Ich nannte ihn «Teddy», aber ich empfand ihn als unangenehm groß und mein ständiger Begleiter blieb ein kleines schwarzes Hündchen.

Teddy saß auf einem gelben Kinderstuhl mit einer hochklappbaren Sitzfläche, unter die ein Töpfchen geschoben werden konnte. Auf diesem etwas würdelosen Platz hockte er fast dreißig Jahre.

Als ich von zu Hause wegging, blieb Teddy bei meiner Mutter, die ihm alle möglichen Sachen aus dem unverkauften Kleiderhaufen von Wohltätigkeitsbasaren anzog – seine Beine wurden einmal so energisch in eine gerippte Kinderstrumpfhose gerammt, daß sein linkes Bein eine Zerrung davontrug, die nie ganz ausheilte.

Bei meinen Besuchen nahm ich seine Anwesenheit beiläufig zur Kenntnis, aber Teddy funkelte seinen lieblosen abwesenden Besitzer nur böse an.

Erst als meine Mutter starb und meine Frau und ich ihre Wohnung räumen mußten, machten wir uns über Teddy Gedanken. Wir stopften ihn nicht mit Geschirr und Besteck in den Kofferraum, sondern setzten ihn auf den Rücksitz unseres Autos, damit er aus dem Fenster sehen konnte. Auf der Heimfahrt blickte sich meine Frau einmal nach ihm um und bemerkte eine Veränderung. «Teddy lächelt! Vorher hat er doch nicht gelächelt, oder?»

Nein, ich erinnerte mich an einen eher mürrischen und leicht bedrohlichen Teddy, jedenfalls nicht an ein Lächeln. Wir hielten an und schauten ihn uns genauer an.

Teddys Mund bestand aus aufgesticktem schwarzen Zwirn, der in der Mitte und an beiden Enden festgenäht war, so daß sich Teddys Miene, wenn man ihm übers Maul strich, von ernst zu lächelnd veränderte. In all den Jahren, in denen ich nur ab und zu nickend mit Teddy verkehrt hatte, war mir dies nicht aufgefallen, aber als wir ihn vor der Abfahrt auf den Rücksitz setzten, muß einer von uns sein Gesicht berührt und ihn zum Grinsen gebracht haben. Entweder das, oder es war ein Ausdruck seiner Freude über den Ortswechsel und die Erlösung von seiner einschnürenden Strumpfhose.

Bei uns zu Hause wurde Teddy mit mehr Aufmerksamkeit bedacht, als ihm seit vielen Jahren zuteil geworden war. Wir zogen ihm die Second-Hand-Kleider aus und fanden sein lockiges goldenes Mohairfell darunter in bemerkenswert gutem – fast ursprünglichem – Zustand, und sein etwas schmuddeliges Gesicht bearbeiteten wir mit einem Schwamm, so daß es schon bald zu seinem neugefundenen Lächeln paßte. Schließlich kauften wir ihm einen hübschen blauen Jogginganzug, und er fungierte als mein Maskottchen, als ich vor gut zehn Jahren bei einem TV-Quiz mitmachte und mich mehrmals über die Hürden quälte.

Teddy war damals vielbeschäftigt. Sein Foto erschien in den verschiedensten Zeitschriften; er sah viel schlanker und fitter als sein Besitzer aus und erwies sich als äußerst wirksames Maskottchen: Ich kam in die Endrunde und wurde später gebeten, die Fragen für das Quiz der nächsten Serie auszutüfteln.

Teddy genoß noch eine ganze Weile das Privileg, mein einziger Bär zu sein, doch mit der Zeit begann ich zu bedauern, daß ich den goldenen Astronautenbär nicht gekauft hatte.

Wie kam es dann, daß meine Frau und ich – nach anfänglichem Zaudern, eine Sammlung zu erweitern, die aus einem einzigen Bär bestand – jetzt Hüter von fünfzig bis sechzig Bären sind? (Wir versuchen, sie gelegentlich zu zählen, aber sie treiben sich im ganzen Haus herum, und es kommen immer neue dazu – wir wissen nur, daß wir eine Menge Bären haben, aber nie genug.) Ich glaube, schuld daran ist indirekt unsere Großnichte Rebecca. Wir hatten es uns zur Gewohnheit gemacht, allen unseren Großnichten und -neffen zum ersten Weihnachten einen Teddybär zu schenken. Kurz nach Rebeccas Geburt machten wir uns bei Harrods in London auf die Suche nach einem passenden Bär für sie. Ich verliebte mich auf der Stelle in einen kleinen molligen, der mit ausgestreckten Pfoten in hinreißender «Nimm-mich-mit»-Pose dasaß und sich an mich schmiegte, als ich ihn auf den Arm nahm.

Dieser Teddy war das perfekte Geschenk! Wir nahmen ihn mit nach Hause, schauten in seine großen ausdrucksvollen Augen und beschlossen, ihn «Max de Winter» nach dem männlichen Protagonisten in Daphne Du Mauriers Roman «Rebecca» zu taufen. Das Buch gehörte zur Pflichtlektüre eines Literaturkurses, den ich damals leitete, und wir stellten uns ein bißchen boshaft vor, wie unsere Großnichte, die das Buch vielleicht zwanzig Jahre später lesen oder den Film sehen würde, plötzlich dachte – also *deshalb* heißt mein Teddy Max de Winter!

Wir kauften eine kleine weiße Weste, die dem Bär paßte, ließen vorne den Namen «Max de Winter» aufstikken und setzten ihn auf unsere Schlafzimmerkommode, damit wir unsere Freude an ihm haben konnten, bis er als Rebeccas Weihnachtsgeschenk abberufen wurde.

Dieses Unterfangen hatte nur einen Haken. Als der Bär verpackt und abgeschickt war, hinterließ er eine anklagende Lücke auf der Kommode, und meine Frau und ich stellten fest, daß wir seinen großäugigen ernsten Blick vermißten. Wir vermißten ihn so sehr, daß wir kurz vor

Weihnachten wieder zu Harrods fuhren und mit einem Seufzer der Erleichterung einen der wenigen identischen Bären kauften, die es noch gab – also beinahe identischen, denn jeder sah ein ganz kleines bißchen anders aus, und wir wählten einen mit ernst nachdenklichem Ausdruck. Er kuschelte sich in Max de Winters Lücke.

Danach begannen wir, uns nach und nach weitere Teddys anzuschaffen, und übertrugen den Bärsammelvirus auf andere Erwachsene, indem wir ihnen Bären schenkten. Meine Schwiegermutter war zunächst überrascht und etwas argwöhnisch, als sie einen Bär geschenkt bekam, aber sie verliebte sich bald in seinen Charme und besitzt heute einen geselligen Armvoll Teddys, mit denen sie ihre Urenkel bei Besuchen widerwillig spielen läßt – solange sie vorsichtig mit ihnen umgehen.

Die meisten unserer ersten Neuerwerbungen waren witzige Exemplare – ein flachgesichtiger Bär, dessen grüne Schleife ihn als «Albert» kennzeichnete, stammte aus dem Weihnachtskatalog eines Museums, und ein Besuch im Büro des lokalen Automobilclubs führte zum Spontankauf eines winzigen Polizeibären in vollständiger Uniform. Unsere Bärenkäufe waren immer eher zufällig; die Teddys hatten irgendeine Eigenart, die uns ins Auge fiel, oder offenbarten eine unwiderstehliche charakterliche Individualität. Nur einmal kaufte ich einen Bär ungesehen aus einem Versandhauskatalog und hatte nagende Zweifel, bis er eintraf und genug Persönlichkeit bewies, um mehr als herzlich willkommen zu sein.

Immer noch spontan handelnd, kaufte ich während einer Geschäftsreise den größten Bär, der vorrätig war. Beim Besuch eines Kaufhauses in Canterbury sah ich ein Kindertretauto mit einem riesigen seidigen Bären auf dem Fahrersitz. Der Bär war auf 100 DM herabgesetzt. Mein letztes Bargeld errettete ihn aus seiner verkrampften Stellung, aber ich hatte dann das Problem, ihn nach Hause zu transportieren. Der Gang durch die bevölkerten Straßen von Canterbury mit einem Bär von ein Meter zwanzig Größe im Arm war etwas peinlich, und mir war nicht bewußt gewesen, wie weit entfernt ich mein Auto geparkt hatte. Er reiste festgeschnallt auf dem Beifahrersitz neben mir auf der Autobahn nach Hause. Kinder in einem Schulbus, hinter dem ich einige Minuten lang fahren mußte, staunten, bis sie die merkwürdige Kopfform neben dem Fahrer identifizieren konnten.

Diese Bärenkäufe hatten indessen nichts gemeinsam mit «ernsthaftem Sammeln», einer ganz anderen Infektion im Vergleich zur planlosen Anhäufung interessanter und nicht kostspieliger Bären. Nur vage hatte ich bisher von den bekannten deutschen Bärenherstellern Steiff oder Hermann gehört, und wenn wir uns in großen Kaufhäusern Teddys ansahen, hatte ein Preisschild, das mehr als 80 Mark verlangte, stets bewirkt, daß wir unsere Aufmerksamkeit umgehend dem nächsten Regal zuwandten. Warum sollten wir so viel für einen Bär ausgeben, wenn es äußerst liebenswerte Bären schon billiger gab?

Erst ein spezieller Teddybärladen öffnete mir die Augen. Eines Tages, als wir durch ein kleines Dorf fuhren, entdeckten wir ein großes weißes Schild an der Straßenseite, das «Teddybären» ankündigte und auf eine schmale Nebenstraße verwies. Als wir ihm folgten, stießen wir auf den Laden von zwei Schwestern, die selbst in Bären vernarrt waren. Sie hatten die größte Auswahl an Teddys, die wir je gesehen hatten. Die Bären saßen einladend auf breiten Regalen, und es blieb nur noch die Frage: «Welchen sollen wir nehmen?»

Vergleicht man die Produkte aller größeren und kleineren Hersteller von Bären, so wird einem bald klar, warum die gut gearbeiteten so viel teurer sind – man spürt die

Persönlichkeit, und der Preis wird Nebensache. Wir kauften, wir kehrten zurück und kauften wieder und lernten von den Schwestern, welche Marken sich zu kaufen lohnten.

Unsere Sammlung ist seitdem ständig gewachsen. Der Teddybärladen der zwei Schwestern hat uns bereits mit den auserlesensten Bären beliefert, darunter eine Originalkopie des teuersten Bären der Welt, den wir «General» tauften (weil das Original 1926, im Jahr des Generalstreiks, entstand), und ein Bär aus dem Jahr 1904, den wir mit meinem Gewinn aus dem Epsom-Derby 1992 erwarben.

Wenn wir die Bären erst einmal zu Hause haben, dürfen sie nicht einfach faul im Haus herumlungern, sondern müssen für Fotos posieren. Sie werden vor einem interessanten Hintergrund arrangiert und manchmal in eine Umgebung mitgenommen, die ihrem Charakter entspricht. Mehrere Stöße von Bärenfotos sind bereits veröffentlicht worden, und neue Fotoideen kommen mir auf der Suche nach geeigneten Requisiten. Bei einem Ausverkauf fand ich ein Fahrradmodell. Meine Frau suchte einen Bär mit den entsprechenden Proportionen aus, zog ihm Radlerhosen und ein grelles Trikot an und setzte ihm eine Baseballkappe auf. Und eine computerförmige Wasserpistole aus einem Spielzeugladen und ein Bleistiftspitzer in Faxgerätform gaben uns den Anstoß zur Errichtung eines Minibüros, komplett mit Telefon, Safe und Ablageschränken, in dem sich Bären geschäftig umtun können. In den Aufnahmen werden unsere Bären lebendig und führen ihr eigenes unabhängiges Leben.

Inzwischen sind wir begeisterte Sammler geworden und suchen überall, wo wir hingehen, nach Teddybären: von einem Urlaub in Amerika brachten wir einen Koffer voll mit – einen kräftigen Athleten mit Stirnband, Laufschuhen und Teilnehmernummer, einen vollausstaffierten Tennis-Paddington, einen Santa-Claus-Bär, einen Chirurgen in grünem Kittel und Gesichtsmaske, aber leider immer noch keinen Astronauten, immer noch keinen Bär im goldenen Raumanzug. Vielleicht suchen wir Sammler ewig nach dem einen Bär, den wir verpaßt haben, aber nie mehr finden können, doch die Freude am Suchen und an der Gesellschaft unserer Freunde ist mir Trost genug!

Lausbuben und Teddybärgeschichten

JANE BEESON

Ich muß gestehen, daß ich längst keine perfekte Mutter bin. Das ist ein mutiges Geständnis, denn Mangel an mütterlichen Fähigkeiten ist, wie ich bei meinen Freunden festgestellt habe, so schlimm wie ein Mann, der nicht Auto fahren kann.

Vielleicht graute es mir eben wegen dieses Mangels ganz besonders vor dem Zubettbringen von Ben, Robbie und Felix – sieben, sechs und vier Jahre alt und allgemein als «die Jungs» bekannt – meine. Den ganzen Tag lang konnte ich alles gut schaffen, «bewältigen», wie es der Psychologe in der Mütterberatung ausdrückte, aber um sechs – Badezeit – merkte ich, wie sich Spannung in mir aufbaute und ich daran zu denken begann, wie die Situation zu meistern sei, um einem Frontalzusammenstoß auszuweichen. Oberflächlich betrachtet, schien alles ganz einfach. Was war es weiter als ein Stellungswechsel – von aufrechter Haltung zum flachen Dahingestrecktsein, von Augen offen zu Augen geschlossen? In der Regel sah mich dieser natürliche Übergang allerdings heiß und rotgesichtig und auf unattraktiv demütigende Art bettelnd vor meinen Kindern stehen, wobei sie mich neugierig beäugten, während ich mich von der sorgenden Mutter zur bösen Hexe und für den Schlußakt – ins Bett stecken und Gutenachtkuß geben – wieder in die sorgende Mutter verwandelte. «Konfrontationen vermeiden» sagte mein Regal voller Bücher über Kinderpflege. Ja, aber wie? Was ich brauchte, beschloß ich, war kein Buch über Pflege, sondern eines über Management – Kindermanagement.

Ich fand mich damit ab, daß das Zubettbringen meiner Kinder mindestens zwei Stunden beanspruchte, und erst, wenn ich um acht wieder klarsah – die unansehnlich verstreut herumliegenden Spielzeugteile im Schrank verborgen, die Tür zugezwängt, die Jungs gebadet und im Bett –, konnte ich tief durchatmen, in einen Sessel sinken, mich entspannen, oder mich mit Simon unterhalten, sobald er von der Arbeit kam.

Seit sich unsere Familie um drei vergrößert hatte, schien Simon immer mehr Stunden im Labor verbringen zu müssen. Verständlicherweise – mit drei Kindern brauchten wir eben mehr Geld, hatte Simon erklärt.

«Gibt's für Überstunden viel mehr?» fragte ich ihn in der Nacht, als er gegen zehn hereinschlurfte.

«Überstunden?» sagte er, mich anstarrend. «Was für Überstunden?»

«Die längere Arbeitszeit. Das Extrageld?»

«Ich bekomme keine Überstunden bezahlt, nicht für Forschungsarbeit. Es liegt an mir, wieviel Stunden ich darauf verwenden will.»

Ich schluckte es. «Dann sind es also die Kinder?» fragte ich. «Findest du sie ermüdend?»

«Nein, warum?»

Also ich, dachte ich. Ich genüge nicht.

«Es hat mich nur interessiert», sagte ich.

Insgeheim nahm ich mir vor, daß sich von nun an alles ändern würde. Von morgen an würde ich mich zusammenreißen, organisiert und ruhig sein, die ausgedehnte Zubettbringen-Routine verkürzen, um von meinen Kindern und Simon gleichermaßen geliebt und geachtet zu werden ... Ich schlief gut in jener Nacht, ich hatte einen Entschluß getroffen, hatte einen Plan im Kopf, alles schien ganz unkompliziert zu sein.

Der Morgen graute, Ben und Robbie fuhren wie gewöhnlich mit dem Schulbus davon, Simon ging zur Arbeit, ich nahm Felix mit zum Supermarkt, setzte ihn in den Einkaufswagen, schob ihn herum und bediente mich links und rechts – ein ereignisloser, sogar besänftigender Tagesbeginn, hätte Felix nicht fünfzig Dosen umgeschmissen, während ich an der Kasse stand. Ich half beim Aufheben, entschuldigte mich, brachte es fertig, meinen Geldbeutel zu verlieren, fand ihn wieder, bezahlte, tat, als ob ich die Schlange wütender Kunden hinter mir nicht bemerkte, setzte Felix in seinen Autositz und fuhr nach Hause. Es schien den ganzen Vormittag zu dauern, nicht schlimmer als sonst.

Nach dem Mittagessen schlief Felix wie ein Engel, deshalb räumte ich auf, wusch und bügelte, bereitete mich gedanklich auf den verbesserten Abend vor und holte Ben und Robbie um 3 Uhr 30 vom Bus ab. Der Bus hatte sich allerdings verspätet, weil er einen neuen Fahrer hatte, der sich verfuhr, und so warteten Felix und ich und suchten vierzig Minuten lang Brombeeren, und gerade als der Bus ankam, kriegte Felix eine Beere in die falsche Röhre und würgte – da konnte ich mich nicht beim Fahrer beschweren, weil ich Felix umdrehte und ihm auf den Rücken zu klopfen versuchte, und alles mit nur zwei Händen. Ben und Robbie halfen, klopften Felix auf den Rücken, die Brombeere fiel raus, und wir gingen alle zum Tee nach Hause. Bereits jetzt begann ich, meine Kräfte für das neue Zubettbringen zusammenzuraffen.

Entsprechend fing ich Punkt sechs Uhr in gewählt beiläufigem Ton an: «Jetzt räumen wir auf – legen die Spielsachen weg, nicht wahr?» Darauf rollte sich Ben fester im Sessel zusammen, lutschte am Daumen und blickte mich wütend an. Robbie setzte eine streitlustige Miene auf und trat gegen einen Bausteinturm. Und Felix saß da und beobachtete seine beiden älteren Brüder, eifrig bemüht, unter allen Umständen «einer von ihnen» zu sein.

«Felix muß zuerst – Felix ist noch ein Baby.»

Felix' Augen füllten sich mit Tränen.

«Ich geh erst, wenn Ben geht», verkündete Robbie unzweideutig.

«Wieso soll ich zur gleichen Zeit wie Robbie gehen? Ich bin älter.» Für diese ziemlich abgenutzte Aussage zog Ben den Daumen aus dem Mund.

Ich hob Felix hoch. «Felix und ich gehen zuerst rauf», sagte ich, «und ihr zwei könnt in fünf Minuten nachkommen und jetzt noch ein bißchen spielen, bis Felix aus der Wanne ist. Wenn wir uns beeilen», setzte ich in einem Atemzug hinzu, «haben wir Zeit für eine schöne lange Geschichte.»

Dies wurde mit Stillschweigen quittiert. Triumphgefühle überfluteten mich, ich gratulierte mir selbst, meine Kinder schon früh an die Literatur herangeführt zu haben, denn natürlich wählte ich nur gute Bücher aus, vorzugsweise Kinderklassiker.

Der nun folgende Ablauf der Dinge war eine Improvisation des Standardrituals – Felix im Bad, kurzes Spiel mit den Plastikenten, Gebrummel von Ben und Robbie, daß nicht genug Wasser in der Wanne sei und Felix es «schmutzig» gemacht habe. Dann ließen sie mehr Wasser einlaufen, bis die Wanne fast überlief, und kletterten hinein. Sie lief über. Ich legte Felix ins Bett und ging ins Bad zurück, um den Fußboden aufzumoppen, während Ben und Robbie nackt herumhopsten und ihr Zimmer in Unordnung brachten. Als ich eintrat, sprangen sie schuldbewußt ins Bett, die Augen groß vor Angst, mein Mißfallen könnte «die schöne lange Geschichte» beschneiden. Ich hüllte mich in vornehmes Schweigen, setzte mich zu ihnen und begann. Ja, ich kannte die Bücher auswendig, und – ja – sie langweilten mich zu Tode, aber ich hatte die Fähigkeit entwickelt, mit angemessenem Ausdruck zu lesen und dabei an ganz andere Sachen zu denken. Fünfzehn oder zwanzig Minuten Vorlesen waren ein geringer Preis für die goldenen Stunden am Kaminfeuer, die vor mir lagen.

Aber das Erschütternde, das wirklich Deprimierende an der ganzen Sache war, daß ich trotz meiner ernsthaften Absicht und des verhältnismäßig ruhigen Verlaufs des Abends keine Zeit gewonnen hatte. Überhaupt keine. Als ich endlich um Viertel nach acht die Treppe hinunterging, stand Simon hungrig aussehend vor der geöffneten Kühlschranktür in der Küche.

«Du bist spät dran», sagte er. «Was hast du da oben gemacht?»

«Was denkst du wohl?» erwiderte ich bissig. «Ich hab ihnen vorgelesen, was sonst?»

«Ich kann sie morgen ins Bett bringen, wenn du willst», anerbot er sich freundlich. Morgen war Sonntag.

«Gut», sagte ich, «du kannst es versuchen.»

«Versuchen? Ich hab es getan, als du an dem Wochenende weg warst. Kein Problem.»

«Ohne sie mit Vorlesen zu bestechen?» fragte ich.

«Ja.»

«Wie?»

«Ich hab ihnen gesagt, es ist Schlafenszeit, packte sie ins Bett und knipste das Licht aus. Das im Flur habe ich angelassen», fügte er hinzu, als hätte er mich zu belehren. «Du mußt mit fester Stimme reden, damit sie merken, es ist dir ernst mit dem, was du sagst.»

Ich unterließ es, ihn zu schlagen, nahm sein Angebot an und besuchte am Sonntag eine Freundin. Sollte er sehen, wie er mit den dreien fertig wurde. Zwanzig nach sieben war ich zurück, und das Haus war wunderbar still. Simon saß neben dem Feuer, und aus der Küche drang angenehmer Zwiebelgeruch.

«Ich habe Suppe aufgesetzt», sagte er.

Am folgenden Abend sprach ich so, daß sie merken mußten, es war mir ernst mit dem, was ich sagte. Ich brüllte. Ben und Robbie betrachteten mich mit schockierten Gesichtern, Felix fing an zu weinen. «Um Himmels willen», sagte ich, «ich habe euch viermal gebeten, aufzuräumen und ins Bett zu gehen, und nichts geschieht, es geschieht absolut nichts. Ihr ignoriert mich. Ihr seid alt genug, alle drei», fuhr ich fort und starrte den armen kleinen Felix wütend an, «um zu begreifen, was ich will.»

Bens Daumen rutschte automatisch in den Mund. Robbie ließ sich nach dem ersten Schreck auf Hände und Knie nieder und schob seinen Lastwagen durch die Gegend. Felix' Tränen versiegten, aber sein Atem verfing sich alle paar Sekunden in einem Schluckauf.

«Simon», brüllte ich, «kommst du mal rauf und hilfst?»

Simon tauchte auf. «Sie gehen nicht ins Bett», sagte ich aufgebracht. «Kannst du ihnen sagen, daß sie mich zur Verzweiflung bringen?»

«Habt ihr gehört, was eure Mutter sagt?» wiederholte er gehorsam. «Ihr bringt sie zur Verzweiflung.»

Er benahm sich wie ein Papagei, ich hatte ihm souffliert. Aber es funktionierte. Ganz unterwürfig ließen sie sich von mir ins Bett bringen, kletterten sogar gleich nach der ersten Aufforderung aus der Wanne und ließen sich in übergroße Handtücher wickeln. Ich war zerknirscht und beschämt. Wie schwach, Simon um Hilfe bitten zu müssen, weil ich mit meinen eigenen Kindern nicht fertig wurde. Ich war tatsächlich so überwältigt von ihrem guten Benehmen, daß ich ihnen vorlas, obwohl es nicht meine Absicht gewesen war.

«Es ist längst acht vorbei», sagte Simon, als ich schließlich in der Küche erschien, um uns etwas zu essen zu machen – er hatte eine Woche lang früher Schluß, während er darauf wartete, daß ein Experiment reifte oder so etwas Ähnliches.

«Sie waren so brav», sagte ich. «Wirklich lieb. Ich dachte, ich müßte ihnen schnell noch was vorlesen, es wäre nicht fair gewesen.»

Er hob die Augenbrauen und sagte nichts.

Eine Woche lang lief alles besser. Meine erhobene Stimme schien ihren Zweck erfüllt zu haben. Bis eines Abends ein wichtiges Buch, das Robbie gehörte – und aus dem ich offenbar gerade an diesem Abend unbedingt vorlesen sollte –, verschwand. Wir suchten überall, unter der

Wanne, in den Schränken, unter den Kissen, im Sofa und in den Sesseln, im Garten. Ich suchte sogar in den Abfalleimern. Robbie zog es vor, sich auf den Boden zu schmeißen und als Begleitung zu seinem anhaltenden Wehklagen gegen alles, was sein Bein erreichte, zu treten. Bens Daumen zeigte einen wunden roten Saugfleck. Eine neue Tragödie bahnte sich an – ich war mit meiner Weisheit am Ende. Um neun gab es ein Hörspiel im Radio, und wenn ich es hören wollte, mußte jetzt etwas geschehen.

Ich sagte, naiv wie ich war: «Ich werde euch eine Geschichte erzählen.» Drei braune Augenpaare sahen mich fragend an.

«Was für eine Geschichte?» fragte Ben.

Robbie wimmerte und trat immer noch um sich, aber nicht mehr so wild.

«Eine Geschichte von . . .» sagte ich hilflos und sah mich Eingebung suchend im Zimmer um, bis mein Blick auf dem Regal über dem Schrank hängenblieb, «. . . von Gelb-Teddy, Rosa-Teddy und Schwarzweiß-Teddy.» Dies waren die phantasielosen, wenn auch passenden Namen des abgewetzten Trios, das mit glänzenden braunen Augen auf mich herunterstarrte. Ja, zum Glück hatten sie noch Augen, obwohl das eine von Schwarzweiß-Teddy ein bißchen heraushing.

Das wirkte wie ein Zauberspruch. Robbie erhob sich leise, und er und Ben folgten Felix und mir die Treppe hinauf. Das Baden ging reibungslos über die Bühne, und ich gratulierte mir selbst zu meiner Eingebung und meiner Fähigkeit, Kinder zu «bewältigen». Und in allerkürzester Zeit reihten sich drei begierige Gesichter nebeneinander im Ehebett.

«Einmal», begann ich und hatte nicht die leiseste Ahnung, was nun käme, «gingen Rosa-Teddy, Gelb-Teddy und Schwarzweiß-Teddy spazieren» – ein äußerst langweiliger Anfang ohne jegliche Originalität, aber meine Zuhörerschaft war gefesselt.

«Weiter», sagten sie und strampelten wild unter der Decke.

Und ich erzählte, und es dauerte ewig. Die Rollen mußten verteilt werden: Rosa-Teddy war drollig, tat und sagte lustige Sachen, geriet in Fallen, blieb mit der Pfote in Marmeladengläsern stecken (ich klaute schamlos von Milne und Kipling, niemand störte es, Kunst lebt von Kunst, sagte ich mir – Kunst?), Gelb-Teddy stiftete zu Abenteuern an und war tapfer bis zur Tollkühnheit, Schwarzweiß-Teddy war ein Träumer und erkannte keine Gefahr, auch wenn er mit der Nase drauf gestoßen wurde – o ja, eine Menge Gefahr mußte dabei sein! So wie ich es jetzt sehe, kann ich sagen, daß meine Geschichte die klassische Form einer Seifenoper annahm – ein amüsanter Beginn mit klar definierten Verhaltensmustern, die jede Episode zu einem aufregenden Crescendo aufbauten, d. h. Rosa-Teddy und Gelb-Teddy unter einem Felsen, Jaguar sprungbereit darüber, Schwarzweiß-Teddy sieht Jaguar, aber ist zu verträumt, um die Gefahr zu erkennen und zu warnen, bis der Jaguar loslegt. Im gleichen Augenblick schreit Schwarzweiß-Teddy auf, und Gelb-Teddy und Rosa-Teddy laufen davon, gerettet aus tödlicher Gefahr. Ich entschuldigte meinen alarmierenden Mangel an Phantasie vor mir selbst damit, daß es das Ende eines langen und, wie ich hoffte, fürsorglichen Tages mit meinen Kindern war.

Während der Geschichte saßen meine Kinder in absoluter Stille da, wandten nicht ein einziges Mal den Blick von meinem Gesicht, als sie jede dieser schrecklich zusammengesponnenen Situationen in sich aufnahmen. Bens Daumen war ihm aus dem Mund gerutscht und lag auf der Decke; sobald ich schwieg, war er wieder drin.

Fügsam wie gutgenährte Kätzchen rollten sie sich an diesem Abend zum Schlaf zusammen und ließen mich schwindlig von meinem Erfolg zurück.

Als ich die Treppe hinunterging, kam Simon gerade nach Hause. Er äußerte sich zur ungewöhnlichen Stille im Obergeschoß.

«Ich habe ihnen eine selbsterfundene Geschichte erzählt», erklärte ich stolz auf meine neu entdeckte Fähigkeit. Von Talent sagte ich nichts. «Es scheint funktioniert zu haben», fügte ich bescheiden hinzu.

Simon schien weniger beeindruckt, als ich es erwartet hatte. «Paß auf», sagte er, «jetzt kommst du nie mehr darum herum.»

Ich lachte. «Es lohnt sich», sagte ich, «um des Friedens und der Ruhe willen. Ist doch besser, als wenn sie die halbe Nacht durchs Haus rennen, wie die meisten Kinder unserer Freunde.»

«Ja», pflichtete er mir ohne Überzeugung bei. Ich war verstimmt. Der hatte gut reden.

«Nächstes Jahr um diese Zeit ist Felix in der Schule», erklärte ich, um mir Mut zu machen. «Mrs. Baker hat gesagt, sie erzählt oft Geschichten – im Grundschulalter nehmen die Kinder Informationen so besser auf, als wenn man ihnen vorliest.»

«Ja», sagte Simon. Und dann: «Es ändert nichts an seiner Schlafenszeit . . .»

«Nicht ihre Schlafenszeit, nein. Aber am Tag . . .»

«. . . hast du viel mehr Zeit für dich.»

Sofort bekam ich ein schlechtes Gewissen. Warum sollte ich Zeit für mich haben? Hatte ich die Kinder nicht bekommen, weil ich sie wollte? Ja, mehr oder weniger. Und als sie da waren, war ich in sie vernarrt. Bens Geburt war das aufregendste Ereignis meines Lebens gewesen – und Robbies und Felix'. Wie mir Ältere und Klügere sagten, müßte ich jetzt das Beste aus ihnen machen, denn so klein wären sie nicht lang!

«Vielleicht kannst du ihnen morgen abend eine Geschichte erzählen», sagte ich.

«Nein», entgegnete Simon entschieden. «Ich bin bereit, ab und zu vorzulesen, aber ich bin kein Geschichtenerzähler.»

«Bis heute dachte ich auch nicht, daß ich einer bin», sagte ich, noch immer stolzgeschwellt, «aber vielleicht fällt mir keine neue ein.»

«Stimmt», sagte Simon, «du könntest auf dem trockenen sitzen.»

Es war fast eine Herausforderung. «Ich schaffe sicher noch einen Abend», sagte ich hochmütig. «Danach haben sie es wahrscheinlich satt und wollen wieder vorgelesen bekommen.»

«Sei nicht so sicher.» Sein Ton brachte mich aus der Fassung. Ich mochte den prophetischen Klang nicht, den seine Stimme annahm, wenn er von seinen Gemeinplätzen überzeugt war. Ziemlich arrogant. In solchen Fällen weigerte er sich, deutlicher zu werden.

«Ich kann nicht glauben», sagte ich, «daß du unfähig bist, dir auch nur eine Geschichte auszudenken.»

«Sie sind zufrieden mit deiner», sagte er. «Das ist gut. Mach weiter so.»

«Simon, du scheinst überhaupt nicht auf die Idee zu kommen, daß es mich erschöpfen könnte, wenn ich am Ende eines langen Tages noch Geschichten erfinden muß.»

«Doch, deshalb meinte ich ja, daß du dich nicht darauf einlassen solltest.»

«Ich hab mich aber darauf eingelassen», sagte ich. «Jetzt ist es zu spät. Ich habe ihnen für morgen eine neue versprochen.»

«Für morgen und übermorgen und überübermorgen.»

Robbie kam am nächsten Tag mit dem verlorenen Buch im Rucksack aus der Schule. Gleich packte ich die Gelegenheit beim Schopf. «Schau, Robbie, ist es nicht ein Glück, daß wir deinen Namen hineingeschrieben haben? Sonst hätte deine Lehrerin nicht gewußt, wem es gehört. Ich kann es euch heute abend vorlesen. Wenn wir ein bißchen früher hinaufgehen, schaff ich es vielleicht sogar bis zum Ende.»

Das wurde schlecht aufgenommen. Besser ließ sich Enttäuschung von drei Gesichtern nicht wiedergeben. «Nach all dem Theater – wollt ihr's denn nicht?»

Ben nahm seinen wunden Daumen raus. «Wir wollen eine Teddygeschichte, wie gestern abend.»

«Ach . . .»

«Du hast es versprochen», sagten sie anklagend.

Das Zubettgehen war kein Problem, selbst das Wegräumen der Spielsachen war eine Leichtigkeit. Im Handumdrehen waren die geschrubbten Gesichter wieder auf mich gerichtet und strahlten erwartungsvoll, daß sich mein Mund öffnete und Perlen herausfielen. So groß ist die Macht der Projektion!

«Muß es unbedingt mit Teddys zu tun haben?» fragte ich versuchsweise, hoffnungsvoll.

«Ja», kam es im Chor.

«Na schön», räumte ich ein, murmelte rasch ein Bittgebet zu einer namenlosen Muse und begann. Ich versicherte mir, daß sie es in zwei oder drei Tagen satt hätten. Ich vertraute auf ihren von Natur aus guten Geschmack, den ich so sorgfältig gepflegt hatte. Auf halber Strecke kam mir diese zweite Teddygeschichte dermaßen schal vor, daß ich sie fragte, ob ich nicht lieber aufhören und Robbies Buch vorlesen sollte.

«Nein!» Ihre Augen funkelten mich böse an.

«Du kannst nicht mittendrin aufhören.»

«Weiter!»

Ich begann zu begreifen, in welchem Dilemma sich die alten Barden befunden haben mußten – die Notwendigkeit, unter allen Umständen weiterzumachen. Wenn ich nur Luft holte, war ich schon in Schwierigkeiten. Wörter hatten herauszusprudeln, wenn nicht wie aus einem unversiegbaren Brunnen, dann doch wenigstens wie aus einem Gartenschlauch. Ich konnte die Angst der Barden, bei Nichterfüllung gefressen zu werden, verstehen. Und als die Tage – oder besser die Nächte – vergingen und ich weiterhin meine dürftigen Kreationen gegen ein paar Stunden Frieden eintauschte, wurde mir die Formel immer klarer. Wich ich von ihr ab, wurde ich unterbrochen und mit unmißverständlichen Worten zurechtgewiesen. Jede Episode mußte – ja, mußte – unbedingt die drei Hauptcharaktere, Komödie und den lauernden Tod enthalten. Nur das war akzeptabel. Und jeder Charakter mußte seiner Rolle treu bleiben. (Alle waren männlich; hätte ich Mädchen gehabt, wären zweifellos alle weiblich gewesen – Identifikation war wichtig.) Griff ich charakterlich daneben – ließ ich zum Beispiel Gelb-Teddy statt Rosa-Teddy herumalbern, oder machte ich Rosa-Teddy gar zum Träumerle wie Schwarzweiß-Teddy einer war –, wurde ich sofort korrigiert. Felix, das heißt Schwarzweiß-Teddy, durfte auf keinen Fall mit den anderen konkurrieren. Felix beschwerte sich nie. Er verstand es nicht, redete ich mir ein. Zurückblickend weiß ich aber jetzt, daß ich die Dumme war.

Wie die Spannung, so nahm auch der Druck Abend für Abend zu, und ich versuchte es mit Ausweichmanövern. Ich schützte Müdigkeit vor, Kopfschmerzen, einen rauhen Hals. Widerwillig reichten sie mir dann ein Buch, akzeptierten mein Unwohlsein, ohne auch nur eine Sekunde lang daran zu glauben, zögerten jedoch, meine Worte in Zweifel zu ziehen. Die Atmosphäre der Unzufriedenheit, die sie jedoch hervorzurufen verstanden, war ebenso überraschend wie deprimierend. Während ich das Buch zuklappte, klang es im Chor: «Wann erzählst du uns wieder eine Teddygeschichte?»

«Wenn mir eine einfällt», sagte ich ausweichend. Aber das war nicht alles. Die Abende, nachdem ich einfach vorgelesen hatte, verliefen weder ruhig noch ungestört. Ben, Robbie und sogar Felix fanden es nötig, zwei- oder dreimal unten aufzutauchen, weil sie Orangensaft brauchten oder «einfach nicht schlafen konnten».

«Wann erzählst du uns wieder eine Teddygeschichte?»

Einzeln machten sie sich an mich heran, um es mir ins Ohr zu flüstern, damit es Simon nicht hörte und womöglich losbrüllte.

«Morgen», sagte ich zögernd und spielte mit dem Gedanken, auszugehen und einen Babysitter zu bestellen.

Aber ich hatte mich verrechnet. Am folgenden Morgen um sieben saßen drei kleine Gestalten auf meinem Bett und wollten eine Teddygeschichte hören.

«Ich bin zu müde, schlafe noch, kann nicht denken.» Ich drehte mich um und zog mir die Decke über den Kopf. Simon stellte sich schlafend. Ausreden wurden ignoriert. Sie saßen da wie Sieh-nichts-Böses, Denk-nichts-Böses und Tu-nichts-Böses, lutschten an ihren Daumen und warteten. Es war wie ein Fluch. Schließlich stützte ich mich auf einen Ellbogen, verlangte, daß sie mir etwas zu trinken brachten, um meinen trockenen Hals zu schmieren, und begann in tranceartiger Benommenheit: «Einmal wollten Rosa-Teddy, Gelb-Teddy und Schwarzweiß-Teddy . . .»

Es ging so weit, daß ich mit dem Gedanken spielte, Rosa-Teddy, Gelb-Teddy und Schwarzweiß-Teddy in den Abfall zu schmeißen. Aber das war selbst für mich zu grausam. Das Erstaunliche, ja Unglaubliche war, daß die Kinder meiner Geschichten nie müde wurden, wie schlecht sie auch waren, und immer neue Episoden verlangten.

Schließlich war es Felix, der meinen dünner werdenden Geschichten einen neuen Impuls gab. Er mußte nämlich ins Krankenhaus, um wegen eines schielenden Auges operiert zu werden. Es war das erste Mal, daß so etwas mit einem unserer Kinder passierte, deshalb herrschte große Aufregung, die sich durch scheinbare äußere Ruhe, sorgfältig beherrschte Stimmen und dergleichen bemerkbar machte. Felix wurde sofort zum Mittelpunkt der Aufmerksamkeit, und selbst Robbie nahm ihm seltener als sonst die Spielsachen weg.

Als der bedeutsame Tag kam und wir Felix ins Krankenhaus fuhren, hielten wir in der Hauptstraße an, um ihm als Trost ein Geschenk zu kaufen – einen herrlichen braunen Teddybär. Wir fanden das angemessen, da der Faden von Schwarzweiß-Teddys Auge schließlich gerissen und das Auge auf unerklärliche Weise verschwunden war. Ben und Robbie beguckten sich Braun-Teddy.

Als er fünf Tage später mit Braun-Teddy im Arm aus dem Krankenhaus kam, aber tat ihm sein Auge sehr weh. Aber Felix' Erziehung durch seine Brüder gestattete ihm nicht zu jammern. «Was», flüsterte ich in sein kleines durchscheinend rosiges Ohr, als er mit dem Gesicht nach unten auf dem Kissen lag, «kann ich tun, um es besser zu machen?»

«Erzähl eine Teddygeschichte», murmelte er, «mit Braun-Teddy drin.»

Und so geschah es. Ich achtete nicht auf irgendwelche

Regeln, und trotz der bestürzten Blicke von Robbie und Ben, machte ich Braun-Teddy zum Helden – tapfer, witzig und klug – einfach alles! Felix war begeistert. Er war kein Dummkopf, und jeden Abend zur Schlafenszeit tat ihm sein Auge so weh, daß ihm nur eine Braun-Teddy-Geschichte helfen konnte. Und bevor ich mich's versah, war ich mitten in einer Teddyserie, die noch länger als die erste lief. Ja, sie machte mich fertig.

«Simon», sagte ich, «ich kann nicht mehr. Ich kann einfach nicht mehr.»

Weil Simon den Verdacht hatte, das Schielen könnte ein Erbstück seiner Familie sein, löste er mich ab. Wie sich zeigte, konnte er phantastisch Geschichten erzählen. Aber nach einer Weile mußte auch er die Waffen strecken. Er schlug vor, daß wir mit einem Inserat eine «Hilfe» suchten – die unbezahlten Überstunden hatten sich wohl doch bezahlt gemacht, wenn Sie wissen, was ich meine. Er war befördert worden. Welch ein Segen! Ich führte mit den «Hilfen» Bewerbungsgespräche, bat die Bewerberinnen, eine Teddygeschichte zu improvisieren. Erstaunlicherweise probierte es nur eine. Sie hieß Miranda und bekam den Job. Ihre Phantasie überstieg meine bei weitem, wenn nicht gar seine. Die Jungs folgten ihr abends wie kleine Entchen. Ben hörte sogar auf, am Daumen zu lutschen.

Ich sagte zu Simon: «Sie sind jetzt auch schon ein bißchen älter, nicht wahr?»

«Was willst du damit sagen?» fragte er.

«Ich meine, wir haben das Beste aus ihnen gemacht», sagte ich.

«Ja, da bin ich völlig deiner Meinung.»

Wir aßen unseren Salat vor dem Fernseher und unterhielten uns dabei. Von oben hörten wir Mirandas Stimme und die begeisterten Gluckser der Jungs. Frieden. Zumindest für eine Weile.

Das ist mein Teddy!

REBECCA FRASER

Der Teddybär sieht ziemlich verloren aus. Sein Fell ist grau, die Augen trüb. Man sollte ihn eigentlich wegpakken. Sicher wundern sich die Leute, warum eine erwachsene Frau, ja, eine schon ältere Frau wie ich, ihn auf dem Bett sitzen hat. Aber für mich ist er ein Symbol dessen, was man heutzutage wohl Selbstbewußtsein oder vielmehr Selbstverwirklichung nennt (und darauf legen sie hier sehr großen Wert). Vermutlich behalte ich ihn, weil er eine Rechtfertigung für mein Verhalten vor vielen Jahren ist. Und er gehört zu den wenigen Dingen, die mir aus der damaligen Zeit geblieben sind, zu den wenigen Dingen, die mir überhaupt geblieben sind.

Meine Schwester Alice wurde fünf Jahre nach mir geboren. Ich weiß jetzt, daß sie alles war, was ich nicht war. Sie war sanft und freundlich. Sie war, wie ich zurückblikkend sehe, ein richtiges Baby-Baby. Ich dagegen – na, ein wenig ist mir mein Charakter wohl vom Gesicht abzulesen, das in der Kindheit düster war, mit undurchdringlichem Ausdruck, «verschlossen», wie mein Kindermädchen immer kopfschüttelnd sagte. Ich dagegen sage, daß ich erst verschlossen wurde, als Alice auf die Welt kam.

Alle versuchten mir einzureden, daß sich nichts ändern würde, daß ich immer noch das Baby meiner Mutter wäre, aber tatsächlich gab es für mich – so, wie ich es sah – einfach keinen Platz und keine Zeit mehr. Sie taten, als sei alles beim alten geblieben, aber wenn einen die Mutter nicht mehr hochhebt, auch nicht, wenn man unglücklich ist, weil sie lieber jemand anderen hochhebt – diese dumme Alice –, also, es macht einem schon zu schaffen.

Ich kann mich an all die Sachen erinnern, die für das Baby eintrafen, die von Leuten gebracht wurden, die immer wieder «unbedingt das Baby sehen wollten», wie sie sagten, aber niemand wollte *mich* unbedingt sehen, und für mich gab es auch keine Geschenke. Und ich erinnere mich, daß ich, als endlich mal jemand mir etwas schickte, mit einer Art stumpfsinniger Ergebenheit zu meiner Mutter sagte, «es ist fürs Baby», und daß dann Tränen in ihren Augen glänzten. Und sie sagte laut zu meinem Papa «die arme Kleine, sie denkt, alles ist fürs Baby», was natürlich blöd war, weil es ja letzten Endes stimmte.

Mir wurde bald klar, daß ich etwas unternehmen mußte, damit mein Kinderzimmer nicht mehr von diesem

Baby beherrscht wurde. Wenn ich nicht aufpaßte, hätte ich sehr bald gar nichts mehr zu melden. Der albernen Idee der Erwachsenen, wir könnten das Zimmer miteinander teilen, bereitete ich ein Ende, indem ich in den Ferien in Cornwall tobte und schrie, so laut ich nur konnte. Ich glaube, es war ihnen eine Lehre, besonders meiner Mutter mit ihrer idiotischen Vorstellung, ich könnte mich mit dem Baby anfreunden. Ja, ich glaube, Cornwall war wirklich der Wendepunkt.

Sie müssen wissen, in jenem ungewöhnlich heißen und langweiligen Sommer gingen wir oft zum Strand. Dort lagen wir auf ziemlich sinnlose Weise herum, das Baby von einer langen Prozession Erwachsener begleitet, die viel Wesens darum machten, Schirme über ihm aufspannten und Nuckelflaschen beschafften – es war zum Brüllen! Ich glaube, ich bin viel am Ufer entlanggelaufen, habe Stöcke aufgehoben und Sachen gesucht, stets allein. Mein Papa, der immer noch ein bißchen vernünftiger als meine Mutter war, tat manchmal so, als wolle er mit mir gehen, aber dann kreischte sie jedesmal, daß Alice etwas brauche, und dann war er wieder fort. Ich sehe sie alle noch vor mir: meinen Vater in seinem dunkelblauen Bademantel und meine Mutter, die tat, als sei das Baby das Jesuskind, das sie mit dieser widerlichen Hingabe anstarrte, wie ich es von Heiligenbildern kannte, und das Baby selbst hatte keine Ahnung von dem Aufruhr, den es verursachte, und wie unglücklich es mich machte.

Bis Cornwall hatte ich geglaubt, daß das Baby wieder irgendwie verschwinden würde und die glückliche Beziehung, die wir einmal hatten, wieder zustande käme – ich auf dem Schoß meiner Mutter auf dem Rücksitz eines Taxis sitzend, immer irgendwohin unterwegs, nur wir drei, eine geschlossene glückliche kleine Einheit. Aber nach etwa sechs Monaten wurde mir plötzlich klar, daß die

Dinge nie wieder so sein würden, wie sie einmal waren, und daß ich für immer alleingelassen und unglücklich bliebe.

Es war schon merkwürdig, was als nächstes passierte. Meine Sonntagsschullehrerin hätte gesagt, «Gott wirkt auf wundersame und unerwartete Weise». Weil mir eines Tages, als ich wie gewöhnlich am Meer entlangging und nicht mit meiner Familie redete, ein Mann mit einem Netz begegnete. Er zog Fische aus dem Meer, und dann schlug er mit einem großen Stein auf ihre Köpfe, so daß sie alle seltsam kaputt, naß und rot aussahen. Sie lagen da und rührten sich nicht. Aber als sie aus dem Meer gekommen waren, hatten sie nach Luft geschnappt, sich gewunden und gedreht und waren ziemlich beängstigend gewesen, und jetzt, nachdem er auf ihre Köpfe geschlagen hatte, waren sie still und gar nicht mehr erschreckend oder lästig. Und ich erinnere mich, daß ich dachte, ich könnte ja so etwas auch mit Alice machen, damit sie aufhörte zu klucksen und sich zu winden und mich nicht mehr ärgerte und für immer verschwand.

Als wir in Cornwall waren, fing meine Schwester, das heißt das Baby (ich nenne sie nicht gerne Schwester, weil ich die Schwester hier mag und über sie ganz anders denke), ganz furchtbar zu schreien an. Meine Mutter sagte auf ihre rührselige Art, wieder fast mit Tränen in den Augen (sie hatte fast immer Tränen in den Augen, wenn es ums Baby ging), sie zahne. Sie gab ihr Sachen zum Kauen – nicht meine Sachen, das wagte sie nicht –, aber alte Lederreste oder Möhren. Eines Tages jedenfalls bekam das Baby meinen Teddy zu fassen und kaute darauf herum.

Ihr jungen Leute könnt euch natürlich nicht vorstellen, was Teddys in den späten Fünfzigern für uns bedeuteten. Der Krieg war noch gar nicht so lange vorbei, und so viele

Stofftiere wie heute gab es damals nicht – oh, ich erfahre eine Menge über das moderne Leben aus meinem Fernseher – aber ich schweife ab. Wie ich sagte, das Baby hatte meinen Teddy zu fassen bekommen, das einzige, was mir wirklich gehörte, und wollte ihn nicht hergeben. Und es war so ein schöner Teddy mit seinem honigfarbenen Pelz, und ich spürte, daß er der einzige in diesem schrecklichen Haushalt war, der mich verstand, der mich nie anschrie, wenn ich mit den Sachen auf dem Frisiertisch meiner Mutter herumspielte, und mir nicht sagte *«hör um Himmels willen auf zu heulen»*, wo das Baby doch dauernd heulte und mir auf die Nerven ging. Und als ich meinen Teddy dem gräßlichen Baby entriß und mir befohlen wurde, ihn zurückzugeben, damit es auf seinem wunderschönen Fell herumsabbern konnte – also, da wußte ich, was ich zu tun hatte.

Ich bin nicht sicher, wie ich den Stein nach Hause brachte. Ich hatte ihn wahrscheinlich in den grünen Eimer gelegt, den ein Erwachsener mir in der Nähe des Würstchenstands gekauft hatte. Es achtete sowieso kaum einer auf mich, und so setzte ich mich mitten in dem Durcheinander und Gebrüll, wer wo zu sitzen hätte und wie man's mit dem Mittagessen machen sollte, still auf den Rücksitz des Autos. Ich streichelte den glatten schweren schwarzen Stein, während die Erwachsenen sich stritten, und ich blickte auf Baby Alice und fühlte mich schon viel besser. Ruhig. Mächtig. Wie der Stein.

Meine Mutter sagte immer «paß aufs Baby auf, Schätzchen» und stellte sich vor, daß wir auf diese Weise Freunde würden, und an jenem Mittag sagte sie es wieder. «Ich geh nur schnell rauf aufs Klo», sagte sie, «und du paßt auf sie auf, Schätzchen.» Sie lächelte ihr schwaches, rührseliges Lächeln, aber nicht wie früher für mich, sondern natürlich fürs Baby. Und dieses eine Mal lächelte ich auch und sagte ja.

Ich tat es schnell. Das Baby lag auf dem Boden, wie die Fische, und ich ließ den Stein einfach auf seinen Kopf fallen.

Es gab viel Geschrei, und dann gingen meine Mama und mein Papa fort, glaube ich, und sie nahmen mich nie mehr mit. Tatsächlich lebte ich bald danach nur noch in diesem Haus. Wahrscheinlich wußte ich, daß es niemals mehr so werden würde wie vor dem Baby und daß sie mich eigentlich nicht mehr wollten, nachdem sie es gesehen hatten, aber ich dachte, einen Versuch ist es wert.

Der rote Bär einer russischen Prinzessin

Pat Rush

Wenn Teddybären auf Auktionen versteigert werden, können mehrere Faktoren ihren Preis beeinflussen. Seltenheit ist natürlich einer. Aber eine interessante Vorgeschichte kann die Gebote auch in die Höhe treiben. Wenn beides zusammentrifft, können Weltrekorde gebrochen werden – wie es im Mai 1989 bei Christie's geschah.

Das Auktionshaus hatte großes Interesse an einem ungewöhnlichen roten Bär geweckt, indem es eine Postkarte von ihm anfertigte und an alle eingetragenen Teddysammler schickte. Seine Geschichte wurde in der Presse und im Fernsehen verbreitet, und so war die Spannung schon zu Beginn der Auktion groß. Die Gebote steigerten sich rasant, und in kürzester Zeit hatte Alfonzo ein neues Zuhause – für den Rekordpreis von stolzen 420000 DM.

Natürlich lag es mit daran, daß er so ein seltener Bär war. Der Knopf in seinem Ohr bestätigte, daß er aus der berühmten Steiff-Fabrik stammte. Aber die Firma Steiff hatte keine Unterlagen, wonach solche roten Bären produziert worden wären. Sie kamen zu dem Schluß, daß er wahrscheinlich 1908 für das Kaufhaus Harrods in London hergestellt worden war, das oft für ihre besten Kunden Spezialanfertigungen bestellte.

Noch wichtiger war aber vielleicht die Identität dieses besonderen Kunden. Denn der Bär war von Georg Michailowitsch, Großherzog von Rußland, gekauft worden, als Geschenk für seine Tochter, Prinzessin Xenia. Der Großherzog wurde 1919 ermordet, doch der Bär blieb bis zum Tod der Prinzessin im Jahr 1965 als kostbare Erinnerung in ihrem Besitz.

Alfonzo verbrachte einen großen Teil seines anfänglichen Lebens in einem Haus, das sich in unmittelbarer Nähe der Zarenresidenz auf der Krim befand.

1914 kehrte Alfonzo mit Prinzessin Xenia und ihrer Mutter zu einem Besuch im Buckingham-Palast nach London zurück. Sie hielten sich noch immer dort auf, als der Krieg ausbrach, und da sie nicht nach Hause zurückkehren konnten, waren sie anschließend Gäste von Königin Alexandra im Marlborough House. Als deutlich wurde, daß sich ihr Aufenthalt in die Länge ziehen würde, bezogen sie schließlich ein eigenes Haus.

Durch alle Unruhen hindurch blieb Alfonzo bei der Prinzessin.

So geschah es, daß Alfonzo 1921 nach Amerika kam. Die Prinzessin hatte William Leeds, den Erben eines Zinnvermögens, geheiratet. Das Paar richtete sich auf Long Island ein, und dort blieb Alfonzo dann mehr als 40 Jahre.

Nach dem Tod der Prinzessin gelangte er schließlich auf Umwegen zu Christie's nach London, und am 18. Mai 1989 machte er durch das Rekordgebot von sich reden. Sein neuer Besitzer war Ian Pout, Inhaber eines Teddybärladens in Witney, Oxfordshire. Alfonzo sollte der Star seines Teddybärmuseums werden.

Mit seinem leuchtendroten Pelz und der Russenbluse war er eine herausragende Ergänzung der Sammlung. Aber sein Ruhm verbreitete sich noch mehr, als sein neuer Besitzer beim ursprünglichen Hersteller Steiff 5000 Nachbildungen bestellte. Sammler kauften sie rasch vom Markt.

Ein Exemplar bekam die frühere Besitzerin, Prinzessin Xenias Tochter, geschenkt, und sie war verblüfft über die Ähnlichkeit mit dem alten Bär ihrer Mutter. Nur ein kleiner Unterschied war zu erkennen. Die Nase des Doppelgängers war in bestem Zustand, während die des innig geliebten Alfonzo durch die vielen Küsse, die er erhalten hatte, fast kahl war!

Von Mönchen und Teddybären

GILLIAN ELIAS

Ein als Mönch verkleideter Teddybär hat etwas Resolutes und «Bedeutendes» an sich. Sobald er in einer Mönchskutte steckt, strahlt er Pflichtbewußtsein und ein Gespür für die klösterlichen Tugenden aus. Mit einem Schlag macht er sich eine ganz neue Persönlichkeit zu eigen, vor allem wenn er eine goldene Brille trägt. Er ist ein erwachsener Bär, der dich nicht mehr braucht – in einem Kloster seiner Wahl folgt er seiner Berufung. Glauben Sie mir, ich weiß Bescheid, nachdem ich bereits mehrere Teddys dem religiösen Leben übereignet habe.

Der erste war Bruder Theodor, ein Zisterzienserbär, der in die Gemeinschaft des Klosters Sankt Bernard aufgenommen wurde. Der Abt hatte während einer Unterhaltung nebenbei erwähnt, daß er eine Vorliebe für Teddybären habe, und sofort entstand vor meinen Augen ein eindrucksvolles Bild: die würdevolle schwarzweiße Tracht der Trappisten auf der rundlichen pelzigen Gestalt eines Teddybären. Ich sagte nichts, eilte aber fiebernd vor kreativen Eifers nach Hause.

Als ich das Projekt in Angriff nahm, wurde mir sogleich klar, daß die Kleidung des Teddys korrekt sein mußte. Ein Bär, der nur so irgendwie mönchsähnlich angezogen war, würde nicht genügen. Ich hatte gerade ein Buch über das Leben der Zisterzienser geschrieben und wußte deshalb genau, welche Elemente ich beizusteuern hatte: die weiße Tracht mit schwarzem Skapulier und schwarzem Ledergürtel, die langen weißen Strümpfe und obligatorischen Sandalen und über allem die voluminöse weiße Kutte mit den weiten Ärmeln, die den Zisterziensern im Mittelalter den volkstümlichen Namen «weiße Mönche» eingetragen hatte. Als all diese Kleidungsstücke fertig waren, verwandelte sich der anonyme kleine Bär vor meinen Augen und wurde sogleich Bruder Theodor, und seine Treue gehörte fortan dem Abt und nicht mehr mir.

Ich setzte ein sorgfältig formuliertes Einführungsschreiben auf («in bester Bärentradition erzogen, gehorsam, nicht zum Brummen neigend . . .») und brachte ihn zur Abtei, wo er, ohne einen Blick zurück, unverzüglich in die Bruderschaft seiner zisterziensischen Glaubensgenossen aufgenommen wurde. Wie ich gehört habe, trifft (und entzückt) er hin und wieder ausgewählte Besucher, lebt aber sonst ein zurückgezogenes Leben, in dem für mich kein Platz mehr ist. Zum Glück habe ich den Schmerz vorausgeahnt, den mir der Abschied von Theodor bereiten würde, und kleidete gleichzeitig Bruder Edward, meinen eigenen Zisterzienserteddy, ein. Ich sage «meinen eigenen», obwohl er mich dabei leicht vorwurfsvoll ansieht – ein Mönch außerhalb seines Klosters! Auch als er bei einem Wettbewerb um den «knuddeligsten Teddybär» einen Preis gewann, hielt er dies für unter seiner Würde.

Theodor ist jedoch nicht mehr der einzige Teddymönch im Kloster Sankt Bernard. Für meinen Freund, den Archivar der Abtei, kleidete ich noch einen Teddybär in Mönchskleidung ein. Bruder Jonathan nannte seinen bärischen Kameraden «Bruder Basilius». Basilius' mönchische Aussteuer beinhaltete einige Verbesserungen. Ich hatte dem armen Theodor keine Taschen in die Kutte genäht, ein Versäumnis, das der Abt sofort bemerkte, aber Basilius konnte nicht nur zwei geräumige Taschen vorzeigen, sondern auch ein mit Monogramm versehenes Taschentuch und einen gebrauchsfähigen schwarz-silbernen Rosenkranz. Diese detailgetreuen Feinheiten sind für den kirchlichen Ausstatter von Minigrößen sehr wichtig, denn der Hang zur Genauigkeit wird zur liebenswürdigen Besessenheit, und dank der zisterziensischen Teddys lernte ich später einen klösterlichen Arktophilen kennen, der diesen Enthusiasmus voll und ganz mit mir teilt.

Bruder Theodor und Bruder Edward wurden vor einiger Zeit in einer Teddybärenzeitschrift abgebildet, und kurz nach der Veröffentlichung des Magazins schrieb Pater Anthony, ein Benediktinermönch aus einem Kloster im schottischen Hochland an das Kloster Sankt Bernard in der Hoffnung, den Bärenschneider ausfindig zu machen, und meine zisterziensischen Freunde verwiesen ihn an mich. Da war doch tatsächlich ein Mönch auf der Suche nach einem mönchischen Teddy, und hier war ich, die es nicht erwarten konnte, eine neue Kutte zu nähen! Wir konnten beide unser Glück kaum fassen.

Die Tracht des Benediktinerbären war nach meiner zisterziensischen Erfahrung einfach zu entwerfen, und ich beschloß, ihn mit vernünftiger Thermo-Unterwäsche und dicken schwarzen Strümpfen sowie dem (inzwischen) zur Standardausstattung gehörenden weißen Taschentuch und schwarzen Rosenkranz ausgerüstet zu Pater Anthony nach Schottland zu schicken.

Bevor er jedoch seine Reise nach Norden antrat, wollten mein Mann und ich einige Aufnahmen als Andenken an den kleinen Benediktiner machen, und so brachten wir ihn zusammen mit Bruder Edward zu einem wunderschönen Wildgehege in der Nähe. Der neue Teddymönch legte bereits deutliche Anzeichen seiner individuellen Persönlichkeit an den Tag: fröhlich und aufgeweckt mit praktischer Veranlagung. Ob ich wollte oder nicht, er erinnerte mich stark an «Bruder Cadfael», den Helden der berühmten Kriminalromane von Ellis Peters. Cadfael ist ein Benediktinermönch und Kräutersammler im zwölften Jahrhundert. Deshalb stellten wir den Teddy neben einen Korb voller Pflanzen, als ob er gerade eifrig damit beschäftigt sei, «Heilkräuter» für seine Arzneien zu sammeln. Eine Auswahl dieser Aufnahmen begleiteten den Teddy nach Schottland, wo Pater Anthony ebenfalls der Meinung war, daß der Name «Bruder Cadfael» ausgezeichnet zu ihm paßte.

Dieser mittelalterliche Zug seines Charakters führte zu weiteren Inspirationen. Was mich betraf, so war der Benediktinerbär «entschwunden, aber nicht vergessen», und ich fand, er benötige noch eine zusätzliche Ausstattung, damit er sich in seinem neuen Zuhause schneller zurechtfinde. Und so fertigte ich eine medizinische Miniausrüstung mit winzigen Spateln, Messern, Löffeln, Mörser und Stößel, Pillenschachteln, Verbänden und anderen Notwendigkeiten an, die ein medizinischer Mönch im zwölften Jahrhundert mit sich herumgetragen haben mochte. Ein Lederranzen mit Schulterriemen, das mittelalterliche Gegenstück der Ärztetasche, ließ ihm genug Bewegungsfreiheit, um auf seinen Kräuterexpeditionen ungehindert auszuschreiten.

Pater Anthony ist ein Mann, der sich ernsthaft für Teddybären interessiert, und Cadfael wurde rasch sein bester Kamerad. Wir waren uns einig, daß jeder Teddymönch, der diesen Namen verdient, eine anständige Brille braucht, um wie ein echter Gelehrter und Kirchenmann auszusehen. Bruder Edward blickt mich durch seine goldene Brille auf der pelzigen Nase leicht mißbilligend an, und ich konnte Cadfael diese Zierde nun wirklich nicht versagen, insbesondere da sein Besitzer mir verriet, daß er selbst eine solche Brille trage. Aber wäre sie für einen Mönch des zwölften Jahrhunderts nicht ein Anachronismus? Wir einigten uns auf einen Kompromiß: Ich fertigte ein gesticktes Etui für die Brille an, das die Form eines Beutels hatte und über seinen Gürtel gehängt werden konnte. Mönchen hatte man früher solche Beutel mitgegeben, wenn sie eine große Reise antraten, und Cadfael ist recht zufrieden mit diesem Zubehör, wie Pater Anthony mir berichtet. Die bunte Stickerei ist unter den Falten seiner schwarzen Kutte diskret versteckt, denn Benediktinermönche tragen – anders als die Zisterzienser – ihre Gürtel unter und nicht über der Kutte.

Theodor, Basilius, Edward und Cadfael sind allesamt 30 cm große Bären, aber als ich einige niedliche kleine 12-cm-Teddys fand, reizten mich die Möglichkeiten, die

«Minimönche» bieten. Bruder Poverello (Franziskaner) und Bruder Angelo (Zisterzienser) gesellten sich zu Pater Anthony in Schottland, und der winzige Bruder Benet (9 cm), ein Benediktinerteddy, der für Cadfael vorgesehen war, folgte bald danach.

Diese kleinen Teddys eigneten sich für die vielfältigsten Szenen, und wir begannen, Requisiten zu sammeln und anzufertigen, und stellten viele Fotoserien von Teddymönchen her, die ihren täglichen Pflichten nachgehen – Äpfel sammeln, Schafe hüten, Schriften illuminieren. Aber moderne Mönche kennen sich auch in moderner Technologie aus, was durch eine neue Fotoserie reflektiert wird, wo Miniteddys in Mönchskutten sich ziemlich nervös mit den Komplikationen ihres Computers und Faxgeräts herumschlagen.

Bärische Mönche haben, wie die echten, immer eine Menge zu tun und führen ein geregeltes Leben. Ihre emsige Geschäftigkeit ist eine Quelle großen Amüsements für unsere klösterlichen Freunde, und jetzt haben wir zwei Teams von 12 cm großen Bären – Benediktiner und Zisterzienser –, die vor diversen Hintergründen posieren. Eine unerläßliche Eigenschaft im klösterlichen Leben ist ein gut gepflegter Sinn für Humor, und unsere Freunde vom Kloster Sankt Bernard reagieren auf unsere Bildgeschichten stets tolerant und freundlich, auch wenn sie uns für leicht verrückt halten.

Das Äußere eines Mönchs ist gezwungenermaßen immer «nüchtern und zurückhaltend», und nach meiner ausgedehnten einfachen Schneiderei begann ich mich nach der Pracht klerikaler Gewänder für Bären zu sehnen. Die Vorstellung eines Kardinals in prunkvollem Habit reizte mich als Projekt, und Pater Anthonys bevorstehender Geburtstag erschien mir als gute Rechtfertigung, mich auf die kunstvollen Geheimnisse der klerikalen Bärenausstattung einzulassen. Ich wählte einen untersetzten 23 cm großen Bären mit passend wohlwollender Miene, besorgte mir scharlachroten Filz und feine Spitze und machte mich an die komplizierten viktorianischen Gewänder von Kardinal Henry Newbear.

Wie soll ich das wonnige Gefühl beschreiben, mit dem ich nach der rigorosen Strenge all dieser Mönchskutten die rote Robe mit ihrer Schleppe (nicht zu lang, da er sonst hintenüber purzeln würde), das Kapuzencape, das reichverzierte Chorhemd aus Spitze, das Käppchen und die scharlachroten Schuhe schuf?

Die Anfertigung der wichtigen roten Mütze mit ihrem Pompon war eine knifflige Übung in Miniputzmacherei, aber es bereitete enorm viel Spaß. Als die Mütze fertig war, mußte eine glänzendrote Hutschachtel gebastelt werden, die auf einem goldenen Etikett den richtigen Namen des päpstlichen Schneiders trug, und in diesem Stadium angelangt, drehte sich alles nur noch um den kleinen Kardinal. Er fing an, winzige Besitztümer zusammenzutragen – sein goldenes Brustkreuz, seinen reichverzierten Rosenkranz, seine abgenutzte (vorgespannte) Aktentasche aus Leder mit Monogramm, die mit Briefpapier, Brille, einer Kopie seiner spirituellen Autobiografie und einer winzigen Geburtstagskarte für seinen neuen Besitzer vollgestopft war.

Pater Anthony wurde von diesem Geburtstagsgeschenk dazu angeregt, sich selbst in der Kunst des klerikalen Ausstatters zu versuchen. Er arbeitet gegenwärtig an herrlichen Priestergewändern mit Stickereien nach Originalmustern für eine Nachbildung eines Steiff-Bären von 1909 (Pater Bruin), einem Geschenk seiner Familie ...

Diese Geschichte von Mönchen für Teddys und Teddys für Mönche entfaltet und entwickelt sich also immer weiter. Es ist einfacher, den Reiz klerikal gekleideter Bären wahrzunehmen, als ihn zu definieren, es hat aber etwas mit der grundlegenden Unvereinbarkeit zwischen der Amtswürde, die durch die Priesterkleidung symbolisiert wird, und deren kleinen dicken pelzigen Trägern zu tun. Für Pater Anthony, einen echten Arktophilen, haben Teddys eine wahre spirituelle Dimension – sie repräsentieren Unschuld und kindliche (nicht kindische) Akzeptanz, die ein Teil seines fundamentalen Glaubens sind, während die anderen Mönche weniger tiefgründigen Gefallen an den Bären finden. Für sie sind Teddys lustig, selbstzufrieden und harmlos, werden vielleicht als Erinnerung an einen Freund oder als ein Zeichen der Zuneigung geschätzt, sind ansonsten aber einfach «eine Quelle unschuldiger Freude» in einem genügsamen Leben.

Wasch mir den Pelz . . .

ERIKA CASPAREK-TÜRKKAN

Ein Arm baumelt wie eine leere Wurstpelle am Körper, der sich außerdem für einen Teddy seltsam magersüchtig anfühlt. Daß ihm vom Innenleben ein Teil abhanden gekommen sein muß, darauf läßt die große Naht am Bauch schließen. Dem Invaliden fehlt dazu ein Bein, und der Fuß des verbliebenen zweiten will auch nicht mehr so recht. Holzwolle quillt heraus. Insgesamt macht der Plüschkerl eine recht traurige Figur.

Viele ähnlich ramponierte Knuddelpetze hängen in ausgedienten Puppenwagen auf Flohmärkten herum und warten auf ein neues Zuhause. Andere überdauern auf Dachböden und gar manche werden in letzter Minute aus Mülltonnen gerettet. Wie ihnen das Leben mitspielte, was die Zuneigung ihrer früheren Freunde anrichtete, läßt sich ihnen nur zu deutlich ansehen. Doch alle diese Plüschkameraden besitzen etwas, was keine neue, noch so perfekt gefertigte Replica bringen kann: den Charme des abgeliebten, alten Teddys. Mag er auch noch so beschädigt und noch so verdreckt sein, mit etwas Geduld und Geschick, vielleicht einer kleinen Investition, die sich bestimmt bezahlt macht, läßt sich fast jeder Veteran wieder hinkriegen – reparieren, reinigen und mit wenigen Requisiten wie einer schönen Schleife herausputzen. So viel Mühe ist ein alter Bär allemal wert – alleine schon für die Freude, die sein Anblick macht, von einer möglichen Wertsteigerung ganz zu schweigen.

Für die Generalüberholung ist eine Teddybären-Klinik der einzig richtige Ort, aber auch für kleinere Wehwehchen – die selbst eine geschickte Näherin eventuell überfordern. Die richtige Klinik findet sich durch Empfehlung eines erfahrenen Sammlers, vielleicht auch eines Spielzeugmuseums. Man sollte schon eine wirklich gute Bären-Ärztin aufsuchen, die Reputation besitzt, auch wenn ihr Honorar vielleicht etwas höher ausfällt. Ihre Kunst besteht nicht darin, aus einem alten Teddy einen neuen zu machen, sondern ihn sorgfältig und materialgerecht zu restaurieren, und dazu gehört Können. Ein alter Bär ist eine echte Antiquität und muß entsprechend behandelt werden. Gerade auf dem Gebiet der «Puppen- und Bären-Medizin» gibt es eine Menge Dilettanten, die ihr Können überschätzen und Schaden anrichten, der oft nicht mehr gutzumachen ist. Gute Bären-Kliniken besitzen außerdem einen in langen Jahren erworbenen Fundus von alten Ersatzteilen, teils auf Flohmärkten, teils aus Restbeständen der Hersteller aufgekauft. Fehlt die Mohairfarbe, färben sie Ersatzstoffe selber auf den passenden Ton ein. Also – Bären reparieren ist Vertrauenssache, und Herumforschen nach der richtigen Klinik lohnt sich. Übrigens kostet eine Generalüberholung etwa 300 DM.

Wer einen Schaden trotzdem selber beheben möchte, sollte sich beim erstenmal lieber an einem nicht so alten, wertvollen Bären versuchen. Aber es gehört schon handwerkliche Begabung dazu, Gebrechen zu beheben wie etwa neue Augen einzusetzen oder Ohren anzunähen, oder eine teddygerechte Schnauze zu sticken. Bei den Pfoten mit durchgewetztem Filzbelag und beim Nachfüllen von Holzwolle wird die Sache schwieriger. Es gibt Geschäfte, die Teddy-Ersatzmaterial verkaufen und das Handwerkszeug, wie passende Nadeln für die Reparatur. Hier oder im Buchhandel finden sich Broschüren mit Reparaturanleitungen. Bücher mit Schnitten und Tips zum Anfertigen neuer Teddys machen sich auch nützlich beim Ausbessern. Besonders zu empfehlen ist das von der Teddy-Macherin Gisela Hofmann herausgegebene Buch «Bären selber machen», das mit vielen hilfreichen Anleitungen und vor allem erklärenden Zeichnungen versehen ist. Zu selbstgemachten Bären-Kreationen ist es jedoch ein weiter Schritt, und was der eigene Sprößling als Knuddeltier akzeptiert, genügt noch längst nicht den Erwartungen anspruchsvoller Sammler. Eine Bären-Künstlerin braucht außer großem handwerklichem Können Bärengefühl und -begabung, wie die Teddy-Macherinnen, die in diesem Buch vorgestellt sind. Zu Reichtum ist bisher übrigens keine von ihnen gekommen, denn der Preis, der für ein solches Unikat gezahlt wird, steht in keinem Verhältnis zum Zeit- und Materialaufwand. Um einen einzigen Bären anzufertigen, braucht es etwa 12 bis 15 Stunden, wobei die kleinsten Teddys die aufwendigsten sind, weil man ihnen mit der Nähmaschine nicht mehr beikommen kann und alles reine «Pfotenarbeit» bleibt. Die aus einer solchen Werkstatt hervorgegangenen Bären sind nicht nur exklusiver, schöner und damit wertvoller, sondern oft auch preiswerter als viele häufig unverhältnismäßig teure Replikas.

Muß beim Reparieren fremde Hilfe in Anspruch genommen werden, läßt sich das Reinigen eines Bären schon eher zu Hause bewerkstelligen. Ein Teddy, der frisch vom Flohmarkt oder Dachboden kommt, muß allerdings erst einmal in Quarantäne. Denn wer weiß schon, was alles in und hinter seinem Pelz steckt? Die einfachste und wirksamste Methode, Ungeziefer loszuwerden: den Teddy in einen Plastikbeutel stecken, diesen verschließen und für mindestens eine Woche in die Tiefkühltruhe legen. Danach darf der Bär an die Luft, aber nicht in die Sonne, die eher schadet. Dann wird das Fell vorsichtig gebürstet und bei niedriger Wattzahl mit dem Staubsauger abgesaugt. Bären lieben es, gebürstet zu werden – aber mit Gefühl. Doch sauber werden sie damit meistens noch nicht. Da hilft nur die Wäsche. Bei neuen Bären ist sie einfach. Sie kommen, wenn eine entsprechende Waschanleitung angebracht ist, in die Waschmaschine. Alte Bären, die ja mit Holzwolle oder Kapok gefüllt sind, die vielleicht eine empfindliche Brummstimme besitzen, dürfen nur äußerlich vorsichtig gewaschen werden. Für ihr meist abgewetztes Fell eignet sich am besten ein gutes, flüssiges Wollwaschmittel, das auch für den besten und empfindlichsten Pullover gerade gut genug ist. Warmes Wasser ins Waschbecken oder in eine Schüssel einlaufen lassen, etwas Waschmittel zugeben und mit einem Schwamm reichlich Schaum erzeugen. Mit

Schwamm und Schaum das Bärenfell vorsichtig abreiben, den Schaum einwirken lassen, Schwamm in frischem Wasser ausdrücken und das Fell damit bearbeiten. Prozedur nach Bedarf wiederholen. Dann mehrmals mit einem in klarem Wasser gut ausgedrückten Schwamm nachreiben. Den Teddy in einem Badetuch vorsichtig trocknen, mit dem Fön nachhelfen. Man kann den Bären auch im warmen Zimmer trocknen lassen. Den Pelz anschließend schön aufbürsten und siehe da, er ist wieder weich, glänzend und Teddy duftet gut. Die Glasaugen werden mit einem Tröpfchen Glasklar und einem weichen Tuch wieder blank.

Wer seine Teddys dekorativ in der Wohnung herumsitzen läßt oder hinter Glas aufhebt, muß sie vor Motten und anderen Schädlingen schützen. Sie verstecken sich gerne hinter den Wuschelohren, unter den Armen oder an anderen kuscheligen Stellen. Die Teddys auf jeden Fall einmal wöchentlich abbürsten und inspizieren. Mottenpapier, in passende Streifen geschnitten, beugt außerdem vor. Auch kleine Seifenstücke, Gäste- oder Hotelseifen, zwischen die Teddys gelegt – so verriet eine Sammlerin – halten Ungeziefer fern.

Wie der Mensch auf den Bären kam

WOLF-DIETER STORL

Die Naturvölker, von Kindesbeinen an mit den Geheimnissen der Wildnis vertraut, sehen im Bären vor allem einen Jäger, Fischer und Sammler, wie sie selbst es sind. Sie sehen den Bären im Wald, aber auch in Träumen und Visionen. Der Bärengeist erscheint in den Séancen ihrer Schamanen, und sie wissen, daß der Bär eine Sprache spricht, die man nur verstehen kann, wenn man ganz still in das eigene Herz lauscht. Sie kennen den Bären, und für sie ist es kein Problem, in ihm eine «göttliche» Seele zu erkennen oder zumindest eine, die der des Menschen ganz ähnlich ist. So ist es für sie durchaus denkbar, daß ihre Ahnen Bären waren, daß sich eine Bärin der im Wald ausgesetzten Kinder annimmt, oder sogar, daß sich ein Bär gelegentlich eine Menschenfrau raubt.

In der Tat, wer könnte dem Bären eine gewisse Menschenähnlichkeit abstreiten? Meister Petz geht nicht wie die meisten anderen Säugetiere auf den Zehenspitzen. Er ist ein Sohlengänger, wie der Mensch, und stellt den ganzen Fuß, von den Zehen bis zur Ferse, auf den Boden. Oft stellt er sich aufrecht, wie ein Zweibeiner, und wenn er nach dem Winterschlaf seine Höhle verläßt, sind seine Sohlen weich und empfindlich – wie die eines Menschen, der im Frühling zum ersten Mal barfuß geht.

Er hat zwar einen dicken Pelz, aber in den Augen der sibirischen Jäger gleicht der gehäutete Bär in verblüffender Weise einem Menschen. Zieht man einer erlegten Bärin ihren Pelzmantel aus, so sagen sie, gleicht sie einem Mädchen, besonders was Brust, Hüften und Schenkel betrifft. Jakuten, Ewenken und andere sibirische Jäger vollziehen sogar den Geschlechtsakt mit der frisch erlegten Bärin – oder tun zumindest so. Sie wollen damit der «Waldjungfrau» eine Freude bereiten, damit sie ihnen nicht böse ist.

Der Speisezettel des Bären unterscheidet sich nur geringfügig von dem des Wildbeuters. Sein Gebiß verrät, daß er, wie der Mensch, ein Allesfresser ist. Beim Fressen führt Meister Petz seine Vorderpfoten zur Schnauze – genau wie der Mensch seine Hände.

Der Bär ist ein regelrechter Feinschmecker mit einem Hang zu Süßem und Saurem. Waldhonig, süße und saure Beeren und den zuckerhaltigen Frühjahrssaft des Ahorn und anderer Bäume, deren Rinde er anritzt, schleckt er mit sichtlichem Behagen. Er wurde sogar beobachtet, wie er Kleeblüten und andere nektarreiche Blumen aussaugte. Als saure Gaumenkitzel kommen vor allem ausgebuddelte Ameiseneier in Betracht. So gern mag er Saures, daß er sich auf Abfallhalden sogar über weggeworfene Autobatterien hermacht. Dem säuerlichen Duft der Futtersilos auf den Farmen im Westen Nordamerikas kann er ebensowenig widerstehen wie den Körben der Imker. Leider kommt ihn das oft recht teuer zu stehen.

Wenn Meister Petz aus dem Winterschlaf erwacht, sucht er sich frisches, saftiges Gras, wilde Zwiebeln, sich gerade entrollende Farnwedel, junge Brennesseln, Pfeilblattwurzeln, Schafgarbenschößlinge, Stinkkohl und anderes zartes Grünzeug. Nebenbei plündert er noch die Nester der Eichhörnchen. Manch halbverhungerter Trapper oder Waldläufer, dem im strengen Winter der Rocky Mountains die Vorräte ausgegangen sind, hat ihn dabei beobachtet und gelernt, wie man die karge Vorfrühlingszeit überlebt. Vielleicht haben sich auch die Urmenschen einiges von ihm abgeschaut.

Im Sommer ernährt sich der Bär weiterhin von Kräutern und Wurzeln, schlägt Fische mit gezielten Schlägen aus dem Wasser und holt sich Mäuse, Schnecken, Heuschrecken, Raupen, Froschlaich und anderes Kleingetier. Er kratzt in Ritzen und dreht Steine um, unter denen sich Käfer und Würmer versteckt haben. Die Linsen seiner Augen wirken wie Vergrößerungsgläser – kein einziger dieser Winzlinge entgeht seinem scharfen Blick.

Alles in allem ist dies eine ausgewogene, eiweißreiche Ernährung, die den Bären gut gedeihen läßt. Einen an das cellophanverpackte Supermarktangebot gewöhnten Stadtmenschen mag allein beim Gedanken an eine solche Kost das kalte Grauen packen, aber für die Naturmenschen, die ihren Lebensraum mit dem Bären teilen – etwa die Eingeborenen Sibiriens oder Alaskas –, sind all dies willkommene und leckere Nahrungsmittel.

Auch das Fleisch toter Tiere nehmen die Bären genauso gern für sich in Anspruch wie die Menschen. Aber während die Menschen es kochen, pöckeln oder trocknen, vergraben es die Bären für einige Tage, um es gar und schmackhaft zu machen. In kleineren Portionen mögen Bären auch rohes Fleisch, ähnlich wie der Gourmet sein Steak oder die Eskimos, für die ranziges rohes Fleisch mit frischen Maden darin eine besondere Delikatesse ist.

Im Herbst mästen sich die Bären mit Bucheckern, Nüssen, Eicheln, den Früchten der Eberesche, Wildobst, Pilzen und anderen Leckerbissen. Bis zu 200 000 Beeren – Verhaltensforscher haben sie gezählt – streift ein Bär pro Tag von den Büschen. In den Weinbergen des alten Rom wurden die Bären zur regelrechten Plage. Für sie war der Weinberg nichts anderes als eine ergiebige Nahrungsquelle.

Bären scheinen einen Gewichtsregulator zu haben, der ähnlich wie ein Thermostat funktioniert und Ernährungsforscher (an der Universität Iowa) brennend interessiert. Im Sommer halten sie ein gutes Normalgewicht und schleppen kein überflüssiges Pfund mit sich herum. Im Herbst aber stellen sie ihren Stoffwechsel auf das Ansetzen von Speckmassen um. Die Forscher hoffen, aus dieser Studie Erkenntnisse zu gewinnen, die es auch dem Menschen möglich machen, sein Gewicht zu steuern.

Jeder Bär hat sein Heimatgebiet, mit dem er seit seiner Welpenzeit vertraut und innig verbunden ist. Im Gegensatz zu anderen Tieren, die die Grenzen ihres Territoriums markieren und verteidigen, hat der Bär kein festes Revier. Die sogenannten Grenzbäume mit Kratzmarkierungen gehören ebenso in den Bereich der Fabel wie der Glaube, ein Bär werde als gestaltloser Klumpen geboren und erst von seiner Mutter in Form geleckt. Es gibt jedoch Bäume, an denen Bären sich reiben, um so Geruchsbotschaften für ihre Artgenossen zu hinterlassen. Es sind die Litfaßsäulen der Bärenwelt.

Genau wie die Wildbeuter, die nomadischen Jäger und Sammler, ziehen die Bären mit den Jahreszeiten von einem Ort zum anderen. Wenn Beeren und Wildfrüchte reifen, wandern sie in höhere Regionen, zur Zeit der Lachszüge begeben sie sich in die Flußtäler. Gibt es an einem Ort ein außerordentliches Nahrungsangebot, dann kommen auch viele Bären auf einmal dort zusammen. Sie verhalten sich jedoch nicht etwa wie Herdentiere, sondern ganz und gar individualistisch. Sie kennen einander persönlich und begrüßen sich. Zum Begrüßungsritual gehören Balgereien, die, auch wenn sie dem uneingeweihten Beobachter recht wild vorkommen, völlig aggressionslos sind. Auch die jungen Bären balgen sich auf diese Weise beim Spielen, und ebenso tun es die Bären-Liebespaare. Eine Rangordnung, die auf Größe und Kraft basiert, ermöglicht ein friedliches Zusammenleben der Bären. Der Kleinere zollt dem Größeren gebührenden Respekt.

In ihrem Schlaraffenland, dem Beerenparadies oder der Fischfangstelle, dulden sie auch den Menschen. Alte Cheyenne-Indianer erzählten mir, daß einst Frauen, Kinder und Bären am selben Platz Beeren pflückten – gelegentlich sogar vom selben Busch. Sie konnten den Bären schmatzen hören. Probleme gab es keine, solange sie dem Bären höflich den Vortritt ließen. Wenn sich der Bär bei einer solchen Begegnung mit der Zunge über die Schnauze fährt, bedeutet das nicht, daß ihm beim Gedanken an Menschenfleisch das Wasser im Mund zusammenfließt, sondern daß er mit feuchter Nase seine Gäste besser erschnuppern kann. Nur Angstschweiß riecht er nicht gern, denn das macht ihm als hochsensiblem Wesen ebenfalls Angst.

Einst hatte ich in einer abgelegenen Blockhütte am Rande eines Nationalparks in Wyoming gelebt, wo ich den ganzen Sommer über eine Bärenmutter mit ihren beiden Jungen beobachten konnte. Das Bild, das sich mir vor meinem Fenster bot, war ein Blick in ein Paradies, das wir Menschen längst verloren haben, ein Bild der Glückseligkeit und Liebe. Unter den wachsamen Augen der Alten balgten sich die kleinen Wollknäuel nach Herzenslust, spielten Fangen, turnten auf wippenden Tannenzweigen, jagten Schmetterlingen nach und beschnüffelten neugierig Käfer. Sie spielten mit derselben Hingabe mit Steinchen und Holzstücken, wie kleine Menschenkinder es mit ihren Spielzeugen tun. Besonders drollig stellten sie sich an, als gegen Ende August der erste Schnee fiel. Sichtlich erstaunt beschnupperten sie die Flocken und versuchten, sie zu erhaschen. Am nächsten Tag rutschten sie ausgelassen im weißen Matsch den Hang hinunter. Ab und zu drückte die Mutter ihre Welpen zärtlich an sich, leckte sie ab und strich ihnen mit ihren Krallen durchs Fell, als wolle sie sie kämmen. Wenn gelegentlich ein einsamer Bergwanderer auftauchte, jagte sie die Kleinen mit einem «Wuff» auf den Wipfel eines Baumes. Trieben sie es zu toll, dann brummte sie und gab ihnen einen Klaps. Überhaupt schien die Bärenmutter viel mit ihren Jungen zu «sprechen». Verhaltensforscher haben bei Bären ein «Vokabular» von dreißig bedeutsamen Lauten ausgemacht.

Bären haben keine feste Brunftzeit – genau wie Menschen. Sie säugen ihre Jungen ungefähr anderthalb Jahre lang – auch das entspricht der durchschnittlichen Stillzeit bei Menschen. Eine Bärin hat zwar sechs Zitzen, aber nur die beiden oberen schwellen an und geben Milch. Wenn die Jungen nach drei Jahren die Obhut der Mutter verlassen, um allein ihr Glück in der Welt zu versuchen, sucht sich die Bärin einen neuen Liebhaber.

Während der Paarungszeit, die in die lauen Mittsommertage fällt, geben sich die Bären recht verliebt. Sie tanzen vor lauter Lebensfreude und tollen übermütig herum. Die Bärin neckt ihren Verehrer und gibt sich anfangs ganz geziert, scheint also alle weiblichen Künste zu beherrschen. Der Auserwählte versucht, ihr durch Boxschläge gegen Büsche und andere Kraftprotzereien zu imponieren. Nachdem sie einige Tage mit solchen Spielereien verbracht haben, paaren sie sich. Und auch da sind sie nicht kleinlich. Sie treiben es zwei- bis dreimal am Tag, und dann über eine halbe Stunde lang. Man sollte sich hüten, sie bei ihrem Liebesspiel zu stören. Besonders das Weibchen wird dann sehr böse, und ihr Liebhaber wird ihr beweisen wollen, daß auch er kein Waschlappen ist.

Findet keine Begattung statt, dann setzt der menstruelle Zyklus erneut ein. Er dauert, wie bei der Gattung *Homo sapiens,* achtundzwanzig Tage. Ist das Weibchen aber schwanger geworden, dann darf sich der Liebhaber umstandslos verabschieden. Als Erzieher seiner Kinder kommt er nicht in Frage, dafür ist allein sie zuständig. Wenn es den Vorgeschichtlern sonst auch schwerfällt, Nachweise eines ursprünglichen Matriarchats zu finden – hier ist einer.

Wie Menschen schlafen Bären nachts. Nur wo sie gnadenlos gejagt oder ständig gestört werden, entwickeln sie sich zu scheuen Nachttieren. Sie leiden an denselben Gebrechen wie Menschen: Erkältungen, Lungenentzündungen, Rheuma und Arthritis. An Zahnweh leiden aber nur die «Müllbären», die Abfallhalden durchstöbern und sich an den süßen Speiseresten der Menschen die Zähne verderben.

Im Vergleich zu anderen Tieren sind Bären recht langlebig. Rund dreißig Jahre werden sie alt – die Steinzeitmenschen wurden auch nicht viel älter. Im Laufe ihres Lebens werden die Bären weise und erfahren. Fast alle Naturvölker schreiben dem Bären einen menschenähnlichen Verstand zu. Nur – so erläutern die Mongolen und Altaier – haben sie einen natürlichen, körperorientierten Verstand, wie ihn die Frauen besitzen.

Der Bär hat ein ausgezeichnetes Gedächtnis. Er soll Menschen, denen er nur einmal begegnet ist, jederzeit wiedererkennen können. Er besitzt echtes Denkvermögen – und Witz! Jägern schlägt er des öfteren ein Schnippchen. Er verfälscht seine Spur, indem er von Stein zu Stein und von Grasbüschel zu Grasbüschel springt, rückwärts geht oder Haken schlägt, um seine Verfolger in die Irre zu führen.

Mancher Jäger hat der Bärenjagd endgültig abgeschworen, nachdem er die menschenähnlichen Todesschreie eines angeschossenen Bären vernommen hat, oder nachdem er durch das erbarmungswürdige, menschenähnliche Wimmern und Heulen eines Bärenbabys zur Besinnung gekommen ist. Kein Wunder also, daß für die meisten Naturvölker der Bär ein Tabu-Tier, ein heiliges Tier ist. Theosophen und Anthroposophen z. B. glauben in ihm einen Nachfahren des «atlantischen Menschen» zu sehen, der auf die Stufe eines Tieres herabgesunken ist.

Bärentreu

ANNE STEINWART

Mein Bär heißt Bär
und irgendwie
liebt er mich sehr

Er brummt nie
und schmollt nie
und schimpft
nie mit mir
Was ich auch tu
er schaut ruhig zu

Und in der Nacht
hält er mich
im Arm
so leise
so warm

Bärentreu
ist mein Bär
und irgendwie
lieb ich ihn sehr!

Quellennachweis

Kim Amani, «Ein Horoskop für Teddybären», aus: *Das Teddybären-Lesebuch,* © Droemersche Verlagsanstalt, München, 1989.
Jane Beeson, «Lausbuben und Teddybärgeschichten» *(The Bard),* aus: *Teddy Bear Stories for Grown Ups,* © 1993 by Michael O'Mara Books Ltd.
Max Bolliger, «Wenn du schläfst», © Autor.
Erika Casparek-Türkkan, «Wasch mir den Pelz», aus: *Teddybären,* © Heyne Verlag, München, 1991.
Peter Clover, «Jericho und der Terminator» *(The Battle of Jericho),* aus: *Teddy Bear Stories for Grown Ups.*
Jill Drower, «Lazarus in Rio» *(Look Me in the Eyes),* aus: *Teddy Bear Stories for Grown Ups.*
David Elias, «Erinnerungen eines nicht mehr so jungen Bärensammlers» *(Confessions of an Adult Bear Collector),* aus: *Teddy Bear Stories for Grown Ups.*
Gillian Elias, «Von Mönchen und Teddybären» *(Of Monks and Teddy Bears),* aus: *Teddy Bear Stories for Grown Ups.*
Anne Forsyth, «Der Bär im Schaufenster» *(The Bear in the Window),* aus: *Teddy Bear Stories for Grown Ups.*
Rebecca Fraser, «Das ist mein Teddy!» *(Worth a Bash),* aus: *Teddy Bear Stories for Grown Ups.*
Anne Goring, «Ein Freund in der Not» *(A Friend in Need),* aus: *Teddy Bear Stories for Grown Ups.*
Alan Hackney, «Tedperfekt» *(Tedperfect),* aus: *Teddy Bear Stories for Grown Ups.*
Abigail Harman, «Wer hat Doodum geteddynappt?» *(Shooting Teddy Bears is No Picnic),* aus: *Teddy Bear Stories for Grown Ups.*
Sigrid Heuck, «Das Mädchen und der kleine Bär», aus: *Teddybär und Schaukelpferd,* dtv 1983, © Autorin.
Benjamin Hoff, «Tao Te Puh», aus: *Tao Te Puh,* © Synthesis Verlag, Essen, 1984.
Allan F. Jones, «Martinas bester Freund» *(Confessions of a Bad Bear),* aus: *Teddy Bear Stories for Grown Ups.*
Mira Lobe, «Ein ganz gewöhnlicher Teddybär», aus: *Bärli Hupf,* Verlag Jungbrunnen, Wien, 1985.
Pauline Macaulay, «Der Rächer» *(Harold's Bear),* aus: *Teddy Bear Stories for Grown Ups.*
A. A. Milne, «Pu der Bär», aus: *Pu der Bär,* © Atrium Verlag, Zürich.
Mary Ross, «Kadett Edward Bär» *(Salute to a Military Bear),* aus: *Teddy Bear Stories for Grown Ups.*
Pat Rush, «Der rote Bär einer russischen Prinzessin *(Fit for a Princess)* und «Ein bemerkenswerter kleiner Bär *(Titanic Bear),* aus: *Teddy Bear Stories for Grown Ups.*
Anne Steinwart, «Bärentreu», aus: *Tausendfüßler läßt schön grüßen»* © Carlsen Verlag, Hamburg.
Wolf-Dieter Storl, «Wie der Mensch auf den Bären kam», aus: *Berserker und Kuschelbär,* © Aurum Verlag, Braunschweig, 1992.
Valerie Thame, «Die Geburtsstunde des Steiff-Teddybären» *(Stuff and Sawdust),* aus: *Teddy Bear Stories for Grown Ups.*
William Trevor, «Das Picknick» *(The Teddy Bears Picnic),* aus: *Teddy Bear Stories for Grown Ups.*
Renate Welsh, «Ein sehr alter weißer Bär», aus: *Das große Bärenbuch,* © Autorin.

Teddy Bear Stories for Grown Ups ist 1993 bei Michael O' Mara Books, London, erschienen. Die daraus entnommenen Geschichten wurden übersetzt von Gerda Bean.

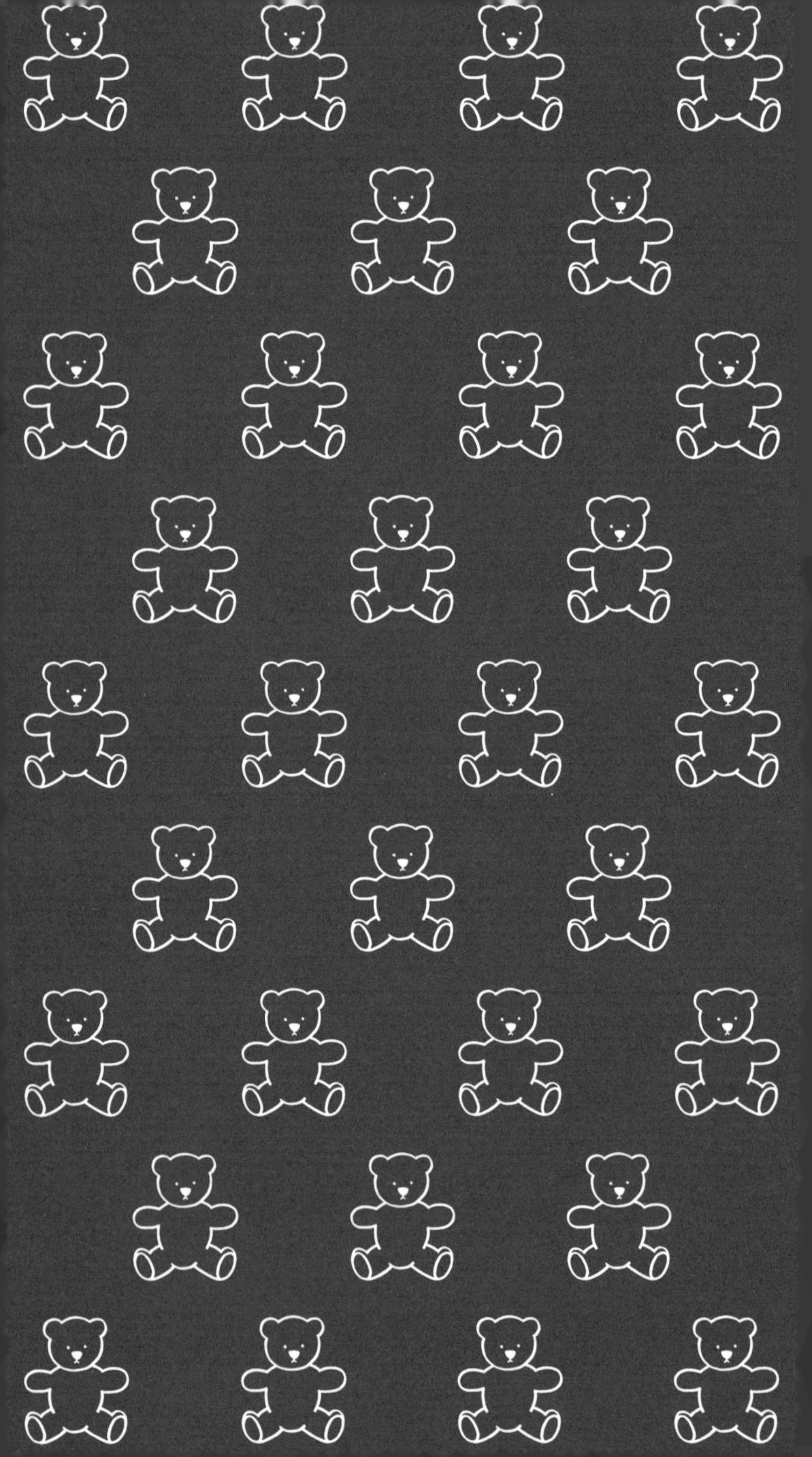